CNPC-LH09

# 中国石油大连石化组织史资料

## 第二卷

（2014—2018）

中国石油大连石化公司人事处 | 编

石油工業出版社

**图书在版编目（CIP）数据**

中国石油大连石化组织史资料．第二卷，2014—2018 / 中国石油大连石化公司人事处编．—北京：石油工业出版社，2022.10

ISBN 978-7-5183-5453-5

Ⅰ．①中… Ⅱ．①中… Ⅲ．①石油化工厂－工业史－大连－2014-2018 Ⅳ．① F426.22

中国版本图书馆 CIP 数据核字（2022）第 108354 号

**中国石油大连石化组织史资料．第二卷．2014—2018**
**中国石油大连石化公司人事处　编**

---

项目统筹：白广田　马海峰
图书统筹：李廷璐
责任编辑：鲁　恒
责任校对：郭京平
出版发行：石油工业出版社
（北京市朝阳区安华里 2 区 1 号楼　100011）
网　址：www.petropub.com
编辑部：（010）62067197　64523611
图书营销中心：（010）64523731　64523633
印　刷：北京中石油彩色印刷有限责任公司

---

2022 年 10 月第 1 版　2022 年 10 月第 1 次印刷
787×1092 毫米　开本：1/16　印张：18.75　插页：1
字数：297 千字

---

定价：258.00 元

ISBN 978-7-5183-5453-5
9 787518 354535 >

# 《中国石油大连石化组织史资料》编纂人员名单

## 编审委员会

主　　任：庞晓东

副 主 任：李京辉　郭　强　赵　纯　景玉忠　王永长
　　　　　朱文军　门卓明

委　　员：（以姓氏笔画为序）
　　　　　于　梅　马宁圣　王文峰　王　钧　文继明
　　　　　邓　微　曲　钢　刘　东　刘振举　关雪梅
　　　　　祁兴国　李广明　李文库　杨　忠　吴伟阳
　　　　　吴鹏翔　谷荣宽　邹昌利　沈维生　宋　伟
　　　　　张成旭　张群杰　陈胜利　林　蔚　孟繁有
　　　　　姜占铭　姜　伟　姜启超　姜　斌　姚剑飞
　　　　　崔宏斌　阎雪峰　隋大为　蒋　磊　韩　丹
　　　　　程旭东　蔡万民

# 《中国石油大连石化组织史资料》编纂人员名单

## 编审办公室

**主　　　　任：** 关雪梅

**成　　　　员：** 于成滨　杨洪源　于　磊　刘　育　任　哲　李　茂　贾璐璐　王　玮

**参与撰稿人员：**（以姓氏笔画为序）

于　磊　王　玮　王雪燕　艾姝妍　田　丰
田　庆　由宝义　任　佳　任　哲　刘　育
刘晓森　李　茂　李东源　杨洪源　宋大政
张爱民　张竞豪　张浩宇　陈柏栋　陈雪峰
苗　忠　林　涛　金延霞　单薇薇　胡鹏飞
贾璐璐　郭　辉　董景华　谭欣珂　潘洪江

# 前　　言

企业组织机构沿革和人事更迭情况是企业发展史的重要组成部分。循着公司发展轨迹，以编年体和纪事本末体编纂的《中国石油大连石化组织史资料》，涵盖了石油七厂、大连石油化工公司、大连石化分公司的组织机构、沿革历程。全面、系统、客观、准确地记录了大连石化分公司及其前身机构设置、组织建设、领导班子建设、改革发展的历史轨迹。

大连石油化工公司成立于1983年12月17日，由大连石油七厂与大连有机合成厂联合组成。大连石油七厂的前身名为大连石油厂，始建于1951年1月，大连有机合成厂始建于1958年5月。1947年6月1日，由中苏合办的大连中苏石油精制股份有限公司（以下简称中苏石油公司）成立。1947年12月，中国共产党在中苏石油公司建立秘密党支部。1950年1月，中共旅大市委在中苏石油公司组建党总支，组织职工恢复生产，1950年加工苏联原油4.94万吨。1951年1月1日，中苏石油公司正式交给中方独立经营，公司更名为东北人民政府工业部化学工业管理局大连石油厂（简称大连石油厂），厂党总支领导职工开始修复热裂化装置，1952年2月进入正常生产。1952年8月30日，为加强对东北地区各炼油厂的统一领导，东北人民政府成立东北石油管理局，将原来10个由地方政府管理的炼油厂改由东北石油管理局领导，大连石油厂划归东北石油管理局管理，更名为东北石油管理局东北石油七厂。1953年3月，集中全厂工程建设力量，恢复建设润滑油生产装置。1954年3月，组织职工试炼玉门原油，当年年底生产出合格产品，成为中华人民共和国第一个成功炼制玉门原油的炼油厂。同月，组建高级润滑油车间。1954年11月，将“废机油再生工段”改建成“巴拉弗洛”降凝添加剂装置，建成全国首套添加剂产品——“抗凝剂”生产装置，生产出冬用车轴油、变压器油和低凝固点润滑油，填补了中国炼油工业的空白。1955年3月，全国第一套以玉门原油为原料的大型高级润滑油生产装置建成投产，成功生产出锭子油、车用机油、透平油、变压器油等产品，结束了此类产品依赖进口的历史。1955年9月，石油工业部成立，东北石油七厂划归石油工业部领导，更名为石油工业部石油七厂。1958 年 6 月，国务院决定，中央直属企业下方地方管理，石油七厂改由辽宁省管理，更名为大连石油七厂。同年，厂党委积极响应石油工业部提出“尽快把石油七厂建成百万吨炼厂”号召，加大工程建设力度，对生产装置进行扩能改造。1960 年 7 月开始试炼大庆原油，1961 年 3 月，组成以时任石油工业部炼化司司长孙晓风为组长的“炼制大庆油会战工作团”，经过 50 天的连续奋战，终于在 1961 年 4 月试炼成功。1961 年加工原油 101.19 万吨。1962 年 4 月，国务院决定，中央直属企业收回国务院部委管理，石油七厂重新划归石油工业部管理，再次更名为石油工业部石油七厂。

1970 年 6 月，国务院将煤炭、石油、化学三个工业部合并成立燃料化学工业部，石油工业部石油七厂划归燃料化学工业部管理，更名为燃料化学工业部大连石油七厂，经国务院批准，大连石油七厂下放地方，改由燃料化学工业部和辽宁省双重领导，以辽宁省为主，划归辽宁省旅大市化工局管理。1971 年 1 月，石油七厂召开了“文革”开始后的第一次党代会，恢复了厂党委的领导地位。厂党委组织广大职工苦干实干，对东蒸馏、西蒸馏装置进行扩能改造，自筹资金新上了催化裂化、铂重整、丙烷脱沥青、糠醛精制等装置，使炼油二次加工配套完善。企业一次加工能力达到 560 万吨。1975 年 1 月，国务院撤销燃料化学工业部，成立煤炭工业部和石油化学工业部。大连石油七厂划归石油化学工业部管理，更名为石油化学工业部大连石油七厂，改由石油化学工业部和辽宁省双重领导，以辽宁省为主。1978 年 3 月，国务院撤销石油化学工业部，成立石油工业部和化学工业部。大连石油七厂划归石油工业部管理，更名为石油工业部大连石油七厂，改由辽宁省和石油工业部双重领导。1983 年 4 月，国务院决定，石油工业部炼化司组建中国石油化工总公司，大连石油七厂划归中国石油化工总公司管理。6 月，国家经济委员会决定将大连有机合成厂由大连市划归中国石油化工总公司管理。同月，中国石油化工总公司决定，将大连石油七厂和大连有机合成厂实行联合，成立大连石油化工公司。1983 年 12 月 17 日，大连石油化工公司正式成立，公司加大工程建设力度，填海造地，先后建成 80 万吨 / 年渣油催化、10 万吨 / 年氢氟酸烷基化、40 万吨 / 年柴油加氢、140 万吨 / 年重油催化、30 万吨 / 年酮苯、4 万吨 / 年聚丙烯等 10 多套生产装置，扩建改造三蒸馏装置，原油加工能力提高到710万吨/年。

1998年7月，中国石油天然气集团公司成立，大连石油化工公司从中国石油化工总公司划归中国石油天然气集团公司（以下简称集团公司）管理，更名为中国石油大连石油化工公司。1999年7月，集团公司进行重组改制，核心业务与非核心业务分开分立。大连石油化工公司作为非核心业务存续企业仍沿用原来名称，保留其独立法人地位、工商及税务登记资格。核心业务成立中国石油天然气股份有限公司大连石化分公司（以下简称大连石化分公司）。大连石化分公司随股份公司整体上市后，确立了“人才强企、安全发展、管理创新、精细发展”的企业发展战略。大连石油化工公司作为存续企业，根据企业产业定位，确立了“服务石化，依港兴业”的企业宗旨。根据集团公司部署的建设2050吨/年炼油基地的生产建设任务，确立了“国内争排头，国际创一流，建设中国石油标志性炼油基地”的奋斗目标。在组织架构上实行扁平化管理模式，精简精干机关处室，将原来一套生产装置一个车间的管理模式改革成3~4套生产装置合并为一个联合车间管理模式。按专业化管理重组合并辅助车间，在集团公司率先实现公司—联合车间的扁平化管理模式。领导班子带领全体员工集中精力抓好生产老区1050万吨/年炼油工程扩能改造。2001年9月，二蒸馏装置扩能改造工程成功，装置加工能力由280万吨/年提高450万吨/年。2001年11月，60万吨/年连续重整装置一次开车成功。2002年10月，一蒸馏装置扩能改造工程成功，加工能力由280万吨/年提高到600万吨/年。2002年11月，亚洲最大的350万吨/年重油催化裂化装置仅用了1年的时间就完成工程建设，装置一次开车成功。至此，大连石化分公司快速、安全、圆满完成“十五”项目第一阶段的建设任务，不仅实现了原油加工能力1050万吨/年的历史性突破，而且为第二阶段生产新区建设打下了良好基础。2006年3月，生产新区龙头装置——1000万吨/年蒸馏联合装置一次开车成功。2006年7月，有机合成厂20万吨/年聚丙烯装置一次开车成功。2007年3月，集团公司决定，集团公司委托中国石油天然气股份有限公司（以下简称股份公司）授权大连石化分公司对大连石油化工公司资产和人员实施委托管理，实行一个领导班子、一套机关职能部门、一体化运作、分账核算的管理体制。保留大连石油化工公司独立法人地位、工商及税务登记资格。2008 年 8 月，生产新区其他 6 套大型装置一次开车成功。大连石化一次加工能力达到 2050 万吨 / 年，聚丙烯生产能力 27 万吨 / 年，成为中国石油最大的炼油基地。

2013 年 5 月，大连石化分公司 225 万吨 / 年催化汽油加氢脱硫装置和 100 万吨 / 年轻汽油醚化装置及配套一次开车成功。2015 年 5 月，柴油产品质量升级项目——200 万吨 / 年柴油加氢装置一次开车成功。2016 年，加工原油 1678 万吨，实现营业收入 568 亿元，盈利 52 亿元，再创历史最好水平，上缴税费 214 亿元。15 项主要技术经济指标中，13 项同比提升，10 项指标进入集团公司炼化企业前 5 名，4 项指标排名第一。2017 年，H39S–3 聚丙烯专用料新产品填补国内空白，98# 国Ⅵ车用乙醇汽油满足了大连市民对高品质清洁油品的需求，北美航煤、澳大利亚汽油等成功打入国外市场。2018 年，大连石化分公司加工原油 1678 万吨，销售各类产品 1556 万吨，实现营业收入 821 亿元，盈利 34.3 亿元，上缴税费 146 亿元。2014 年至 2018 年，大连石化分公司累计加工原油 7704 万吨，实现营业收入 3328 亿元，实现利润 129.8 亿元，上缴税费 875 亿元。

大连石化分公司经过 70 多年的不断发展，创造了多项全国第一：第一个成功炼制大庆原油，第一个成功炼制盘锦原油，第一个建成全国最大的润滑油生产和研制基地，第一个成功生产航空煤油、舰用燃料油，第一个生产散装食品蜡，第一个出口石油产品。大连石化分公司现有炼油化工主体装置 37 套，占地 318 万平方米，现已具备 2050 万吨 / 年的原油加工能力，主要生产汽油、煤油、柴油、润滑油基础油和石蜡、苯类、聚丙烯等石化产品，其中汽、柴油产品全部达到国Ⅴ标准。拥有油品装卸码头 5 座，5000~10 万吨级泊位 15 个，年吞吐能力达 2300 多万吨，90% 的产品通过船运销往华东、华中、华南等南方市场，是中国石油最大的含硫原油加工基地和我国重要的石油产品出口基地之一。

大连石化的发展史，是几代大连石化人艰苦奋斗的创业史、奋斗史。鉴往而知来，温故而知新。《中国石油大连石化组织史资料》通过记述大连石化组织机构设置及改革发展历史，追记大连石化人艰苦创业、改革创新、开拓进取的奋斗历程，重现老一辈大连石化人的奋斗足迹，弘扬老一辈大连石化人的光荣传统，为新一代大连石化人爱岗敬业、献身石化提供有益的文化传承和经验借鉴。希望本书作为大连石化分公司组织建设、企业管理、文化建设的重要基础性工程，发挥“资政、存史、育人、交流”作用，用优良传统教育员工，用成功经验启发员工，用辉煌成果激励员工。希望广大员工多了解企业历史，从历史中吸取营养，获得前行的动力，为公司安全发展、精细发展、科学发展贡献力量。

2020 年 4 月

# 凡　　例

一、本书按照中国石油天然气集团有限公司下发的《〈中国石油组织史资料〉编纂技术规范》《〈中国石油组织史资料〉编纂技术规范（企业卷）》（暂行规定 3.0）和中国石油大连石化分公司制定的《〈中国石油大连石化组织史资料〉编纂工作方案》《〈中国石油大连石化组织史资料〉编纂技术规范》进行编纂。

二、指导思想。本书以马列主义、毛泽东思想、邓小平理论、“三个代表”重要思想、科学发展观为指导，以习近平新时代中国特色社会主义思想统领全书，坚持辩证唯物主义和历史唯物主义的立场、观点和方法，按照“实事求是”的原则和“广征、核准、精编、严审”的工作方针，全面客观记述大连石化分公司的组织演变发展历程和人事变动情况，发挥“资政、存史、育人、交流”的作用。

三、断限。本书收录上限自 2014 年 1 月，下限断至 2018 年 12 月。

四、指代。本书中“集团公司”指代中国石油天然气集团公司、中国石油天然气集团有限公司，“股份公司”指代中国石油天然气股份有限公司，“大连石化分公司”“公司”泛指中国石油天然气股份有限公司大连石化分公司。

五、资料的收录范围。本书收录的资料分三部分：一是组织机构沿革及领导成员名录、组织人事大事纪要等正文收录资料；二是组织人事统计资料及其他相关人员名录等附录、附表资料。

组织机构和领导名录下延一级的原则收录，组织机构收录范围主要是依据行政隶属关系和股权管理确定，领导名录收录范围主要是按照干部管理权限确定。具体包括公司领导机构及其领导成员，公司机关部门、直属单位、二级单位及车间、（直属）车间副科级及以上领导干部。

组织人事大事纪要主要收录组织干部、人事劳资、会议选举等重要事件。大事纪要的收录范围除本级及下属机构变化情况，还包括本级领导任免及 2014 年 1 月以后各机关部门、直属单位、二级单位领导成员任免信息；

收录内容基本依照原始文件资料录入。

附录附表资料主要包括基本情况表、党建情况表、组织机构名录及沿革图、专家名单、先进集体和个人、组织机构沿革依据表、领导名录信息简明表。

六、资料的收录原则。以党政组织机构较详，其他组织机构较略；本级组织机构较详，下属组织机构较略；组织机构及领导成员资料较详，其他资料较略。

七、编纂结构体例。本书采用“先分层级，后分层次”横竖结合的方法，按章、节、目等层次进行编纂。

八、本书采用文字叙述、组织机构及领导成员名录相结合的编纂体例进行资料编排。

（一）组织机构沿革文字叙述的编排。本书文字叙述主要起连接机构、名录的作用，主要包括综述、分述和简述。主要记述该时期本级组织机构的基本简况、沿革变化及其历史背景；下设工作机构和所属单位的机构改革、体制调整等组织沿革发展变化情况；本级组织机构在企业管理和改革、生产经营、干部和员工队伍建设、党的建设和企业文化建设等方面所采取的重大决策、重要措施及取得的主要成绩等内容。

在各章之首，写有本时期本级机构领导机构、机关部门、直属单位、二级单位、车间（基层单位）每个层次的分述，即本层次组织机构沿革情况概述或提要。主要是围绕本层次组织机构发展主线，采取编年纪事与本末纪事相结合的方式，简要概述本层次所涉及的重大管理体制调整、组织机构调整、业务重组整合、领导届次变化和组织机构的基本概况等。

在各节或目下，分别收编具体组织机构，其下一般为两部分：第一部分为该组织机构沿革的文字简述，第二部分为该组织机构及领导成员名录。简述主要记述该机构建立、撤销、分设、合并、更名、职能变化、业务划转、规格调整、体制调整的依据及结果，上级下属、内部机构设置及人员编制的变化情况，生产情况及工作业绩概况等。

（二）组织机构的编排顺序。一般按机构成立时间先后顺序排列。领导机构，以届次或时间先后收编；机关部门、直属单位、二级单位、车间（基层单位），按成立时间先后顺序或编纂时间下限的规范顺序排列。

领导机构按照党委、行政、纪委、工会的顺序编排。

（三）领导名录的编排顺序。行政职务排序一般为正职、副职、总师、安全总监、总经理助理、副总师等；党内职务排序一般为正职、副职、委员；纪委职务排序一般为正职、副职、委员；工会组织只收录工会主席。同一职位的，按任职先后排列；同时任同一职务的，按任免文件或任命时已注明的顺序排列；委员的排列按选举产生或历史文献列定的顺序，后增补的按任职时间先后排列；一人兼任多职的，按不同职务序列名称分别编排；除上级部门领导兼任下级职务标注“兼任”外，其他同一人分别任不同职务序列和岗位职务时一般不标注“兼任”。

本书领导名录编排顺序不代表班子成员实际排序。

（四）本书图表。本书附录附表中收录大连石化分公司机构名录及沿革图，专家、先进名单，领导名录信息简明表、各类统计表等。

（五）其他。组织机构名称一般使用全称，名称过长或有常用简称的，第一次出现时使用全称，并括注之后用简称。目录和标题中的机构名称一般用规范的简称。一个单位有两个名称的，第二个名称使用括号。在列名录时，涉及两个或两个以上职务名称的，第二个名称使用括号。

九、本书收录的领导名录资料包括其职务（含代理）、姓名、性别、少数民族族别、任职起止年月等人事状况。凡涉及女性、少数民族、兼任、主持工作、代理或领导成员实际行政级别与组织机构职务级别不一致等情况，均在任职时间括号内标注。涉及同一人的备注信息，仅在该节第一次出现时加注；同名同姓的加注籍贯；对组织上明确设有“常务”职务的，一般单列职务名录并编排在行政职副职前。

十、本书收录的组织机构及领导成员，均在其后括号内注明其存在或任职起止年月；任离时间不详者括号内为不详；收录的某一组织机构，在其存在时限内，其领导成员一直空缺的，在职务后括号内标注“空缺”；任职上下限时间在同一年者，标注下限时间时省略年，例如“（20××.×—×）”；在同一个月内者，任职时间只标注年月，例如“（20××.×）”。同一组织、同一领导成员，其存在或任职年月有两个或两个以上时期时，前后两个时期之间用“；”隔开；组织机构名称变更后，排列时原名称在前、新名称在后，中间用“—”连接。

十一、组织机构设立和撤销时间，以上级或本级机构管理部门正式下发的文件为准；没有文件的，以企业历史资料记载为准。

十二、领导成员任离职时间，均以干部主管部门任免时间或完成法定聘任（选举）程序时间为准。同一人有几级任免文件的，按干部管理权限，以最高级部门下发的任免行文时间为准。属自然免职或无免职文件的，将下列情况作为离职时间：被调离原单位的时间，办理离退休手续的时间，退居二线的时间，去世的时间，机构撤销的时间，新领导人接替的时间，副职升正职的时间，随机构名称变更而职务变化的时间，行政处分和纪律处分的时间，企业历史资料记载的时间，个人档案资料记录的时间。

十三、本书入编机构，只收录以人事部门下发的机构文件为准的常设机构，未收录虚设机构、领导小组、委员会等非常设机构。

十四、本书资料收录的截止时间，不是组织机构和领导成员任职的终止时间。

十五、本书对历史上的地域、组织、人物、事件等，均使用历史称谓。中国共产党各级组织名称的书写，一般简写为党委、党总支、党支部。

十六、本书一律使用规范的简化字。采用公历纪年，年代、年、月、日和记数、计量、百分比均用阿拉伯数字。货币单位除特指外，均指人民币。

十七、本书采用行文括号注和页下注。行文括号注包括领导成员的人事状况，组织又称、简称、代称，专用语全称与简称的互注等。页下注包括因违纪违法受到处分的人员、需要特别说明的事项。

十八、本书收录的资料，仅反映组织机构沿革、领导成员更迭变动和干部队伍发展变化的历史，不作为机构和干部个人职级待遇的依据。由于情况复杂，个人姓名和任职时限难免出现错漏和误差，有待匡正。

十九、本书原始资料主要来源：大连石化分公司文书档案资料、《大连石油化工公司（厂）组织简史》《大连石化分公司干部名册》等。

# 目　　录

# 大连石化分公司组织机构沿革及历任主要领导人员一览表

**大连中苏石油精制股份有限公司**[1]（1947.6—1951.1）

**董事长**
陈立民（1947.6—1949.5）
张有萱（1949.5—1951.1）
**总经理**
哥沙考克夫（苏联，1947.6—1949.5）
彼得洛夫（苏联，1949.5—1951.1）

**党支部书记**
汪家宝（1947.12—1949.10）
苏德山（1949.10—1950.1）
**党总支书记**
苏德山（1950.1—1951.1）

↓

**大连石油厂**[2]（1951.1—1952.8）

**厂　长**
汪家宝（1951.1—8）
李　风（女，1951.11—1952.8）

**党总支书记**
苏德山（1951.1—7）
隋书栋（1951.7—1952.8）

↓

**东北石油七厂**[3]（1952.8—1955.9）

**厂　长**
李　风（1952.8—1954.4）
苏德山（代理，1954.4—1955.9）

**党总支书记**
隋书栋（1952.8—1955.8）
**党委书记**
刘　钊（1955.8—9）

↓

**石油七厂**[4]（1955.9—1970.6）

**厂　长**
苏德山（代理，1955.9—1956.10；1956.10—1964.3）
段明德（1964.3—1966.5）
**革委会主任**
刘世庆（1968.9—1970.1）
李绪堂（1970.2—3）
田维新（1970.3—6）

**党委书记**
刘　钊（1955.9—1962.1）
段明德（1962.1—1964.5）
苏德山（1964.5—1966.5）

↓

**大连石油七厂**[5]（1970.6—1983.12）

**革委会主任**
田维新（1970.6—1977.4）
万震寰（1977.8—1978.6）
**厂　长**
唐启舜（1978.6—1982.8）
金喜春（1982.8—1983.11）

**党委书记**
田维新（1971.1—1977.4）
万震寰（1977.8—1979.9）
王文鹏（1980.6—1983.11）

**党委书记**
金喜春（1983.11—1992.6）
马克起（1992.6—1999.9）

大连有机合成厂 →

**经　理**
黄春萼（1983.11—1993.1）
张　义（1993.1—1999.9）

**经　理**
马平凡（1999.9—2007.3）
**党委书记**
马平凡（1999.9—2007.3）

**总经理**
蒋　凡（2007.3—2011.8）
冷胜军（2011.8—2013.7）[9]
段良伟（2013.7—2017.4）
庞晓东（2017.4—2018.12）

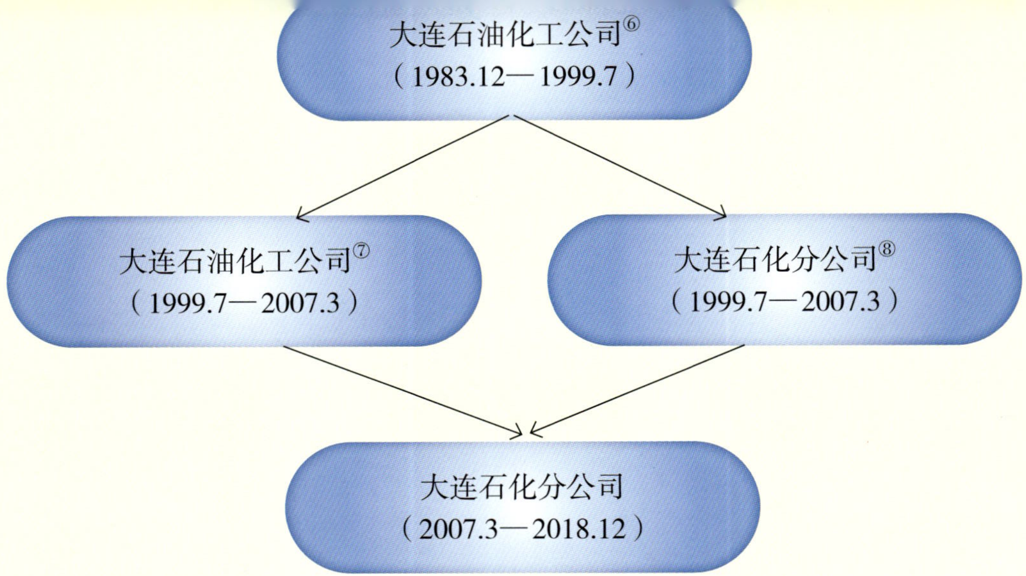


**经　理**
张　义（1999.9—12）
**总经理**
张　义（1999.12—2002.2）
蒋　凡（2002.2—2007.3）
**党委书记**
张　义（1999.9—2002.2）
蒋　凡（2002.2—2007.3）

**党委书记**
马平凡（2007.3—2013.6）
李善春（2013.6—2018.10）
庞晓东（2018.10—12）

注：

① 1947 年 6 月，由中国和苏联合办的大连中苏石油精制股份有限公司成立。

② 1951 年 1 月，大连中苏石油精制股份有限公司正式交给中方独立经营，更名为东北人民政府工业部化学工业管理局大连石油厂。

③ 1952 年 8 月，大连石油厂划归东北石油管理局管理，更名为东北石油管理局东北石油七厂。

④ 1955 年 9 月，东北石油七厂划归石油工业部领导，更名为石油工业部石油七厂。1958 年 6 月，中央直属企业下放地方管理，石油七厂改由辽宁省管理更名为大连石油七厂。1962 年 4 月，石油七厂重新划归石油工业部管理，再次更名为石油工业部石油七厂。

⑤ 1970 年 6 月，石油工业部石油七厂划归燃料化学工业部管理，更名为燃料化学工业部大连石油七厂，由燃料化学工业部和辽宁省双重领导，以辽宁省为主，由辽宁省旅大市化工局管理。1975 年 1 月，大连石油七厂划归石油化学工业部管理，更名为石油化学工业部大连石油七厂，改由石油化学工业部和辽宁省双重领导，以辽宁省为主。1978 年 3 月，大连石油七厂划归石油工业部管理，更名为石油工业部大连石油七厂，改由辽宁省和石油工业部双重领导。

⑥ 1983 年 4 月，大连石油七厂划归中国石油化工总公司管理。6 月，大连有机合成厂由大连市划归中国石油化工总公司管理。同月，大连石油七厂和大连有机合成厂联合成立大连石油化工公司。1983 年 12 月，大连石油化工公司正式成立。1998 年 7 月，大连石油化工公司划归中国石油天然气集团公司管理，更名为中国石油大连石油化工公司。

⑦ 1999 年 7 月，大连石油化工公司作为非核心业务存续企业仍沿用原来名称，保留其独立法人地位、工商及税务登记资格，核心业务成立中国石油天然气股份有限公司大连石化分公司。

⑧ 2007 年 3 月，大连石油化工公司与大连石化分公司实行重组整合。集团公司委托股份公司授权大连石化分公司对大连石油化工公司资产和人员实施委托管理，保留大连石油化工公司独立法人地位、工商及税务登记资格。

⑨ 2013 年 7 月，冷胜军因拉票贿选案被行政撤职；2016 年全国人大常务委员会宣布冷胜军第十二届全国人大代表当选无效；后被开除党籍、行政开除。

# 综　述

中国石油天然气股份有限公司大连石化分公司的前身为大连石油化工公司，由大连石油七厂与大连有机合成厂联合组成。1933 年至 1983 年，先后经历了日本石油株式会社大连制油所、大连中苏石油精制股份有限公司、大连石油厂、东北石油七厂、石油七厂、大连石油七厂等重要历史阶段。1983 年 4 月，大连石油七厂划归中国石油化工总公司管理。6 月，国家经济委员会决定将大连有机合成厂由大连市划归中国石油化工总公司管理。同月，中国石油化工总公司决定，将大连石油七厂和大连有机合成厂实行联合，成立大连石油化工公司。1983 年 12 月，大连石油化工公司正式成立。1998 年 7 月，大连石油化工公司从中国石油化工总公司划归集团公司管理。1999 年 7 月，大连石油化工公司重组分立为大连石油化工公司和中国石油天然气股份有限公司大连石化分公司。2007 年 3 月，集团公司委托股份公司授权大连石化分公司对大连石油化工公司的业务、资产和人员实施全面委托管理，保留大连石油化工公司独立法人地位、工商及税务登记资格，仍列集团公司机构序列。

大连石化分公司作为股份公司地区公司，行政上由股份公司直接管理，业务上由炼油与化工分公司归口管理，2017 年 11 月，大连石油化工公司改制为大连石油化工有限公司。2018 年 9 月，集团公司明确大连石化分公司为一级一类企业。党组织关系隶属于中共大连市委。机关办公地点在辽宁省大连市甘井子区山中街 1 号。

大连石化分公司主要从事石油加工、聚酯类化工、港口物流、工程技术服务等业务，生产汽油、煤油、柴油、润滑油基础油和石蜡、苯类、聚丙烯等石油化工产品。

大连石化分公司现有炼油化工主体装置 38 套，占地 318 万平方米，具备 2050 万吨 / 年的原油加工能力。主要生产汽油、煤油、柴油、润滑油基础油和石蜡、苯类、聚丙烯等石化产品，其中汽、柴油产品全部达到国Ⅴ标准。公司拥有油品装卸码头 5 座，5000 ～ 10 万吨级泊位 15 个，年吞吐能力达 2300 多万吨，90% 的产品通过船运销往华东、华中、华南等南方市场，是中国石油最大的含硫原油加工基地和我国重要的石油产品出口基地之一。

站在新的起点上，大连石化分公司将继续传承石油精神和大庆精神铁人精神，积极倡导“绿色发展、奉献能源，为客户成长增动力，为人民幸福赋新能”的企业价值追求，努力发挥产品优势和规模优势，全力提升企业安全环保业绩和优化创效能力，为集团公司建设基业长青世界一流综合性国际能源公司作出新的更大贡献。

# 一、组织机构沿革

截至2014年1月，大连石化分公司设机关部门14个：总经理（党委）办公室、人事处（党委组织部、机关党委）、规划计划处、财务处、生产运行处、机动设备处、安全环保处、科技管理处、审计处、企管法规处（内控办公室）、纪委（监察处）、企业文化处（党委宣传部、记者站、团委）、工会、信访（维护稳定）工作办公室。机关附属单位12个：行政事务中心、机关车队、档案中心、保险中心、新闻中心、大连石化记者站、原油管理中心、生产调度中心、设备监测中心、结算中心、文体中心、技能鉴定中心。直属单位7个：工程管理部、营销调运部、物资采购管理部、工程预决算部、信息管理部、工程质量监督站、安全生产监督办公室。临时机构1个：大项目前期办公室。

所属二级单位25个：培训中心、石油储运公司、大连石油添加剂厂、销售公司、建筑安装工程总公司、质量环保检测中心（质量检验部）、计量中心（计量管理部）、有机合成厂、生产新区、第一联合车间、第二联合车间、第三联合车间、第四联合车间、第五联合车间、储运车间、热电联合车间、气体车间、空分车间、供排水车间、机务车间、供电车间、港务车间、消防支队、离退休管理中心（由矿区托管）、矿区服务事业部［含保卫处（武装部）］。

2014年2月，科技管理处更名为生产技术处。安全生产监督办公室更名为安全环保监督中心，调整为安全环保处副处级附属机构。生产新区更名为第一联合车间。整合原第一联合车间、第五联合车间，整合后命名为第二联合车间，为正处级二级单位。整合原第二联合车间、第三联合车间，整合后更名为第三联合车间，为正处级二级单位。第四联合车间调整为正处级二级单位。

2014年12月，撤销培训中心。

2015年1月，成立物资仓储中心为正处级二级单位。撤销销售公司，将销售公司业务及人员划入营销调运部。

2016年9月，信访（维护稳定）工作办公室、保卫处（武装部）合并成立保卫处（武装部、信访维稳办），列二级单位，机构规格正处级。质量环保检测中心（质量检验部）与计量中心（计量管理部）合并成立质检计量中心，列二级单位，机构规格正处级。撤销工程质量监督站。

2017年11月，大连石油添加剂厂更名为大连石油添加剂有限公司，建筑安装工程总公司更名为建筑安装工程有限公司。

截至2018年12月，大连石化分公司设机关部门13个：总经理（党委）办公室、人事处（党委组织部、机关党委）、规划计划处、财务处、生产运行处、机动设备处、安全环保处、生产技术处、审计处、企管法规处（内控办公室）、纪委（监察处）、企业文化处（党委宣传部、记者站、团委）、工会。机关附属单位13个：行政事务中心、机关车队、档案中心、保险中心、新闻中心、大连石化记者站、安全环保监督中心、原油管理中心、生产调度中心、设备监测中心、结算中心、文体中心、技能鉴定中心。直属单位5个：工程管理部、营销调运部、物资采购管理部、工程预决算部、信息管理部。

所属二级单位21个：石油储运公司、大连石油添加剂有限公司、建筑安装工程有限公司、质检计量中心、物资仓储中心、有机合成厂、第一联合车间、第二联合车间、第三联合车间、第四联合车间、储运车间、热电联合车间、气体车间、空分车间、供排水车间、机务车间、供电车间、港务车间、消防支队、离退休管理中心（由矿区托管）、矿区服务事业部［含保卫处（武装部、信访维稳办）］。临时机构1个：大项目前期办公室。

## 二、企业发展战略与主要成就

大连石化分公司认真贯彻党和国家方针政策，扎实落实地方党委政府及集团党组各项决策部署，坚持以安全环保和质量效益为中心，以改革创新为动力，强基础、补短板，加强党的建设，弘扬石油精神，重塑良好形象，全力推进本质安全型企业建设，向着良性发展不懈努力。2014 年至 2018 年，累计加工原油 7704 万吨，实现营业收入 3328 亿元，实现利润 129.8 亿元，上缴税费 875 亿元。

**（一）全面完成国Ⅴ标准成品油质量升级**

2015 年 5 月，200 万吨 / 年柴油加氢装置建成投产，2013 年 5 月，汽油产品质量升级项目——225 万吨 / 年催化汽油加氢脱硫装置和 100 万吨 / 年轻汽油醚化装置及配套一次开车成功。该项目是中国石油第一套完全按照国Ⅴ标准设计建设、规模最大的汽油改质装置，于 2012 年 6 月动工，总投资 4 亿多元，选用了 Axens 公司的 Prime G+ 技术和 Lummus Technology 公司的 CDEthers 工艺。装置开工以来运行平稳，225 万吨 / 年催化汽油加氢脱硫装置的轻、重汽油混合产品总硫含量控制在 13mg/kg 以下，100 万吨 / 年轻汽油醚化装置醚化汽油与 225 万吨 / 年催化汽油加氢脱硫装置重汽油的混合汽油产品相比催化汽油原料的研究法辛烷值损失仅不到 1 个单位。

2015 年 5 月，柴油产品质量升级项目——200 万吨 / 年柴油加氢装置一次开车成功。装置采用大庆化工研究中心的 PHF-101 催化剂，加工直馏柴油、催化柴油。加工的催化柴油比例达到 50% ～ 60%，产品硫含量（5 ～ 6）ppm，多环芳烃含量 7% ～ 8%。公司率先全面完成新一轮产品质量升级，汽、柴油产品全部达到国Ⅴ标准，比国家规定的时间分别提前了 3 年半和 1 年半时间。

**（二）企业盈利创历史新高**

2016 年，紧紧围绕安全环保和质量效益中心工作，坚持精细化管理主线，创新管控模式，以技术攻关、市场导向两轮驱动，止住效益“出血点”，扩大效益“贡献点”，全年加工原油 1678 万吨，实现营业收入 568 亿元，盈利 52 亿元，同比增加 25 亿元，再创公司历史最好水平，上缴税费 214 亿元。15 项主要技术经济指标中，13 项同比提升，10 项指标进入集团公司炼化企业前 5 名，4 项指标排名第一。

**（三）以安全环保为基础，持续夯实生存发展基础**

认真贯彻落实习近平总书记关于安全生产重要论述和习近平生态文明思

想，践行绿色发展理念，将安全环保作为企业生存发展的基础工程，明确了到2021年达到国家安全标准化一级企业标准、建成本质安全型企业的阶段性工作目标，重塑安全、绿色、放心的企业良好形象。通过加强管理、加大投入、构建文化，综合施策，安全环保基础持续夯实，安全环保能力不断提升，保持了平稳运行清洁生产的良好态势。一是强化责任体系建设。开展不安全行为专项整治、加大“三违”行为和事故事件的追责问责力度、分类设置月度安全基础奖、实施月度安全奖累进兑现机制等措施，确保了安全环保责任有效落实。二是强化双重预防机制建设。建立“班统计、日分析、周小结、旬研判、月总结”机制，逐级分析研判装置运行风险；建立每周作业风险分析研判例会机制，全方位加强现场作业风险管控。三是强化HSE标准化建设。突出“标准化管理、标准化现场、标准化操作”，深入实施“2232”工程（即转观念、转作风，查隐患、查标准，强化制度执行、强化培训教育、强化问题整改，提升人员素质、提升本质安全水平），全面梳理修订部门职责、管理界面、制度流程和考核标准，完善“机电仪管操”五位一体现场巡检体系，推行标准化施工作业，实施现场6S管理，目前所有装置均已成为标准化装置，现场环境明显改观，“制度管人、程序管事”的良性发展态势基本形成。四是强化应急管理体系建设。全面修订完善应急预案体系，健全应急物资（装备）台账，每周进行基层单位“双盲”应急演练检查，建立企业与地方消防、社区等应急联动机制，实施消防稳高压系统提标改造，应急响应和消防救援能力有效保证。五是强化环保风险管控。坚持“抓源头、控中间、治末尾、减量化、资源化”的环保管理原则，加强环保设施运行管理，强化固体废物处置全过程监督检查，开展污染物减排和达标排放升级改造，有序推进挥发性有机物综合治理，外排污水品质持续优于国家排放标准。2018年，取得集团公司驻辽宁省企业首张排污许可证，在辽宁省企业环境信用评价中被评为最高等级的“环保诚信企业”。六是强化安全环保文化建设。建立员工安全积分制，完善HSE明星评选和避免事故事件嘉奖制度，开展年度“无事故单位”创建、季度“安全型模范班组”评比、“HSE明星”评选、“安全警示目视化”等活动，“安全生产成在全体、败在一人”的理念深入人心，安全生产齐抓共管的良好氛围初步构建。

### （四）以挖潜增效为保障，持续提升竞争实力

作为集团公司最大的炼化企业和落实沿海战略布局的竞争型炼厂，充分有效发挥临港地域优势、规模和资产结构优势，提高运行效率，深入挖潜增效，以良好的经营业绩展现央企的责任担当。一是强化生产运行的综合优化。牢固树立“大平稳出大效益”理念，严格执行生产受控制度，持续加强巡检监盘管理，科学组织生产异常处置，为创效能力提升奠定了基础。建立生产、市场快速反应机制，紧盯市场变化，系统优化二次加工物料流，及时进行生产优化调整，产品结构持续改善。二是强化成本费用的全面管控。深化节能降耗，大力实施余热回收、装置间热进料、加热炉优化、富氢气体回收等措施，用低温余热取热替代蒸汽，用回收装置尾气中的氢气替代液化气制氢，强化能源的综合利用，减少生产各环节的能量损失；持续开展“红旗炉”“节电”“节汽”等劳动竞赛活动，发动全员节能挖潜，2018 年炼油综合能耗首次降到 60 千克标准油 / 吨以下。树立“一切成本皆可降”理念，开展“控本降费”专项活动，完善成本费用管控机制，坚持低库存战略，实施库存物资利用激励政策，严控非生产性支出，炼油完全加工费、化工现金加工费、吨油炼化销管费等主要成本费用指标在集团公司炼化企业中均排名前三位。三是持续开展“开源节流降本增效”工程。根据集团公司深化开源节流降本增效工程的要求，连续 6 年实施“开源节流降本增效”工程，每年制定综合优化方案，在不断固化已有的优化成果的基础上，发动全员持续寻找新的增效点。2018 年实施优化增效项目 48 项，实现年增效额 13.4 亿元，为实现较好的生产经营业绩提供了有力支撑。

### （五）以技术创新为驱动，持续增强生产保障能力

认真落实集团公司“创新、资源、市场、国际化”发展战略，坚持创新驱动和技术引领，在规模发展、质量升级、节能减排等方面始终发挥着示范作用。一是持续改进产品质量。公司油品质量升级始终走在国内行业前列，2015 年率先完成国Ⅴ标准油品质量升级，2017 年率先做好了国Ⅵ标准油品质量升级准备。坚持产品差异化高端化路线，加大新产品开发力度，H39S-3 聚丙烯专用料新产品填补国内空白受到市场青睐，98# 国Ⅵ车用乙醇汽油满足了大连市民对高品质清洁油品的需求，北美航煤、澳大利亚汽

油等成功打入国外市场。二是大力应用新技术新方法。将基础管理与新技术新方法有机结合，不断提高运行质量效益，如增上机泵在线监测设施，应用 PDM 预测性维护技术定期对全厂机泵进行检测，按照更高标准对振动机泵逐台攻关整改，开展“设备故障溯源分析”“隐患故障技术攻关”，提升了设备预知维修水平；在各装置各区域安装高清摄像头、配置红外探测仪等风险监测预警和安全防护防控智能产品，对主要机泵、关键阀门、油品罐区增上气动紧急切断机构和远程停泵设施，确保在第一时间能够发现、处置现场超温、泄漏等异常问题；对所有装置开展 HAZOP 分析，进行装置 PID 参数整定，缩窄装置内控工艺指标范围，有效提高了装置运行水平。2018 年，设备完好率 99.92%，静密封泄漏率实现 0.04‰，装置运行平稳率 99.88%，装置连续 3 个周期实现“三年一修”。三是快速推进数字化工厂建设。深化生产运行、基础管理和信息化的深度融合，形成了以 MES、ERP、安全受控、设备综合管理、应用集成系统为核心的五大应用平台，40 余个信息系统应用覆盖公司各业务领域，信息化整体水平位居集团公司前列，被工信部确定为 2018 年“两化”融合管理体系贯标试点企业。

### （六）以深化改革为引擎，持续激发发展动力活力

坚持问题导向、稳准原则，加大改革创新力度，打破体制机制束缚，增强了发展活力和内生动力。一是深化三项制度改革。优化调整组织机构，对机关和直属单位进行职能优化；对二级单位进行扁平化组织模式改革，实施“区域化管理、系统化操作”扁平化管理模式，成立 5 个生产联合车间和 5 个辅助生产联合车间，在辅助生产联合车间内部取消装置层级，有力提升了管理效率、促进了人才成长。探索选人用人新模式，调整改革过渡期干部退二线政策，畅通了领导干部“下”的路径；打破职级等资格条件限制，放宽竞争上岗条件要求，大胆使用年轻干部，打通了年轻干部“上”的通道；打破职级等资格条件限制，放宽竞争上岗条件要求，核心业务处室处长均为“70 后”，生产和辅助生产车间主任“70 后”占比 66.7%。持续完善员工培训机制，制定分层分类培训计划，建立培训工作与奖金、HSE 积分、职称评定等联动机制，建设全覆盖的仿真培训系统和“机、电、仪”实训基地，持续改善技能实训条件；全面加强技能人才培养，提高津贴标准，制定了

未来3年高技能人才培养规划，优化营造各类人才薪酬分配与岗位价值、能力水平、业绩贡献相匹配的人才成长环境；严控制用工规模，逐步核减低效岗位，深化矿区业务社会化改革，对因机构调整、业务重组等原因产生的富余人员，通过人才交流、岗位竞聘等方式择优安置。深化薪酬分配制度改革，通过调整作服务岗位奖金系数、提高夜班津贴、建立生产一线关键艰苦岗位上岗津贴等，持续加大薪酬分配向生产一线的倾斜力度，主要生产一线与三线后勤服务岗位人员平均收入差距达2.3倍；按照奖惩并重原则，修订月度综合管理考核细则2052条，严考核硬兑现，考核激励的“指挥棒”作用充分发挥。通过三项制度改革，干部员工的干劲有效激发、活力充分释放，单位之间比学赶帮超，共建本质安全型企业的劲头高涨。二是推进基层党组织机构改革。在5个辅助生产联合车间创新基层党组织设置方式，联合车间设党总支、各区域（装置）设党支部，区域负责人兼任党支部书记，将党总支委员、各专业组的党员干部下沉到基层党支部，有力强化了基层党支部建设，也促进了车间管理层与区域操作层的有机融合。建立每周五“HSE活动日暨党建联系日”工作机制，明确各机关处室的基层党建联系点，真正做到党建工作融入中心，实现了抓党建促安全的目的。三是着力推进瘦身健体。深入开展三级法人实体清理，先后清算处置旅顺疗养院、驻京办事处等资产、注销珠海天达等法人实体、协议转让大杨七星等法人实体，按期完成“三供一业”分离移交，有序推进退休人员社会化管理，主营业务更加突出高效。

**（七）以加强企业党建为核心，持续增强凝聚力战斗力**

公司党委坚持以习近平新时代中国特色社会主义思想为指导，深入学习贯彻党的十九大精神，牢牢把握新时代党的建设总要求，坚决执行集团公司党组的工作部署，落实管党治党责任，深化“大党建”工作格局，推动全面从严治党向基层拓展延伸，推进党建工作“三个体系”和“三个平台”建设，弘扬石油精神，继续强根铸魂，持续提高党的建设质量和科学化水平，为建设本质安全型企业提供坚强保证和强大动力。一是把党的政治建设摆在首位，不断提升政治领导力。公司党委牢牢把握坚持党的领导这一重大政治原则，注重发挥把方向、管大局、保落实的领导作用，把对党忠诚、为党分忧、为党尽职、为民造福作为根本政治担当，坚决执行上级党组织决策部署，严格执行新形势下党内政治生活若干准则，增强“四个意识”、坚定“四个自信”、做到“两个维护”。二是持续深入学习贯彻习近平新时代中国特色社会主义思想，不断提升思想引领力。把党的十九大精神的学习与“两学一做”学习教育相结合，融入日常、抓在经常，引导党员干部用习近平新时代中国特色社会主义思想武装头脑、指导实践。成立党委宣讲团，认真开展“形势、目标、任务、责任”主题教育、“四合格四诠释”岗位实践活动、“弘扬石油精神、重塑良好形象”活动周等教育活动，引导员工认清形势，认准目标，牢记使命，履职尽责。干部员工与企业荣辱与共的家园意识得到加强，敬业奉献的精神风貌得到充分展现。三是加强党的组织建设，不断提升基层的战斗力。落实集团公司党组《关于构建“大党建”工作格局的指导意见》，持续深化党组织“六个一”建设，推进党建“三联”责任示范点活动，全力抓好标准化党支部创建。完善党建工作保障机制，健全党建制度体系，建立党组织工作经费保障机制，加强党务人员队伍建设，推进党建信息化平台应用，提高党建工作规范化科学化水平。四是持之以恒加强党风廉政建设，不断提升党组织的自我净化力。健全全面从严治党责任体系，压实“两个责任”，严格监督执纪问责，推动全面从严治党向基层延伸。推进党委巡察全覆盖，积极构建大监督格局，强化对重点领域、重点岗位和关键环节的常规巡查和专项巡察。运用好监督执纪“四种形态”，抓早抓小、防微杜渐，让党员干部知敬畏、存戒惧、守底线。抓好作风建设，突出整治形式主义、官僚主义问题，落实为基层减负 15 项措施，坚决抵制歪风邪气，树立新风正气。

## 三、加强领导班子和干部队伍建设

为进一步推进领导干部管理工作的科学化、制度化、规范化，努力建设一支信念坚定、为民服务、勤政务实、敢于担当、清正廉洁的高素质领导干部队伍，保证企业可持续稳健发展。2015 年 12 月，大连石化分公司重新制定了《领导干部管理规定》，对领导干部实行分级管理，原则上下管一级。新规定落实了全面从严治党、从严管理干部的要求，规范了干部选拔任用程序，坚持和完善动议、民主推荐、考察、讨论决定、任前公示、组织谈话等选拔任用程序；完善党管干部、集体决策机制，强化公司党委、组织人事部门、基层党组织在干部选拔任用中的责任。积极加强后备干部队伍建设，遵循干部成长规律选用年轻干部，正确处理个人潜质与阅历积累的关系，对看得准、有潜力、有发展前途的年轻干部，解放思想，大胆提拔使用。

2016 年 4 月，再次开展了后备干部民主推荐选拔工作，严格选拔程序，真正把政治素质好、业务能力强、发展潜力大的优秀中青年干部补充进后备干部队伍。从 2014 年起，实行后备干部到安全环保部门挂职锻炼机制，把有发展潜力的年轻干部和后备人才放到关键岗位、重点工程、艰苦环境中经受磨炼、增长才干。

2017 年 3 月，为加强和改进对领导干部的日常教育和管理监督，制定了《关于组织人事部门对领导干部进行提醒、函询和诫勉的暂行办法》。坚持对领导干部从严要求，把纪律和规矩挺在前面，抓早抓小抓苗头，及时提醒、函询和诫勉。2017 年 12 月，为贯彻落实党中央关于全面依法治国的部署要求，进一步推动法治企业建设，制定了《领导干部履行推进法治建设职责实施细则》。要求领导干部切实履行推进法治建设重要组织者、推动者和实践者的职责，贯彻党中央关于法治建设的重大决策部署，认真落实集团公司党组和大连石化分公司党委关于法治建设的各项要求，自觉运用法治思维和法治方式深化改革、推动发展、化解矛盾、维护稳定，把法治建设纳入全局工作统筹谋划，各项工作纳入法治化轨道。

持续完善领导干部综合考核评价机制。在领导班子和领导干部考核上，加强和改进干部考核方式，创新领导班子和领导干部考核工作制度。注重实绩，拓宽渠道，进一步提高考核质量，整合考核资源，增强考核的真实性、准确性，做好干部经常性考核工作，把考核工作从定时考核向日常考核延伸，加大日常考核权重。根据不同单位不同岗位，细化量化考核指标，增强考核指标的可比性。对机关处室等职能部门的考核重点强调“管理、服务、监督检查”三大职能；对生产及辅助生产车间考核重点强调“安全生产、基础工作、队伍建设”三大任务。并在重点工作、重要事件、重大项目的推进处理过程中考核领导班子和干部，使日常考核与年度考核相辅相成，准确、全面评价领导班子与领导干部。注重考核结果运用。把考核结果作为

“四好”领导班子评比、“六个一”党支部评选、荣誉评定、职务晋升、绩效兑现等方面的重要依据。充分发挥考核在干部管理工作中的导向、评价和监督作用，不断提高领导干部队伍的素质和能力。

## 四、党的建设和思想政治工作

### （一）党的建设

2014 年，为巩固和扩大党的群众路线教育实践活动成果，公司制定了教育实践活动“两方案一计划”（领导班子查摆问题整改方案、“四风”专项问题整治方案、贯彻党的群众路线制度建设计划），持续落实整改工作，对问题实行销号管理，制定、修订党群工作制度 20 项，配套制定了评价标准和考核办法，建立了健全的党群工作制度体系。进一步规范党建基础工作，基层建立党建“五册”、电子台账，统一了党建工作用本和记录要求。建立了党费专用账户，对二级党委自留党费进行统一管理。2015 年，为深入推进作风建设，在全公司党员领导干部中开展了“三严三实”专题教育，通过抓专题党课、专题学习研讨、民主评议党员、专题民主生活会、整改与立规执纪等“关键动作”，教育党员领导干部对照“严以修身、严以用权、严以律己，谋事要实、创业要实、做人要实”的要求，加强党性修养，坚持实事求是，改进工作作风，做到心中有党不忘恩、心中有民不忘本、心中有责不懈怠、心中有戒不妄为，努力在深化“四风”整治、巩固和拓展党的群众路线教育实践活动成果上见实效，在守纪律讲规矩、营造良好政治生态上见实效，在真抓实干、推动改革发展稳定上见实效。公司各级书记、党委委员讲“三严三实”专题党课 77 场，集中学习 516 次，集中研讨 257 次，查找问题 1776 项次，建立了问题清单和整改台账。2016 年，公司完成了党委和纪委换届及基层 67 个党组织换届工作，总结上一届党委和纪委工作，提出了今后一段时期工作目标和重点工作，选举产生了各级党组织委员会和纪律检查委员会。公司坚持目标导向与问题导向相结合，提出了党委 34 项工作要点、141 项具体任务，深入开展了党员组织关系排查、党费排查、违纪党员处理情况排查、党组织换届选举排查等党建专项重点工作，建立了问题清单和整改台账，将各项工作落到实处。公司深入开展“学党章党规、学系列讲话，做合格党员”学习教育（简称“两学一做”学习教育），提出“六个规定动作”，明确了16项措施，把党的思想政治建设抓在日常、严在经常、用心用力、抓细抓实，进一步提高了党员党性觉悟，进一步增强党员“四个意识”，进一步树立清风正气、严守政治纪律政治规矩，进一步强化宗旨观念，发挥党员在生产、工作和学习中起先锋模范作用。

2017年，深入开展创先争优活动，组织评选表彰了6个先进党组织、31个先进党小组、6名优秀党务工作者、132名优秀党员。积极推进“一线筑垒”工程和标准化党支部创建工作，建立了8个示范性党员活动室，促进党建标准化管理水平上台阶。大力推进“两学一做”常态化、制度化和“党建进章程”工作，公司及下属4个法人全部在章程中明确了党组织地位和党建工作要求。深入开展“践行四合格四诠释，弘扬石油精神，喜迎党的十九大”岗位实践、党员岗位讲述、“党员身边无违纪、员工身边无事故”等活动，激励党员发挥出先锋模范作用，引领、带动员工爱岗敬业、遵章守纪，提升公司本质安全。组织开展了党组织书记述职评议工作，召开述职评议现场会议，从5个方面17项内容对党组织书记进行评议，落实党建责任。深入学习宣传贯彻党的十九大精神，组织了丰富多彩的学习宣讲活动，送党的十九大精神进基层、进装置、进班组；分级分类开展培训活动，确保党的十九大精神学习培训全覆盖。

2018年，深入学习贯彻党的十九大精神，以提升组织力为重点，进一步推进基层党组织建设，对7个党总支增设了29个党支部，理顺了党建管理层级和工作关系；组织了基层单位政工员岗位招聘工作，通过笔试、面试，严格把关，把17名优秀的人员选拔出来，充实了基层党建力量。进一步完善党建制度，系统梳理了2015年以来党建制度，制、修订17项党建制度，明确了党建责任制考核评价标准、方法和结果应用，建立了比较健全的党建“1+N”制度体系。大力推进书记“提素”工程，组织了党组织书记脱产集中轮训班，建立了党建题库。建立了党建工作经费保障机制，将党建经费列入预算。大力推进党建信息化平台建设，建立了公司信息化平台内训师队伍，完成了党建信息化平台推广应用工作，实现了“将组织建在网上、把党员联在线上”的目标，使党建信息化平台成为新时期党建新阵地。积极配合集团公司党组政治巡视，召开了各级党组织巡视反馈问题专题民主生活会，大力推进整改工作，补齐短板，有力提升了党建工作质量和水平。

**（二）思想政治工作**

2014 年，面对复杂的内外部环境和严峻的生产经营形势，公司上下紧紧围绕“强基础、补短板、增效益，打赢安全生产翻身仗”的工作主题，在深入开展“形势、目标、任务、责任”主题教育活动的基础上，开展了“严格管理、遵章守纪”大讨论，引导干部员工增强了主人翁责任感和遵章守纪的自觉性。持续开展了“培育和践行社会主义核心价值观”的宣讲，加强了劳动模范、优秀科技人员、安全明星等先进典型事迹的宣传，营造和谐稳定氛围，为攻坚克难，圆满完成近 40 年来首次全公司范围的同步停工检修，成功应对了市场急剧变化对生产经营的巨大考验，实现全年大幅减亏，为保证员工收入的有序增长提供了思想保证。2015 年，紧紧围绕“安全、环保和质量效益”核心工作，深入开展“三严三实”专题教育与重塑良好形象大讨论，以培育和践行社会主义核心价值观、弘扬大庆精神铁人精神和“严细实”作风为主线，丰富“形势、目标、任务、责任”主题教育内容。把主题教育与三严三实、重塑良好形象大讨论、政治理论学习紧密结合，与业务培训紧密结合，与专业讨论紧密结合，使主题教育深入人心，引导员工增强了责任意识，提高了对企业的关爱意识和忠诚度；在新闻宣传方面，坚持走基层、转作风、改文风，贴近生活，贴近群众，贴近实际，增强了宣传的前瞻策划，用正确的舆论引导员工，用业绩“亮点”鼓舞员工，用身边的典型激励员工，用核心价值观武装员工，用创新的形式吸引员工，有效发挥了宣传的导向作用，进一步形成干事创业的思想共识。2017 年落实党管意识形态的政治责任。加强内部报刊、视频、新媒体等舆论阵地的管理，完善信息公开和新闻发言人制度，做好舆情引导和监控。完善思想政治工作体系，大力弘扬石油精神、劳模精神和工匠精神，固化和拓展重塑良好形象成果。

2014 年以来，公司克服因多起安全事故造成的负面影响，聚精会神抓生产，凝心聚力抓效益，在全体干部员工的共同努力下，取得了令人瞩目的生产经营和发展建设成果，企业综合实力显著增强。公司党委坚持“融入中心、服务大局、以人为本、继承创新、讲求实效”的工作方针，在企业文化建设和宣传思想政治工作方面，强化思想引领，培育先进文化，拓展宣传阵地，发挥思想和文化的引领导向作用，不断拓展和创新宣传和思想政治工作方式，积极探索和推动企业文化建设，努力将国有企业的政治文化优势转化为引领发展的精神动力，推动生产经营管理不断升级和改进，为高质量地完成扩能改造，提升企业安全环保业绩，实现质量效益目标提供了强大的思想支撑。同时也为全体员工坚定信心，明确目标，共建“世界一流炼化企业”奠定了思想基础。

强化引领。2014 年公司开展了“严格管理、遵章守纪”大讨论，引导干部员工增强了主人翁责任感和遵章守纪的自觉性。紧紧围绕“安全、环保和质量效益”核心工作，把主题教育与三严三实、重塑良好形象大讨论、政治理论学习紧密结合，与业务培训紧密结合，与专业讨论紧密结合，使主题教育深入人心；2015 年，按照“强化基层单位主体地位，精简实效”的工作思路，紧紧围绕公司“三大任务”，扎实推进宣传和思想、文化建设，助推精细化管理；2016 年，扎实做好“学习习近平总书记在参加黑龙江代表团审议时重要讲话精神”“两学一做”学习教育、“弘扬石油精神”等专项工作；2017 年突出政治建设，持续深入学习宣传贯彻党的十九大精神，深刻理解掌握习近平新时代中国特色社会主义思想，增强“四个意识”、坚定“四个自信”、做到“两个维护”。深入推进“两学一做”学习教育常态化、制度化，用习近平新时代中国特色社会主义思想武装头脑，指导实践，推动工作。落实党管意识形态的政治责任。加强内部报刊、视频、新媒体等舆论阵地的管理，完善信息公开和新闻发言人制度，做好舆情引导和监控。

强调“融入”，进一步突出基层主体地位。以培育和践行社会主义核心价值观、弘扬大庆精神铁人精神和“严细实”作风为主线，持续开展“培育和践行社会主义核心价值观”的宣讲，加强劳动模范、优秀科技人员、安全明星等先进典型事迹的宣传，营造和谐稳定氛围。持续强化“内助管理，外树形象”的工作定位。实施计划管理，加强沟通点评，规范工作台账，推行积分考评。建立思想政治工作研究会和党委宣讲团。推动宣传思想文化工作在基层与生产操作管理相融合，发挥其在管理体系中的

“发动机”作用。

补强“根本”，持续推动宣传和思想政治工作网络建设。重点组织开展优秀联络员、通讯员实习培训，取得明显的效果。下发《进一步加强宣传和思想政治工作的指导意见》《宣传思想文化工作制度执行指导手册》，建立3+1+N制度体系，组织党组织书记、宣传委员、宣传骨干培训班，策划开展“重塑良好形象成果系列展示活动”，进一步完善基层宣传思想政治工作的组织构架，突出了基层单位的主体地位和宣传思想工作的职能作用，激发基层单位的活力。

力求“实效”，以增强宣传效果，建立长效机制为导向，不断完善宣传阵地，丰富宣传形式，围绕生产经营和党建的中心工作，加大先进业绩、先进集体、先进员工事迹的宣传力度，唱响主旋律，营造充满活力的宣传舆论氛围。精心做好自选动作。从受众角度出发，提高宣传和思想政治工作的有效性。模仿“中央厨房”，统一策划，多个媒体联动，扩大宣传效果。推动新媒体平台建设。依靠基层员工中的积极分子不断推动完善公司的微信公众号、服务号和微博平台，提高宣传覆盖面。在网络媒体推行新闻分类冠名模式，在一定时段，形成集中报道，强化信息引导作用。坚持走基层、转作风、改文风，贴近生活，贴近群众，贴近实际，增强了宣传的前瞻策划，用正确的舆论引导员工，用业绩“亮点”鼓舞员工，用身边的典型激励员工，用核心价值观武装员工，用创新的形式吸引员工，有效发挥了宣传的导向作用，进一步形成干事创业的思想共识。

## 五、加强人才建设

### （一）技术人才队伍建设

为培养一支专业水平高、创新能力强的优秀技术人才队伍，不断完善优秀技术人才的选拔培养机制，2014年在全公司范围内选拔有培养前途和发展潜力的技术人才，建立涵盖炼油工艺（蒸馏、催化、酮苯、加氢、重整、储运等）、炼油机械（静设备、动设备）、电气、仪表、安全环保、炼化公用系统（热动、给排水、空分空压、供汽）等主要专业的130名技术骨干组成的技术人才库。为进一步完善激励机制，2015年在推选集团公司、地区公司技术专家的基础上，选聘装置级技术专家和首席工程师，拓展专家队伍层级，建立四级技术专家梯队，评审聘任地区级技术专家18人、装置级技术专家9人、首席工程师46人。2016年根据专家的岗位设置，继续增补各级技术专家，其中：集团公司高级技术专家1人、地区公司级技术专家3人、装置级技术专家3人、首席工程师8人。根据集团公司培养计划，在化学工程、安全工程、机械方向选派专业技术人才接受全脱产、高水平的专业知识系统学习，提高专业技术人才理论水平，2014年选派2人，其中：化学工程专业1人、机械专业1人；2015年选派6人，其中：化学工程专业2人、机械专业2人、安全工程专业2人；2016年选派3人，其中：化学工程专业2人、安全工程专业1人；2017年选派3人，全部为安全工程专业；2018年选派5人，其中：化学工程专业3人、机械专业1人、安全工程专业1人，形成“选拔、培养、使用”一体化机制。

**（二）培训工作**

围绕中心工作，抓好员工思想教育和职业道德教育；围绕“安全环保和质量效益”中心任务，抓好岗位胜任力培训；围绕人才培养需求，抓好三支队伍持续培训；围绕精细化管理要求，强化培训责任，完善培训管理体系，夯实培训基础工作，注重培训有效性，全面提高员工整体素质，抓好三支人才队伍培养，不断完善培训体系，建立健全保障机制，保障公司、属地单位培训执行有力。2013年开始，连续3年开展以默画生产流程学习操作规程为主要内容的“学规程，画流程”技能竞赛活动，广泛开展全员竞赛，通过竞赛，达到以赛促训的目的，强化了员工对生产流程和操作规程等内容的掌握程度，提升了员工技术技能水平。2015年，在推广岗位能力矩阵项目，明确岗位能力标准，让员工对标查找能力差距，推动了培训工作标准化进程，同时有效提升了培训有效性与针对性。2016年，在2015年成功举办催化裂化装置操作工、常减压蒸馏装置操作工和汽（煤、柴）油加氢装置操作工职业技能竞赛的基础上，举办聚丙烯装置操作工、催化重整装置操作工和酮苯脱蜡装置操作工职业技能竞赛，有效调动了员工的学习热情，为员工发展提供平台。

### （三）薪酬管理

2014年1月，统一全员月业绩奖金基数，将原处级（4000元）、科级（3000元）与一般管理、专业技术人员、操作服务人员基数统一调整为2500元；设立处长（主任）奖励基金，用于加班加点、发现隐患、解决技术问题等嘉奖，进一步强化属地管理，加强各单位自主管理工作力度；设立中层管理人员经营风险奖，引入中层管理人员经营风险考评机制，依据月度综合管理考核情况和绩效合同关键业绩指标（KPI）完成情况，分季度预考核预兑现，次年1月份清算上一年度经营风险奖。

2014年3月，调整运行调度和部分车间的安全员、设备员、工艺员（技术员）岗位的奖金系数标准，在原基础上提高0.1～0.2，合计调整336人次。

2014年4月，智能一卡通管理系统正式投用，印发了《智能一卡通使用管理办法》。智能一卡通管理系统将人员出入、员工考勤和食堂消费管理等各项管理子系统有机整合在一起，实现集中管理和分散控制。“考勤模块”的使用为工资发放、休假、加班统计提供依据，填补了纸质考勤事后无依据的空白，保证考勤记录的可追溯性。

2015年4月，中层管理人员经营风险奖由季度考核季度兑现，调整为季度考核月度兑现。

2015年起，防暑降温费以货币形式每年6月份发放，标准为高温岗420元/年，非高温岗260元/年。

2015年7月，修订《薪酬管理规定》，明确受留用察看处分人员的晋档顺延期为“留用察看，考察期满后24个月”。

2016年10月，依据《岗位退出人员分流安置实施方案》，兑现岗位退出人员薪酬待遇。

2016年12月，修订《员工工作时间与假别管理规定》。将第十八条内容修改为：员工依法办理婚姻登记除享受国家规定的婚假外，增加婚假7日，经工会办理休假手续后，享受休假待遇。将第二十条第（一）款内容修改为：女员工产假98天，其中产前休息15天。难产的增加产假15天，多胎生育的，每多一个婴儿，增加产假15天。符合《辽宁省人口与计划生育条例》规定生育的夫妻，除享受国家规定的产假外，增加产假 60 日，配偶享有护理假 15 日。经工会办理休假手续后，享受休假待遇。删除第二十条第（三）款内容。将第二十一条第（四）款内容修改：施行人工流产术的，未满 4 个月流产的，休假 15 天；满 4 个月流产的，休假 42 天。

2018 年 1 月，调整三类人员通信费标准：一是院士、集团公司高级技术专家、管理专家无副局级以上行政职务的，比照副局级标准执行；二是企业技术专家、集团公司高级技能专家无副处级以上行政职务的，比照副处级标准执行；三是具有高级专业技术职务的人员无科级以上行政职务的，比照副科级标准执行。

2018 年 12 月，依据《中国石油天然气集团公司公务用车配备使用管理暂行规定》（中油办〔2012〕201 号）、《关于进一步加强中国石油天然气集团公司公车使用管理的意见》（中油办〔2015〕484 号）、《关于组织开展集团公司企事业单位公务用车改革工作的通知》（厅发〔2016〕21 号），经总经理办公会讨论通过，兑现公司助理级（总经理助理、副总师、安全副总监、总法律顾问）领导干部、机关四大生产处室（生产运行处、生产技术处、机动设备处、安全环保处）及其附属单位班子实职正副处级领导干部公务交通补贴。

2018 年 12 月，依据《关于调整完善基层一线关键艰苦岗位有关津贴标准等事宜的通知》（中油人事〔2018〕484 号）文件，调整提高一线关键艰苦岗位人员夜班津贴标准，并补发 1—11 月差额。

### （四）技能人才队伍建设

2014 年，组织开展了技能人才库的建设，按炼油化工、生产辅助、建安保运 3 个类别，选拔培养技能高超、业绩突出、责任心强的优秀操作技能人才。技能人才库共有 368 名技能人才入库（炼油化工 173 人、生产辅助 81 人、建安保运 114 人）。

为充分发挥技能人才的作用，同步制定配套考核措施。2015 年在已有集团公司、地区公司技能专家的基础上，组织开展装置级技能专家和助理技师的选聘工作，建立起集团公司技能专家、地区公司技能专家、装置级技能专家、高级技师、技师、助理技师六级技能人才梯队。2015 年 3 月，聘任技师 43 人、高级技师 11 人；2015 年 6 月，通过考核聘任 20 名装置级技能专家、99 名助理技师。2015 年 7 月，按照集团公司安排，对聘期满三年的集团公司技能专家进行聘期考核，并对公司聘任的地区公司级技能专家进行续聘考核。在聘的全部 6 名集团公司级技能专家通过考核续聘，大连石化分公司也聘任了 13 名地区公司级技能专家。

2016 年 1 月，增补装置级技能专家 1 人。2016 年 3 月，聘任集团公司及公司内部竞赛取得突出成绩的 3 名操作人员为技师。2016 年，公司在聘技师高级技师聘任期满三年，组织了续聘考核，主要从业绩和作用发挥、专业技术水平等方面进行考核，2017 年 1 月，聘任技师 183 人、高级技师 27 人。

2018 年 7 月，集团公司组织开展新一届集团公司技能专家评聘工作。根据实际情况，除了推荐 5 名集团公司技能专家参加续聘外，新增推荐 2 人参评，7 人均通过集团公司考核。

## 六、规范用工管理

积极贯彻落实集团公司“三控制一规范”工作要求，持续推进业务和岗位优化工作。一是深入开展“五定”工作，与国内知名咨询公司合作开展“五定”项目。严格岗位管理持续推进岗位优化工作。参考系统内及国内同行业先进企业定员标准，与 22 个二级单位进行对接，于 2018 年 7 月份修订完成新的岗位定员标准，为基层单位人员配置提供工作规范。修订后的定员标准中岗位数量 5207 个，较修订前的 6296 个，核减 1089 个岗位。其中，核减处级岗位职数 15 个，科级岗位职数 17 个，一般管理 / 专业技术岗位 262 个。二是优化基层业务。明确储运车间下设罐区的管理范围，划分 5 个油品的管理区域。将消防支队中间罐区消防泵房属地化，划入储运车间管理。分流停工装置富余人员，裁撤工作量不饱和的烷基化装置操作岗位 14 个，将人员充实到需要补员的第三联合车间和供排水车间，妥善安置“三供一业”业务移交人员，分流安置矿区供暖中心人员 29 人至热电联合等辅助车间。组织政工员岗位招聘。为加强基层党建，培养骨干力量，通过笔试面试、政治测评等严格的程序，优中选优，为各单位配备了“政治合格、能力突出”的 19 名政工员。实现内部岗位优化。三是开展结构调整中人员分流安置。根据集团公司《中国石油天然气集团公司关于结构调整中人员分流安置的指导意见》（中油人事〔2016〕169 号）文件精神，借鉴其他炼化企业情况，结合公司实际，于 2016 年 9 月，针对生产性、结构性、岗位性三类富余人员下发了《岗位退出人员分流安置实施方案》，制定了 8 项分流安置措施，于 2016 年 10 月开始实施。截至 2018 年年底，共有 113 人办理了内部退养、离岗歇业和协议保留劳动关系等手续。对富余人员的分流安置将作为加强员工管理的一项措施，长期实施。四是规范员工上转岗。2015 年至 2016 年，岗位调整 1279 人次，包括补充基层专业技术人员 150 余人，跨单位调转管理人员 55 人、操作人员 116 人。五是优化岗位运行模式。按照自愿的原则，在满足民主程序的前提下，改变倒小班车间倒班运行模式，第四联合车间在不增定员的前提下，实行六班运转；第二联合车间、第三联合车间、有机合成厂、空分车间、供排水车间实行单循环倒班方式，均有效缓解员工疲劳程度，提高了工作效率。六是完善岗位管理基础工作。按集团公司落实“一岗双责”要求，组织《岗位职责描述》的修订工作，将操作人员的岗位职责和规范进行合并，形成岗位职责的统一版本。梳理现有管理岗位，按照直线领导审定的原则，修订完善 1700 个管理岗位和技术岗位的岗位职责描述，同步修订完成了公司劳动定员标准。为了加强机关人员岗位履职情况管理，对机关人员岗位履职情况进行核查，针对 230 余人的人岗匹配情况进行了摸底核实。

## 七、加强企业文化建设

2014 年以来，积极完善企业文化体系，发挥企业文化在安全生产、合规管理等工作中的引领作用。加强安全文化、廉政文化以及基层文化的建设，努力将政治文化优势转化为企业发展动力，积蓄、传播正能量，引导员工坚守“成在全体，败在一人”的安全理念，鼓励员工推进精细化管理，培育践行社会主义核心价值观，通过劳动奉献，建设好共同的物质和精神家园。

加强企业历史文化传承工作。完成了第一部系统的历史文献《企业文化辞典》的初稿编写工作，共收录词条918项，计44万字，特别是34个生动的企业故事、118条管理理念、经验、方法以及各装置发展历程的梳理，为传承企业文化，重塑企业形象，全面推进精细化管理提供有益参考。结合纪念中华人民共和国成立70周年，制作大连石化分公司《纪念新中国成立纪念画册》，以微故事模式，拍摄系列历史纪录片《大连石化故事》，开展“大连石化精神”典型故事征集和评选活动，丰富完善历史文化基础。

开展家文化建设和良好形象标准梳理两项工作。提出“家园”文化的理念。通过组织“家园行”等活动，展示企业形象，增加员工的荣誉感自豪感。围绕“家园”文化主题，组织公众开放日活动，重塑企业形象，获得良好的社会反响。

将巩固重塑良好形象大讨论成果作为企业文化建设的重要组成部分。倡导各单位发动员工梳理“岗位良好形象”标准。开展“重塑良好形象成果系列展示活动”。组织各单位梳理提炼大讨论结论、总结展示大讨论成果、选树标杆员工、标杆班组、标杆装置、举行大讨论成果轮流展示，系统总结、展示、固化大讨论的成果。编制《大连石化公司形象手册》，推动各单位梳理岗位良好形象标准和岗位文明规范，通过与日常工作标准的结合，促进企业文化在基层从纸面向管理过渡，形成各单位的“家风、家训、家规”。与日常工作的评先选优相结合，逐步实现“良好形象”标准显性化，使“岗位形象建设”常态化，长效化，成为改善员工行为习惯，推动“三基”工作再上新台阶的有力抓手，进而不断推动企业文化建设向文化管理升级。

利用媒体平台以“家文化”为核心，加强宣传报道。结合公司各阶段重点工作，设计推出“安全守望者”“石化工匠”“最美停检人”“停检四诠释”“重塑企业良好形象”等分类栏目，编制企业文化建设丛书《大连石化公司先进典型事迹集》，在一定时段，形成集中报道，强化信息引导作用。以员工“喜闻乐见”为出发点，提高新闻宣传作品的质量。加强记者走基层活动，发动基层通讯员采写员工身边人、身边事，鼓励创作“有温度、粘泥土，带露珠”的作品，提高员工对公司主流媒体的亲和度。充分发挥视频直观、冲击力和趣味性强的特点，在公司新闻栏目推出专题视频新闻模式，提高吸引力。开展各单位重塑形象成果集中展示、年度关键词征集、十大新闻评选、各单位视频拜年、劳模家属看炼厂、劳模事迹报告等活动，提高员工参与度和感知度，拉近员工与公司、员工与先进典型之间的距离，形成“家”的凝聚效应。建立“用镜头记录公司成长发展”机制。开展思想政治工作小窍门视频故事制作活动，对供排水、港务等单位的基层文化建设进行宣传，促进好经验、好做法广泛传播。

# 第一章　领导机构

2014 年 1 月 1 日，大连石化分公司党政领导班子由 9 人组成，其中党委由 9 人组成，行政领导班子 8 人：

段良伟任党委副书记、总经理，负责行政全面工作，分管总经理（党委）办公室、人事处（党委组织部）、监察处、审计处。

李善春任党委书记、副总经理，负责党委全面工作，分管企业文化处（党委宣传部）、团委、培训中心、技能鉴定中心，协助分管人事处（党委组织部）。

巩立志任党委副书记、纪委书记、工会主席，负责党建、纪检、工会、信访、保卫、武装、离退休工作，分管纪委、工会、保卫处（武装部）、信访（维护稳定）办公室、离退休管理中心，协助分管监察处。

刘栋任党委委员、副总经理，负责信息、采购、质检工作，分管信息管理部、物资采购管理部、质量环保检测中心、石油储运公司。

韩圣福任党委委员、总会计师，负责财务、内控、工程预决算工作，协助管理审计工作，分管财务处、工程预决算部、内控办公室，协助分管审计处。

郭强任党委委员、副总经理，负责经营、企管、法律、矿区工作，分管企管法规处、营销调运部、矿区服务事业部、添加剂厂、销售公司。

马强任党委委员、副总经理、安全总监，负责安全、环保、生产、计划、计量工作，分管生产运行处、安全环保处、安全生产监督办公室、消防支队、计量中心。

李炜任党委委员、副总经理，负责技术、科研、规划、大项目工作，分管科技管理处、规划计划处、大项目前期办公室。

景玉忠任党委委员、副总经理，负责设备、工程、电气工作，分管机动设备处、工程管理部、工程质量监督站、建筑安装工程总公司。

大连石油化工公司仍由大连石化分公司托管，段良伟任经理。中国石油驻大连地区企业协调组组长由段良伟担任。

2014 年 7 月，股份公司决定：巩立志退休。

2015 年 1 月，对部分领导班子成员分工进行调整：

党委委员、副总经理郭强负责经营、企管、法律、矿区、离退休工作，分管企管法规处、营销调运部、矿区服务事业部、添加剂厂、离退休管理中心。

党委委员、副总经理、安全总监马强负责安全、环保、保卫、武装、工程、计量工作，分管安全环保处、保卫处（武装部）、工程管理部、工程质量监督站、消防支队、计量中心（计量管理部）。

党委委员、副总经理景玉忠负责生产、计划、机动工作，分管生产运行处、机动设备处、建筑安装工程总公司。

2015 年 9 月，经研究并商得中共辽宁省委同意，集团公司党组决定：李善春任大连石化分公司工会主席，刘栋任大连石化分公司纪委书记。股份公司决定：免去刘栋的大连石化分公司副总经理职务。

2015 年 10 月，对领导班子成员分工进行调整：

党委副书记、总经理段良伟负责行政全面工作，分管总经理办公室、人事处、监察处、审计处。

党委书记、副总经理、工会主席李善春负责党委全面工作，分管党委办公室、党委组织部、企业文化处（党委宣传部）、工会、团委。

党委委员、纪委书记刘栋负责纪检、信访工作，协助管理效能监察工作，分管纪委、信访（维护稳定）工作办公室，协助分管监察处。

党委委员、总会计师韩圣福负责财务、内控、工程预决算、采购工作，协助管理审计工作，分管财务处、工程预决算部、物资采购管理部、物资仓储中心、内控办公室，协助分管审计处。

党委委员、副总经理郭强负责经营、企管、法律、矿区、离退休工作，分管企管法规处、营销调运部、矿区服务事业部、离退休管理中心、添加剂厂。

党委委员、副总经理、安全总监马强负责安全、环保、保卫、武装、工程、计量工作，分管安全环保处、保卫处（武装部）、工程管理部、工程质量监督站、消防支队、计量中心（计量管理部）、石油储运公司。

党委委员、副总经理李炜负责技术、科研、质量、科协、规划、信息、大项目工作，分管生产技术处、规划计划处、信息管理部、质量环保检测中心（质量检验部）、大项目前期办公室。

党委委员、副总经理景玉忠负责生产、计划、机动设备工作，分管生产运行处、机动设备处、建筑安装工程总公司。

另外，总经理助理杨毅协助副总经理景玉忠分管机动设备工作。总经理助理时岩协助副总经理郭强分管矿区工作。

2016 年 8 月 8 日，中共大连石化分公司第二次代表大会在大连召开，200 名党员代表和 30 名列席代表参加会议。会议选举产生中共大连石化分公司第二届委员会，由马强、刘栋、李炜、李善春、段良伟、郭强、韩圣福、景玉忠等 8 人组成（以姓氏笔画为序），李善春为党委书记，段良伟为党委副书记。选举产生中共大连石化分公司第二届纪律检查委员会，由 5 人组成，刘栋为纪委书记。大连石化分公司党委下属基层党委 4 个，党总支 9 个，党支部 54 个，共有党员 2445 人。

2016 年 9 月，调整部分领导班子成员分工：

党委委员、纪委书记刘栋负责纪检、信访、保卫、武装工作，协助管理合规管理监察工作，分管纪委、保卫处（武装部、信访维稳办），协助分管监察处。

党委委员、总会计师韩圣福负责财务、内控、工程预决算、工程质量监督、采购工作，协助管理审计工作，分管财务处、工程预决算部、物资采购管理部、物资仓储中心、内控办公室，协助分管审计处。

党委委员、副总经理、安全总监马强负责安全、环保、工程、质量检测、计量工作，分管安全环保处、工程管理部、消防支队、质检计量中心、石油储运公司。

党委委员、副总经理李炜负责技术、质量、科研、科协、规划、信息、大项目工作，分管生产技术处、规划计划处、信息管理部、大项目前期办公室。

2017 年 4 月，经研究并商得中共辽宁省委同意，集团公司党组决定：庞晓东任大连石化分公司党委委员、副书记；免去段良伟的大连石化分公司党委副书记、党委委员职务。股份公司决定：庞晓东任大连石化分公司总经理；免去段良伟的大连石化分公司总经理职务，调集团公司工作。集团公司决定：庞晓东任大连石油化工公司经理、中国石油驻大连地区企业协调组组长；免去段良伟的大连石油化工公司经理、中国石油驻大连地区企业协调组组长职务。

2017 年 5 月，调整部分领导班子成员分工：

党委副书记、总经理庞晓东负责行政全面工作，分管总经理办公室、人事处、监察处、审计处。

党委书记、副总经理、工会主席李善春负责党委全面工作，分管党委办公室、党委组织部、企业文化处（党委宣传部）、工会、团委。

党委委员、副总经理郭强负责经营、企管、法律、矿区、离退休工作，分管企管法规处、营销调运部、矿区服务事业部、离退休管理中心、添加剂厂。

党委委员、副总经理、安全总监马强负责安全、环保、工程、质量检测、计量工作，分管安全环保处、工程管理部、消防支队、质检计量中心、石油储运公司。

党委委员、副总经理李炜负责技术、质量、科研、科协、规划、信息、大项目工作，分管生产技术处、规划计划处、信息管理部、大项目前期办公室。

党委委员、副总经理景玉忠负责生产、计划、机动设备工作，分管生产运行处、机动设备处、建筑安装工程总公司。

2017 年 11 月，集团公司批复同意大连石油化工公司改制为一人有限责任公司，名称为中国石油大连石油化工有限公司（以下简称大连石油化工有限公司），设执行董事 1 人、监事 1 人。同月，集团公司决定：庞晓东任大连石油化工有限公司执行董事、总经理；并委派门卓明为大连石油化工有限公司监事。

2018 年 4 月，经研究并商得中共辽宁省委同意，集团公司党组决定：赵纯任大连石化分公司党委委员、纪委书记；免去刘栋的大连石化分公司纪委书记、党委委员职务，退出领导岗位；免去韩圣福的大连石化分公司党委委员职务，调大连西太平洋石油化工有限公司工作。股份公司决定：免去韩圣福的大连石化分公司总会计师职务。

2018 年 4 月，马强因安全生产事故降至副处级。

随后，调整领导班子成员分工：

党委副书记、总经理庞晓东负责行政全面工作，分管总经理办公室、人事处、审计处、监察处。

党委书记、副总经理、工会主席李善春负责党委全面工作，分管党委办公室、党委组织部、企业文化处（党委宣传部）、工会、团委、保卫处（武装部、信访维稳办）。

党委委员、副总经理郭强负责财务、经营、企管、法律、内控、工程预决算、工程质量监督、矿区、离退休工作，分管财务处、企管法规处、内控办公室、营销调运部、工程预决算部、矿区服务事业部、离退休管理中心、添加剂有限公司。

党委委员、纪委书记赵纯负责纪检、扶贫工作，协助负责合规监察工作，分管纪委，协助分管监察处。

党委委员、副总经理李炜负责规划、技术、质量、科研、科协、信息、大项目、质量检测、计量工作，分管规划计划处、生产技术处、信息管理部、大项目前期办公室、质检计量中心、石油储运公司。

党委委员、副总经理景玉忠负责生产、计划、机动设备、安全、环保、工程、采购工作，分管生产运行处、机动设备处、安全环保处、工程管理部、物资采购管理部、物资仓储中心、建筑安装工程有限公司、消防支队。

另外，总经理助理杨毅协助主管领导分管机动设备、工程工作。总经理助理时岩协助主管领导分管信访、保卫、武装、矿区工作。

2018 年 7 月，经研究并商得中共辽宁省委同意，集团公司党组决定：王永长、朱文军、门卓明任大连石化分公司党委委员。股份公司决定：王永长任大连石化分公司副总经理，朱文军任大连石化分公司安全总监，门卓明任大连石化分公司总会计师。

2018 年 8 月，调整领导班子成员分工：

党委副书记、总经理庞晓东负责行政全面工作，分管总经理办公室、人事处、审计处。

党委书记、副总经理、工会主席李善春负责党委全面工作，分管党委办公室、党委组织部、企业文化处（党委宣传部）、工会、团委、保卫处（武装部、信访维稳办）。

党委委员、副总经理郭强负责经营、企管、法律、矿区、离退休工作，协助管理保卫、武装、信访维稳工作，分管企管法规处、营销调运部、矿区服务事业部、离退休管理中心、添加剂有限公司，协助分管保卫处（武装部、信访维稳办）。

党委委员、纪委书记赵纯负责纪检、监察工作，协助管理审计工作，分管纪委（监察处），协助分管审计处。

党委委员、副总经理李炜负责规划、技术、质量、科研、科协、信息、大项目、质量检测、计量工作，分管规划计划处、生产技术处、信息管理部、大项目前期办公室、质检计量中心、石油储运公司。

党委委员、副总经理景玉忠负责机动设备、工程、采购工作，分管机动设备处、工程管理部、物资采购管理部、物资仓储中心、建筑安装工程有限公司。

党委委员、副总经理王永长负责生产运行、生产计划工作，分管生产运行处。

党委委员、安全总监朱文军负责安全、环保工作，分管安全环保处、消防支队。

党委委员、总会计师门卓明负责财务、内控、工程预决算、工程质量监督工作，协助管理人事工作，分管财务处、内控办公室、工程预决算部，协助分管人事处。

2018 年 9 月，集团公司印发《关于推行企业和领导人员岗位分级分类管理的意见》，明确大连石化分公司为一级一类企业。

2018 年 10 月，经研究并商得中共辽宁省委同意，集团公司党组决定：庞晓东任大连石化分公司党委书记；免去李善春的大连石化分公司党委书记、委员、工会主席职务，调广西石化分公司工作。股份公司决定：免去李善春的大连石化分公司副总经理职务。

2018 年 11 月，调整领导班子成员分工：

党委书记、总经理庞晓东负责党政全面工作，分管总经理（党委）办公室、人事处（党委组织部）、企业文化处（党委宣传部）、工会、团委、审计处。

党委委员、副总经理郭强负责经营、企管、法律、矿区、离退休工作，分管企管法规处、营销调运部、矿区服务事业部、离退休管理中心、添加剂有限公司。

党委委员、纪委书记赵纯负责纪检、监察工作，协助管理审计工作，分管纪委（监察处），协助分管审计处。

党委委员、副总经理李炜负责规划、技术、质量、科研、科协、信息、大项目、质量检测、计量工作，分管规划计划处、生产技术处、信息管理部、大项目前期办公室、质检计量中心、石油储运公司。

党委委员、副总经理景玉忠负责机动设备、工程、采购工作，分管机动设备处、工程管理部、物资采购管理部、物资仓储中心、建筑安装工程有限公司。

党委委员、副总经理王永长负责生产运行、生产计划工作，分管生产运行处。

党委委员、安全总监朱文军负责安全、环保、保卫、武装、信访维稳工作，分管安全环保处、消防支队、保卫处（武装部、信访维稳办）。

党委委员、总会计师门卓明负责财务、内控、工程预决算、工程质量监督工作，协助管理人事工作，分管财务处、内控办公室、工程预决算部，协助分管人事处。

另外，总经理助理杨毅协助主管领导分管机动设备、工程工作。

总经理助理时岩协助主管领导分管保卫、武装、信访维稳、矿区工作。

总经理助理何明川兼任生产运行处处长；兼任大连国家石油储备基地有限责任公司董事长、总经理。

总经理助理王国彤兼任第一联合车间主任。

总法律顾问姜占铭协助主管领导分管法律工作。兼任企管法规处处长、党支部书记。

截至 2018 年 12 月 31 日，大连石化分公司党政领导班子由 8 人组成，其中党委由 8 人组成，庞晓东任党委书记，郭强、赵纯、李炜、景玉忠、王永长、朱文军、门卓明任党委委员。赵纯任纪委书记。行政领导班子 7 人，庞晓东任总经理，郭强、李炜、景玉忠、王永长任副总经理，门卓明任总会计师，朱文军任安全总监。大连石油化工有限公司仍由大连石化分公司托管，庞晓东任大连石油化工有限公司执行董事、总经理。领导班子分工自2018年11月以来未再进行调整。

## 第一节　党委（2014.1—2018.12）

2014年1月1日，大连石化分公司党委由9人组成：李善春任党委书记，段良伟、巩立志任党委副书记，刘栋、韩圣福、郭强、马强、李炜、景玉忠任党委委员

2014年7月，股份公司决定：巩立志退休。

2016年8月8日，中共大连石化分公司第二次代表大会在大连召开，192名党员代表和30名列席代表参加会议。会议选举产生中共大连石化分公司第二届委员会，由马强、刘栋、李炜、李善春、段良伟、郭强、韩圣福、景玉忠等8人组成（以姓氏笔画为序），李善春为党委书记，段良伟为党委副书记。大连石化分公司党委下属基层党委4个，党总支9个，党支部54个，共有党员3585人。

2017年4月，经研究并商得中共辽宁省委同意，集团公司党组决定：庞晓东任大连石化分公司党委委员、副书记；免去段良伟的大连石化分公司党委副书记、党委委员职务。

2018年4月，经研究并商得中共辽宁省委同意，集团公司党组决定：赵纯任大连石化分公司党委委员；免去刘栋的大连石化分公司党委委员职务，退出领导岗位；免去韩圣福的大连石化分公司党委委员职务，调大连西太平洋石油化工有限公司工作。

2018年4月，集团公司党组纪检组决定：给予马强撤销党内职务处分。

2018年7月，经研究并商得中共辽宁省委同意，集团公司党组决定：王永长、朱文军、门卓明任大连石化分公司党委委员。

2018年10月，经研究并商得中共辽宁省委同意，集团公司党组决定：庞晓东任大连石化分公司党委书记；免去李善春的大连石化分公司党委书记、委员职务，调广西石化分公司工作。

截至2018年12月31日，大连石化分公司党委由8人组成：庞晓东任

党委书记，郭强、赵纯、李炜、景玉忠、王永长、朱文军、门卓明任党委委员。

书　　记　李善春（2014.1—2018.10）[①]
　　　　　庞晓东（2018.10—12）
副 书 记　巩立志（2014.1—7）[②]
　　　　　段良伟（2014.1—2017.4）[③]
　　　　　庞晓东（2017.4—2018.10）
委　　员　李善春（2014.1—2018.10）
　　　　　段良伟（2014.1—2017.4）
　　　　　巩立志（2014.1—7）
　　　　　刘　栋（2014.1—2018.4）[④]
　　　　　韩圣福（2014.1—2018.4）[⑤]
　　　　　郭　强（2014.1—2018.12）
　　　　　马　强（2014.1—2018.12）
　　　　　李　炜（2014.1—2018.12）
　　　　　景玉忠（2014.1—2018.12）
　　　　　庞晓东（2017.4—2018.12）
　　　　　赵　纯（2018.4—12）
　　　　　王永长（2018.7—12）
　　　　　朱文军（2018.7—12）
　　　　　门卓明（2018.7—12）

---

① 2018 年 10 月，李善春调任广西石化分公司党委副书记、总经理。

② 2014 年 7 月，巩立志退休。

③ 2017 年 3 月，国资委决定：同意段良伟为集团公司副总经理人选。4 月，集团公司第二届董事会第十二次会议：同意聘任段良伟为集团公司副总经理，免去其大连石化分公司职务。

④ 2018 年 4 月，刘栋退出领导班子。

⑤ 2018 年 4 月，韩圣福调任大连西太平洋石油化工有限公司党委委员、总会计师。

# 第二节 行政领导机构
## （2014.1—2018.12）

2014 年 1 月 1 日，大连石化分公司行政领导班子由 8 人组成：段良伟任总经理，李善春、刘栋、郭强、李炜、景玉忠任副总经理，韩圣福任总会计师，马强任副总经理、安全总监。杨毅、时岩任总经理助理。大连石油化工公司仍由大连石化分公司托管，段良伟任经理。

2014 年 7 月，股份公司决定：巩立志退休。

2014 年 12 月，大连石化分公司决定：马端祝、左洪波任大连石化分公司总经理助理，王永长任副总工程师，从继功任安全副总监。

2015 年 7 月，高春山辞职。

2015 年 9 月，经研究并商得中共辽宁省委同意，股份公司决定：免去刘栋的大连石化分公司副总经理职务。同月，左洪波不再担任大连石化分公司总经理助理职务，调锦西石化分公司工作。

2016 年 6 月，马端祝不再担任大连石化分公司总经理助理职务。

2016 年 9 月，大连石化分公司决定：何明川任大连石化分公司总经理助理。

2017 年 4 月，经研究并商得中共辽宁省委同意，股份公司决定：庞晓东任大连石化分公司总经理；免去段良伟的大连石化分公司总经理职务，调集团公司工作。集团公司决定：庞晓东任大连石油化工公司经理、中国石油驻大连地区企业协调组组长；免去段良伟的大连石油化工公司经理、中国石油驻大连地区企业协调组组长职务。

2017 年 11 月，集团公司批复同意大连石油化工公司改制为一人有限责任公司，名称为中国石油大连石油化工有限公司（以下简称大连石油化工有限公司），设执行董事 1 人、监事 1 人。同月，集团公司决定：庞晓东任大连石油化工有限公司执行董事、总经理；并委派门卓明为大连石油化工有限公司监事。

2017 年 12 月，大连石化分公司决定：王国彤任大连石化分公司总经理助理。

2018 年 3 月，大连石化分公司决定：免去丛继功的大连石化分公司安全副总监职务。

2018 年 4 月，经研究并商得中共辽宁省委同意，股份公司决定：免去韩圣福的总会计师职务。

2018 年 4 月，因安全生产事故，马强降至副处级。

2018 年 7 月，经研究并商得中共辽宁省委同意，股份公司决定：王永长任大连石化分公司副总经理，朱文军任大连石化分公司安全总监，门卓明任大连石化分公司总会计师。大连石化分公司决定：免去王永长的大连石化分公司副总工程师职务。

2018 年 8 月，大连石化分公司决定：姜占铭任大连石化分公司总法律顾问。

2018 年 10 月，经研究并商得中共辽宁省委同意，股份公司决定：免去李善春的大连石化分公司副总经理职务。

截至 2018 年 12 月 31 日，大连石化分公司行政领导班子由 7 人组成，庞晓东任总经理，郭强、李炜、景玉忠、王永长任副总经理，门卓明任总会计师，朱文军任安全总监。杨毅、时岩、何明川、王国彤总经理助理，姜占铭任总法律顾问。大连石油化工有限公司仍由大连石化分公司托管，庞晓东任大连石油化工有限公司执行董事、总经理。

## 一、大连石化分公司（2014.1—2018.12）

### （一）大连石化分公司行政领导名录（2014.1—2018.12）

**总 经 理** 段良伟（2014.1—2017.4）
庞晓东（2017.4—2018.12）

**副总经理** 李善春（2014.1—2018.10）
刘 栋（2014.1—2015.9）
郭 强（2014.1—2018.12）
马 强（2014.1—2018.4）
李 炜（2014.1—2018.12）
景玉忠（2014.1—2018.12）
王永长（2018.7—12）

**总 会 计 师**　韩圣福（2014.1—2018.4）
门卓明（2018.7—12）
**安 全 总 监**　马　强（兼任，2014.1—2018.4）
朱文军（2018.7—12）

**正局级干部**　马平凡（2014.1—2018.12）
**副局级干部**　刘　栋（2018.4—12）

### （二）大连石化分公司助理、副总师名录（2014.1—2018.12）

**总经理助理**　杨　毅（2014.1—2018.12）
时　岩（2014.1—2018.12）
马端祝（2014.12—2016.6）①
左洪波（2014.12—2015.9）②
高春山（2014.12—2015.7）③
何明川（2016.9—2018.12）
王国彤（2017.12—2018.12）
**副总工程师**　王永长（2014.12—2018.7）
**安全副总监**　丛继功（2014.12—2018.3）
**总法律顾问**　姜占铭（2018.8—12）

## 二、大连石油化工公司—大连石油化工有限公司（2014.1—2018.12）

### （一）大连石油化工公司领导名录（2014.1—2017.11）

**经　　　理**　段良伟（2014.1—2017.4）
庞晓东（2017.4—11）

### （二）大连石油化工有限公司领导名录（2017.11—2018.12）

**执 行 董 事**　庞晓东（2017.11—2018.12）
**总　经　理**　庞晓东（2017.11—2018.12）

---

① 2016 年 6 月，马端祝调中国石油安全环保技术研究院大连分院工作。
② 2015 年 9 月，左洪波调任锦西石化分公司党委委员、纪委书记。
③ 2015 年 7 月，高春山辞职。

**监　　　事**　门卓明（财务处处长，2017.11—2018.7；总会计师，2018.7—12）

## 第三节　纪委（2014.1—2018.12）

截至2014年1月1日，大连石化分公司纪委由5人组成：巩立志任纪委书记，吴鹏翔任纪委副书记，门启毅、贺英民、付家全任委员。

2014年7月，股份公司决定：巩立志退休。

2015年9月，经研究并商得中共辽宁省委同意，集团公司党组决定：刘栋任大连石化分公司纪委书记。

2016年8月8日，中共大连石化分公司第二次代表大会在大连召开，200名党员代表和30名列席代表参加会议。会议选举产生中共大连石化分公司第二届纪律检查委员会，由5人组成，刘栋为纪委书记。

2018年4月，经研究并商得中共辽宁省委同意，集团公司党组决定：赵纯任大连石化分公司纪委书记；免去刘栋的大连石化分公司纪委书记职务，退出领导岗位。

截至2018年12月31日，大连石化分公司纪委由5人组成：赵纯任纪委书记，吴鹏翔任纪委副书记，关雪梅、门卓明、姜占铭任委员。

**书　　　记**　巩立志（2014.1—7）
　　　　　　　刘　栋（2015.9—2018.4）
　　　　　　　赵　纯（2018.4—12）
**副　书　记**　吴鹏翔（2014.1—2018.12）
**委　　　员**　巩立志（2014.1—7）
　　　　　　　吴鹏翔（2014.1—2018.12）
　　　　　　　门启毅（2014.1—2016.7）
　　　　　　　贺英民（2014.1—2016.7）
　　　　　　　付家全（2014.1—2016.7）
　　　　　　　刘　栋（2015.9—2018.4）
　　　　　　　门卓明（2016.8—2018.7）

关雪梅（2016.8—2018.12）
姜占铭（2016.8—2018.12）
赵　纯（2018.4—12）

## 第四节　工会（2014.1—2018.12）

截至2014年1月1日，大连石化分公司工会由20人组成：巩立志任工会主席，刘汉杰任副主席，门启毅、王世敏、冯学良、傅家权、许维忠、姜俊霞、贺应民、孙艾奇、吴云美、宋伟、丛长安、赵连增、刘学忱、陈占胜、石建国、刘文强、朱太国、由宝义任委员。

2014年7月，股份公司决定：巩立志退休。

2015年9月，经研究并商得中共辽宁省委同意，集团公司党组决定：李善春任大连石化分公司工会主席。

2018年10月，经研究并商得中共辽宁省委同意，集团公司党组决定：免去李善春的大连石化分公司工会主席职务，调广西石化分公司工作。

截至2018年12月31日，大连石化分公司工会由18人组成：宋伟、孙艾奇、李秉文任工会副主席，由宝义、于成滨、林蔚、田华、张伟奎、张群杰、姚成斌、刘文强、周晶、崔宏斌、郑平、曹鸿昕、段毅、文继明、王国岩任委员，工会主席空缺。

**主　　席**　巩立志（2014.1—7）[①]
　　李善春（2015.9—2018.10）
**副 主 席**　刘汉杰（2014.1—2016.2）
　　孙艾奇（2014.2—2018.12）
　　李秉文（2015.11—2018.12）
　　宋　伟（2016.2—2018.12）
**委　　员**　巩立志（2014.1—7）
　　刘汉杰（2014.1—2016.2）

① 2014年7月至2015年9月，2018年10月至12月期间，大连石化分公司工会主席空缺。

门启毅（2014.1—2015.11）
王世敏（2014.1—2015.11）
冯学良（2014.1—2015.11）
傅家权（2014.1—2014.11）
许维忠（2014.1—2015.11）
姜俊霞（2014.1—2016.4）
贺应民（2014.1—11）
孙艾奇（2014.1—2018.12）
吴云美（2014.1—11）
宋　伟（2014.1—2016.2）
丛长安（2014.1—2015.11）
赵连增（2014.1—11）
刘学忱（2014.1—2015.11）
陈占胜（2014.1—2015.11）
石建国（2014.1—2015.11）
刘文强（2014.1—2018.12）
朱太国（2014.1—11）
由宝义（2014.1—2018.12）
孙艾奇（2014.2—2018.12）
李善春（2015.9—2018.10）
李秉文（2015.11—2018.12）
田　华（2015.11—2018.12）
郑　平（2015.11—2018.12）
曹鸿昕（2015.11—2018.12）
段　毅（2015.11—2016.4）
文继明（2015.11—2018.12）
宋　伟（2016.2—2018.12）
于成滨（2016.4—2018.12）
林　蔚（2016.4—2018.12）
张伟奎（2016.4—2018.12）

姚成斌（2016.4—2018.12）
王国岩（2016.4—2018.12）
张群杰（2016.10—2018.12）
崔宏斌（2016.10—2018.12）
周　晶（2018.11—12）

# 第二章　机关部门

2014 年 1 月 1 日，大连石化分公司设机关部门 14 个：总经理（党委）办公室、人事处（党委组织部、机关党委）、规划计划处、财务处、生产运行处、机动设备处、安全环保处、科技管理处、审计处、企管法规处（内控办公室）、纪委（监察处）、企业文化处（党委宣传部、记者站、团委）、工会、信访（维护稳定）工作办公室。在册员工 497 人，共有党员 288 名。机关办公地点在大连市甘井子区山中街 1 号。

2014 年 2 月，大连石化分公司决定，科技管理处更名为生产技术处，安全生产监督办公室更名为安全环保监督中心，调整为安全环保处副处级附属机构。

2016 年 9 月，大连石化分公司决定，信访（维护稳定）工作办公室与保卫处（武装部）合并成立保卫处（武装部、信访维稳办），其内部机构设置为：综合办公室、生产保卫科、治安管理科、保安队，均为正科级建制。大连石化分公司党委决定，信访（维护稳定）工作办公室党支部与保卫处（武装部）党支部合并，成立保卫处（武装部、信访维稳办）党支部。

截至 2018 年 12 月 31 日，大连石化分公司设机关部门 13 个：总经理（党委）办公室、人事处（党委组织部、机关党委）、规划计划处、财务处、生产运行处、机动设备处、安全环保处、生产技术处、审计处、企管法规处（内控办公室）、纪委（监察处）、企业文化处（党委宣传部、记者站、团委）、工会。在册员工 203 人，共有党员 376 名。机关办公地点在大连市甘井子区山中街 1 号。

# 第一节　总经理（党委）办公室
# （2014.1—2018.12）

总经理（党委）办公室的前身是石油七厂厂长办公室，1984 年 5 月，更名为经理办公室；1986 年 3 月，更名为公司办公室；2002 年 1 月，外事办公室划归公司办公室，一个机构两块牌子；2003 年 12 月，公司办公室（外事办公室）更名为公司办公室。2007 年 3 月，大连石化公司和大连石油化工公司进行重组整合，大连石油化工公司办公室并入大连石化分公司总经理（党委）办公室。

2014 年 1 月，总经理（党委）办公室机构规格为正处级，党组织关系隶属大连石化分公司党委，在册员工 92 人，其中档案中心 9 人，行政事务中心 34 人，机关车队 34 人，共有党员 54 人，内设科（室）3 个：文秘科、接待科、公司驻北京办事处；下设附属机构 3 个：档案中心、行政事务中心、机关车队。共有领导 2 人：马端祝任总经理（党委）办公室主任、党支部书记，林蔚任副主任。

主要负责综合协调公司行政、党委工作，协助总经理、党委书记安排公司行政及党委的重要活动和会议，处理公司行政、党委的日常事务；负责公司党政文秘工作；负责公司公务性服务；负责公司各类文件、印章管理；负责公司保密工作，履行公司保密办职责；负责公司密码业务管理；负责公司公务接待管理工作；负责公司值班的归口管理；负责公司外事业务的统一管理和协调；负责公司公务用车统一调配、管理；负责公司办公用房的使用管理；负责公司参观路线归口管理；负责企业标识使用管理；负责组织史志（厂志）、企业年鉴的编纂及大事记的收集和整理工作；负责公司档案管理；负责公司信息报送工作的归口管理，协助企业文化处做好媒体应对工作；负责农村定点扶贫等社会公共事务的管理与协调。

2014 年 12 月，大连石化分公司决定：马瑞祝任大连石化分公司总经理助理，仍担任总经理（党委）办公室主任。

2015 年 12 月，大连石化分公司决定，撤销公司北京办事处建制，其原有资产及债权债务由大连石油化工公司承接。

2016年2月，大连石化分公司决定：孙敏任总经理办公室副主任；解聘林蔚的总经理办公室副主任职务，调企业文化处（党委宣传部、记者站、团委）工作。大连石化分公司党委决定：孙敏任党委办公室副主任；解聘林蔚的党委办公室副主任职务。

2016年6月，大连石化分公司决定：孟繁有任总经理办公室主任；免去马端祝兼任的总经理办公室主任职务。大连石化分公司党委决定：孟繁有任党委办公室主任、总经理（党委）办公室党支部书记；免去马端祝的党委办公室主任、总经理（党委）办公室党支部书记职务。

2016年10月，大连石化分公司党委决定，撤销机关车队党支部，党员转入总经理（党委）办公室党支部。

截至2018年12月，总经理党委办公室在册员工82人，其中档案中心7人，行政事务中心30人，机关车队32人，共有党员54人，内设科（室）2个：文秘科、接待科；下设附属机构3个：档案中心、行政事务中心、机关车队。共有领导2人：孟繁有任总经理（党委）办公室主任、党支部书记，孙敏任副主任。

## 一、总经理（党委）办公室领导名录（2014.1—2018.12）

**主　　任**　马端祝（2014.1—2014.12；兼任，2014.12—2016.6）[①]

　　　　　　孟繁有（2016.6—2018.12）

**副 主 任**　林　蔚（女，2014.1—2016.2）[②]

　　　　　　孙　敏（2016.2—2018.12）

## 二、总经理（党委）办公室党支部领导名录（2014.1—2018.12）

**书　　记**　马端祝（2014.1—2016.6）

　　　　　　孟繁有（2016.6—2018.12）

## 三、内设科（室）

### （一）文秘科领导名录（2014.1—2018.12）

**科　　长**　李　玢（女，2014.1—2018.12）

① 2016年6月，大连石化分公司总经理助理马端祝不再兼任总经理（党委）办公室主任。

② 2016年2月，林蔚调任企业文化处（党委宣传部、记者站、团委）副处长（副部长）。

副　科　长　胡鹏飞（2016.6—2018.12）

**（二）公司驻北京办事处领导名录（2014.1—2015.12）**

主　　　任　刘　豪（2014.1—2015.12）

**（三）接待科领导名录（2014.1—2018.12）**

科　　　长　焦万琦（2016.4—2018.12）

副　科　长　焦万琦（2014.3—2016.4）

**四、附属机构**

**（一）行政事务中心领导名录（2014.1—2018.12）**

主　　　任　徐璋昱（女，2014.1—2018.12）

**（二）档案中心领导名录（2014.1—2018.12）**

主　　　任　杨　光（副科级，2014.3—2016.4；2016.4—2017.12）

　　　　　　孙　敏（兼任，2017.12—2018.12）

**（三）机关车队领导名录（2014.1—2018.12）**

队　　　长　李卫星（2014.1—2016.2）

　　　　　　赵　华（2016.4—2018.12）

党支部书记　李卫星（2014.1—2016.2）

　　　　　　赵　华（2016.4—10）

## 第二节　人事处（党委组织部、机关党委）（2014.1—2018.12）

人事处的前身是石油七厂人事科；1960 年 3 月，石油七厂机关设党委组织部；1992 年 11 月，组织部与人事处合并，实行一套机构两块牌子；2003 年 12 月，大连石油化工公司人事处更名为人事部；2007 年 3 月，大连石化公司（上市）和大连石油化工公司（未上市）进行重组整合，大连石油化工公司人事部并入大连石化分公司人事（组织处）；2012 年 10 月，人事（组织）处更名为人事处（党委组织部、机关党委）。

2014 年 1 月，人事处（党委组织部、机关党委）机构规格为正处级，党组织关系隶属大连石化分公司党委，在册员工 145 人，其中保险中心 5

人，技能鉴定中心121人，共有党员60人，内设科（室）4个：劳动组织科、劳动工资科、干部管理科、综合管理（培训）科；下设附属机构2个：保险中心、技能鉴定中心。共有领导3人：左洪波任人事处（党委组织部）处长（部长）、党支部书记；关雪梅、于成滨任副处长（副部长）。

人事处（党委组织部、机关党委）是公司干部人事、党建、劳动组织、劳动工资、员工培训、社会保险等管理的主责部门。主要负责干部管理，基层领导班子建设，毕业生跟踪考察，专业技术人员管理和专业技术职务评聘，中层干部外出请、休、销假的管理；负责公司党建工作；负责劳动组织管理；负责劳动力管理；负责员工薪酬、人工成本及安保基金中安全教育经费、安全奖励经费的使用管理；负责基本养老、工伤、生育、医疗、失业五种保险和采暖费专项资金、残疾人就业保障金的缴费及各项社会保险业务的办理；负责员工教育培训的管理和监督工作；负责公司基层建设工作；负责单位绩效和员工绩效管理；负责人事档案管理工作；负责集团、地区公司级技术专家和技能专家以及专家库日常管理；负责组织劳动鉴定；负责劳务用工管理、劳务业务和劳务费用的审批与结算；在事故调查和责任认定的基础上，会同有关部门提出对事故有关责任人行政处分意见；负责因公出国（境）人员的审查；负责地方各类选举的组织及对外联系。

技能鉴定中心主要负责职业技能鉴定组织、实施工作；负责员工上岗、转岗考试；负责技师考评；协助相关部门组织好技术表演赛、技能大赛；负责举办公司交办的各种培训班；根据公司培训计划的统一安排，参与公司培训计划实施；负责对各单位的员工培训进行指导、服务工作；负责培训员例会的组织，审核各车间上报的培训学习出席簿以及讲课老师的培训内容，审核讲课的课时量以及教师酬金的发放；负责计算机仿真培训系统的开发与管理，应用计算机仿真培训系统对操作员进行技能训练；负责组织外来人员培训；搞好培训基地建设；负责公司特殊工种作业人员档案管理。

2014年12月，大连石化分公司决定：左洪波任大连石化分公司总经理助理，仍担任人事处（党委组织部）处长（部长）。

2015年1月，大连石化分公司党委决定：潘洪江任人事处（党委组织部）组织员（副处级）。

大连石化分公司决定：免去左洪波的大连石化分公司总经理助理、人事处（党委组织部）处长（部长）职务，调锦西石化分公司工作。

2016 年 2 月，大连石化分公司决定：关雪梅主持人事处（党委组织部、机关党委）工作。大连石化分公司党委决定：关雪梅任人事处（党委组织部、机关党委）党支部副书记。

2016 年 9 月，大连石化分公司决定：姜伟任人事处（党委组织部）副处长（副部长）。

2016 年 11 月，大连石化分公司决定：关雪梅任人事处处长。大连石化分公司党委决定：关雪梅任党委组织部部长、人事处（党委组织部）党支部书记。

2017 年 12 月，大连石化分公司党委决定：关雪梅任公司机关党委书记；免去郭北尧的公司机关党委书记职务，退居二线。

截至 2018 年 12 月 31 日，人事处（党委组织部、机关党委）在册员工 56 人，其中保险中心 3 人，技能鉴定中心 35 人，共有党员 50 人，内设科（室）4 个：干部管理科、劳动组织科、劳动工资科、综合管理（培训）科；下设附属机构 2 个：保险中心、技能鉴定中心。共有领导 3 人：关雪梅任人事处（党委组织部）处长（部长）、党支部书记，机关党委书记；于成滨、姜伟任副处长（副部长）。

## 一、人事处（党委组织部）领导名录（2014.1—2018.12）

**处　长（部　长）**　左洪波（2014.1—12；兼任，2014.12—2015.9）[①]

　　关雪梅（女，锡伯族，2016.11—2018.12）

**副处长（副部长）**　关雪梅（2014.1—2016.2；主持工作，2016.2—11）

　　于成滨（2014.1—2018.12）

　　姜　伟（2016.9—2018.12）

## 二、人事处（党委组织部）党支部领导名录（2014.1—2018.12）

**书　　记**　左洪波（2014.1—2015.9）

① 2015 年 9 月，左洪波调任锦西石化分公司党委委员、纪委书记。

关雪梅（2016.11—2018.12）

副　书　记　关雪梅（2016.2—9）

## 三、机关党委（2014.1—2018.12）

书　　　记　郭北尧（2014.12—2017.12）

关雪梅（2017.12—2018.12）

## 四、内设科（室）

### （一）干部管理科领导名录（2014.1—2018.12）

科　　　长　于　磊（2016.4—2018.12）

副　科　长　于　磊（2014.3—2016.4）

组　织　员　潘洪江（正科级，2014.1—2015.1；副处级，2015.1—2018.12）

### （二）劳动组织科领导名录（2014.1—2018.12）

科　　　长　杨洪源（回族，2016.4—2018.12）

副　科　长　杨洪源（2014.3—2016.4）

### （三）劳动工资科领导名录（2014.1—2018.12）

科　　　长　于成滨（兼任，2014.1—2016.4）

副　科　长　董景华（女，2016.4—2018.12）

### （四）综合管理（培训）科领导名录（2014.1—2018.12）

科　　　长　刘　育（2016.4—2018.12）

副　科　长　刘　育（2014.3—2016.4）

## 五、附属机构

### （一）技能鉴定中心（2014.1—2018.12）

1. 技能鉴定中心领导名录（2014.1—2018.12）

主　　　任　刘学忱（2014.1—2018.12）

副　主　任　刘瑞善（副处级，2014.1—2016.2）

苗　忠（2014.1—2018.12）

2. 技能鉴定中心党支部领导名录（2014.1—2018.12）

书　　　记　刘瑞善（2014.1—2016.2）

刘学忱（2016.2—2018.12）

3. 所属部门

（1）培训科领导名录（2014.1—2018.12）

**科　　长**　金宗斌（2014.1—2018.12）

（2）计算机仿真科领导名录（2014.1—2018.12）

**科　　长**　李晓明（2014.1—2018.12）

（3）综合科领导名录（2014.1—2018.12）

**科　　长**　翟立华（正科级，2014.12—2018.12）

**（二）保险中心领导名录（2014.1—2018.12）**

**主　　任**　陈雪峰（女，2014.1—2018.12）

## 第三节　规划计划处（2014.1—2018.12）

1988 年 4 月，大连石油化工公司决定，撤销设计所规划室，成立规划处；1992 年 11 月，规划处归并到综合计划处。1996 年 12 月，撤销前期指挥部，成立规划处；1998 年 4 月，规划处与技术处合并，成立技术发展处；2008 年 10 月，成立规划计划处。

2014 年 1 月，规划计划处机构规格为正处级，党组织关系隶属大连石化分公司党委，在册员工 8 人，共有党员 5 人，内设科（室）1 个：规划投资科。有领导 1 人：邹浩洋任规划计划处处长、党支部书记。

负责公司中长期总体发展规划、年度投资建议计划（含资本性投资、列入投资的科技开发和安全生产费用投资）的组织编制、上报和下达工作；负责确定投资项目名称，划分单项工程、确定单项工程名称；负责投资估算、概算审查、投资控制、投资统计、投资效益分析及项目后评价；负责投资项目的费用落实；负责投资项目的项目建议书（预可行性研究报告）、可行性研究报告的委托，组织编制、审查和报批（备案）；负责项目整体进度网络编制、投资计划的下达及执行情况的跟踪检查；负责结算确认，工程销号管理；牵头组织建设工程项目竣工决算说明书的编制；负责初步设计的报批，参与初步设计会审；负责总部委托公司自行审批的初步设计的组织审定，办理审批；负责公司总图管理和公司用地、用海管理工作，包括总体布局、新建项目的选址、征用地（海域）计划的申报；地下管网相关资料的管理与维护；公共建筑的立项和设计方案的审查；土地（海域）使用管理（包括租赁，征用、补偿等）及土地（海域）使用情况的监督检查，协调处理土地（海域）权属争议；负责零购计划编制、上报、下达及执行情况的跟踪检查和考核；负责组织勘察服务队伍技术能力认定、考核评价，确定合格服务商名录；参与设计服务队伍技术能力认定、考核评价；负责投资项目前期手续（安全、环保、卫生、消防验收等手续除外）的办理；提出投资项目安全、环保、职业卫生、消防等专业审批需求，协调、安排相关工作，协助提供相关资料；负责办理生产性用房施工许可证、竣工验收鉴定书及产权证等相关手续；负责科技开发费用、安全生产费用、港建费，安保基金中用于事故隐患治理和安全技术措施费用的使用管理；负责科技开发项目的选题、论证、立项及组织实施；负责公司开发经费、知识产权、专利的管理以及科技成果的评审、评定、奖励、推广转让；负责港口开港手续办理；负责扫海测量及航道清淤等相关工作的组织。

2014 年 2 月，大连石化分公司决定：张家栋任规划计划处副处长。

2014 年 6 月，大连石化分公司决定，规划计划处增设综合管理科，为正科级建制。

2014 年 8 月，大连石化分公司决定：王利任规划计划处处长；解聘邹浩洋的规划计划处处长职务。大连石化分公司党委决定：王利任规划计划处党支部书记；免去邹浩洋的规划计划处党支部书记职务。

2015 年 1 月，大连石化分公司决定，成立土地管理办公室，为正科级建制。

截至 2018 年 12 月，规划计划处在册员工 6 人，共有党员 5 人，内设科（室）3 个：规划投资科、综合管理科、土地管理办公室。共有领导 2 人：王利任规划计划处处长、党支部书记，张家栋任副处长。

### 一、规划计划处领导名录（2014.1—2018.12）

**处　　长**　邹浩洋（2014.1—8）①

王　利（2014.8—2018.12）

① 2014 年 8 月，邹浩洋不再担任规划计划处处长，仍担任大项目前期办公室副主任。

**副　处　长**　张家栋（2014.2—2018.12）

**二、规划计划处党支部领导名录**（2014.1—2018.12）

**书　　　记**　邹浩洋（2014.1—8）

王　利（2014.8—2018.12）

**三、内设科（室）**

**（一）规划投资科领导名录**（2014.1—2018.12）

**科　　　长**　傅志毅（2014.1—2018.12）

**（二）综合管理科领导名录**（2014.6—2018.12）

**科　　　长**　（空缺）

**副　科　长**　李　洋（2014.8—2018.12）

**（三）土地管理办公室领导名录**（2015.1—2018.12）

**主　　　任**　徐振亚（副科级，2015.1—2018.9）

## 第四节　财务处（2014.1—2018.12）

财务处的前身是石油七厂财务科，1984年5月，中国石油化工总公司决定成立财务处；2003年12月，更名为财务部；2007年3月，大连石化公司（上市）和大连石油化工公司（未上市）进行重组整合，大连石油化工公司财务部并入大连石化分公司财务处。

2014年1月，财务处机构规格为正处级，党组织关系隶属大连石化分公司党委，财务处在册员工55人，其中结算中心6人，共有党员24人，内设科（室）4个：预算成本科、会计管理科、综合税价科、资产管理科；下设附属机构1个：结算中心。共有领导4人：门卓明任财务处处长、党支部书记，邓微、王晓光、王忠义任副处长。

主要负责公司财务管理与监督。负责财务预算管理；编制、实施财务预算；负责公司的会计核算工作；负责销售发票的开具和销售货款的结算；负责公司银行账户的管理和资金的计划、调度和使用管理；负责债务集中管理；负责所有长、短期负息资金的借款与还款；负责公司各种税费的核算、申报与上缴；负责成本费用的控制；编制成本费用计划；各项成本费用的核算、分析、分解、控制；采购资金的审查、付款、核销；对各单位可控费用支出情况进行监督检查与考核；负责长期投资的核算与管理工作；负责公司投资项目所需资金的筹措；提出优化资本运营方案，负责方案批准后的组织实施；负责公司股权归口管理，草拟公司股权投资方案，进行投资收益情况分析等；负责公司关联交易工作；组织起草关联交易协议、汇总各部门意见，负责协议签订；负责固定资产的管理工作；负责公司资产产权管理、资产重组、资产调拨、资产评估和资产核实；负责流动资产的牵头管理，负责流动资产全过程的监督检查与考核；负责对公司所属单位、各分支机构、二级企业法人单位、控股公司的财务管理与监督工作；负责对公司委派到各二级（直属）单位的财务负责人及其他财会人员的管理和业务指导；负责公司工资汇总、发放及转账业务；负责组织公司级的经济活动分析会；负责公司日常价格管理与监督工作，承担价格管理委员会办公室职责；各种财产保险业务的谈判、交费、索赔清算工作；负责财务档案资料（包括凭证、账簿、报表）的整理、装订、归档、财务统计，以及会计电算化工作；参与采购、加工、销售、劳务、外委工程等经济合同、协议的审核和管理工作；负责中油财务受理处相关业务；参与中长期发展规划的编制工作，负责经济效益测算分析。

2014 年 2 月，大连石化分公司决定：曲钢任财务处副处长；解聘邓微的财务处副处长职务。

2016 年 2 月，大连石化分公司决定：由于年龄原因，解聘王忠义的财务处副处长职务，退居二线。

2018 年 7 月，股份公司决定：门卓明任大连石化分公司总会计师。大连石化分公司决定：免去门卓明的财务处处长职务。

2018 年 10 月，大连石化分公司决定：曲钢任财务处处长。大连石化分公司党委决定：曲钢任财务处党支部书记。

截至 2018 年 12 月，财务处在册员工 45 人，其中结算中心 5 人，共有党员 23 人，内设科（室）4 个：成本预算科、会计管理科、综合税价科、资产管理科；下设附属机构 1 个：结算中心。共有领导 2 人：曲钢任财务处处长、党支部书记，王晓光任副处长。

## 一、财务处领导名录（2014.1—2018.12）

处　　长　门卓明（2014.1—2018.7）
　　　　　曲　钢（2018.10—12）
副 处 长　邓　微（女，2014.1—2）[①]
　　　　　王晓光（2014.1—2018.12）
　　　　　王忠义（2014.1—2016.2）
　　　　　曲　钢（2014.2—2018.10）

## 二、财务处党支部领导名录（2014.1—2018.12）

书　　记　门卓明（2014.1—2018.7）
　　　　　曲　钢（2018.10—12）

## 三、内设科（室）

### （一）会计管理科领导名录（2014.1—2018.12）

科　　长　刘晓森（女，2014.1—2018.12）
副 科 长　齐秀华（女，满族，正科级，2014.12—2015.1）

### （二）成本预算科领导名录（2014.1—2018.12）

科　　长　曲　钢（2014.1—2）
　　　　　杨　丛（2016.4—2018.12）
副 科 长　杨　丛（2014.3—2016.4）

### （三）综合税价科领导名录（2014.1—2018.12）

科　　长　王兆新（2014.1—2015.1）
　　　　　齐秀华（女，2015.1—2018.12）

### （四）资产管理科领导名录（2014.1—2018.12）

科　　长　王　策（2016.4—2018.12）
副 科 长　王　策（2014.3—2016.4）

## 四、附属结算中心领导名录（2014.1—2018.12）

主　　任　金　平（女，满族，2014.1—2018.12）

---

① 2014 年 2 月，邓微调任工程预决算部副部长。

## 第五节　生产运行处（2014.1—2018.12）

生产运行处的前身是石油七厂生产调度科；1962 年 7 月，生产调度科更名为生产调度室；1965 年 11 月，成立生产办公室；1984 年 5 月，成立生产调度处；1991 年 5 月，生产调度处更名为总调度室；1998 年 4 月，综合计划处与总调度室合并，成立生产处；1999 年 7 月，大连石化分公司机关设生产运行处。

2014 年 1 月，生产运行处机构规格为正处级，党组织关系隶属大连石化分公司党委，在册员工 31 人，其中生产调度中心 13 人，原油管理中心 5 人，共有党员 28 人，内设科（室）2 个：生产科、计划统计科；下设附属机构 2 个：生产调度中心、原油管理中心。共有领导 3 人：丛继功任生产运行处处长、党支部书记，刘东、何明川任副处长。

生产运行处是公司生产组织、协调的主责部门和应急管理指挥中心。负责公司的生产运行管理，包括生产系统、储运系统、动力系统（含水、汽、风、氮）、污水场、排水系统（含假定净水系统）及气体、机务、港务等单位的生产运行管理；负责装置界区（包括消防设施、地下管网等所有设备设施）管理职责划分，并对职责分工落实情况进行监督检查；负责操作变动管理；组织装置开（停）工，负责停工交施工、施工交开工两个界面确认的组织；平衡各生产装置的加工负荷及方案安排；安排馏出口流向；在工艺卡片规定的范围内，调整生产过程中的有关参数，保证生产装置、辅助系统平稳运行；下达生产指令；平衡、调整全公司动力系统的运行方式；负责公司综合计划管理；负责公司年度、季度、月生产计划，产品出口计划，内部互供料计划的编制、上报、下达、调整、执行情况的监督考核；负责销售计划、检维修计划、化工原材料计划等专业计划的汇总、发布；负责原油、原料油（包括苯、甲醇、丙烯等）及来料加工管理；负责原油、原料油年度、季度、月计划的编制、平衡与上报，下达（原油、原料油）、实施（原油）采购计划；衔接、协调有关部门按计划安排好进厂；负责统计归口管理工作；负责综合、生产专项统计，对外报表和有关数据及各类原始记录、统计台账、统计报表制发前的审核及对上级有关部门报表的编制和传报；对其他专业统计工作进行指导和管理；组织召开生产调度例会，通报生产和有关情况，对会议安排落实情况进行监督、检查和考核；负责重大生产信息的传递、请示、上报工作；负责生产应急状态下公司预案的启动；生产处于紧急状态时，有权调动公司的人力、物力和其他各方面力量用以抢险；负责军用油品的管理和协调工作；组织编制、审查、实施各类生产优化方案；组织生产过程中跑、冒、串、冻、凝事故的调查、分析和处理；负责生产异常事件统计、分析与管理；负责防台防汛工作；组织防台防汛应急预案的编制（修订）、审核和演练，确定应急物资配备标准；负责产品出厂装运过程中的转输流程及操作方式确定；负责组织投用前安全检查；负责储罐的刷罐管理；确定年度刷罐计划和具体刷罐时间，对刷罐进度进行监督考核等；负责火炬应急点火管理，组织制定应急预案，负责预案启动；负责应急通信车日常调度使用管理，负责相关业务的对外联系、协调，下达相关指令等；负责巡检工作管理，负责组织对巡检站点、巡检时间的合理性进行审查，负责相关制度的制定及执行情况的监督检查；参与公司中长期发展规划、建设项目前期文件、年度投资计划、年度生产计划等的编制、审查等工作。

2014 年 2 月，大连石化分公司决定：何明川任生产运行处处长，石功军任生产运行处副处长兼生产调度中心主任；解聘从继功的生产运行处处长职务。大连石化分公司党委决定：何明川任生产运行处党支部书记；免去从继功的生产运行处党支部书记职务。

2015 年 1 月，大连石化分公司党委决定：刘东任生产运行处党支部书记；免去何明川的生产运行处党支部书记职务。

2016 年 9 月，大连石化分公司决定：何明川任大连石化分公司总经理助理，仍担任生产运行处处长。

截至 2018 年 12 月，生产运行处在册员工 32 人，其中生产调度中心 17 人，原油管理中心 5 人，共有党员 31 人，内设科（室）2 个：生产科、计划统计科；下设附属机构 2 个：生产调度中心、原油管理中心。共有领导 3 人：何明川任公司总经理助理兼生产运行处处长，刘东任副处长、党支部书记，石功军任副处长。

## 一、生产运行处领导名录（2014.1—2018.12）

**处　　长**　从继功（2014.1—2）[①]

何明川（2014.2—2016.9；兼任，2016.9—2018.12）

**副 处 长**　刘　东（2014.1—2018.12）

何明川（2014.1—2）

石功军（2014.2—2018.12）

## 二、生产运行处党支部领导名录（2014.1—2018.12）

**书　　记**　从继功（2014.1—2）

何明川（2014.2—2015.1）

刘　东（2015.1—2018.12）

## 三、内设科（室）

### （一）生产科领导名录（2014.1—2018.12）

**科　　长**　李　铁（2014.1—2016.3）

**副 科 长**　徐　锋（2014.8—2018.12）

### （二）计划统计科领导名录（2014.1—2018.12）

**科　　长**　王致斌（2014.1—2018.12）

**副 科 长**　颜世闯（2014.8—2018.12）

## 四、附属机构

### （一）生产调度中心领导名录（2014.1—2018.12）

**主　　任**　何明川（兼任，2014.1—2）

石功军（兼任，2014.2—2018.12）

### （二）原油管理中心领导名录（2014.1—2018.12）

**主　　任**　刘　卫（副处级，2014.1—2018.12）

**副 主 任**　潘　峰（正科级，2014.1—2018.12）

① 2014年2月，从继功调任安全环保处处长。

## 第六节　机动设备处（2014.1—2018.12）

机动设备处的前身是大连石油七厂机动科；1984年5月，中国石油化工总公司决定，设立工程机动处；1984年10月，成立机动处，撤销工程机动处；1987年4月，将机动处和建安公司合并为一个机构，对外称建安公司；1998年2月，将工程指挥部与机动处合并，成立机动工程处；1999年7月，大连石化分公司机关设有机动设备处；2007年3月，大连石化公司（上市）和大连石油化工公司（未上市）进行重组整合，大连石油化工公司生产经营部并入大连石化公司机动设备处。

2014年1月，机动设备处机构规格为正处级，党组织关系隶属大连石化分公司党委，在册员工41人，其中设备监测中心20人，共有党员29人，内设科（室）1个：综合科；下设附属机构1个：设备监测中心。共有领导4人：张野任机动设备处处长、党支部书记，岳成、孙忠利、晏永权任副处长。

机动设备处是公司所有设备设施、电力运行等管理的主责部门；负责设备检维修管理工作；负责设备修理计划管理工作；负责设备运行管理工作；负责设备技术管理工作；负责仪表自动化设备的管理工作；负责动力系统（水、电、汽、风、氮，不含污水）技术和业务的管理；负责设备、电气事故管理工作；组织设备、电气事故调查、分析与处理；负责固定资产的迁移、调拨、闲置、报废鉴定的技术管理；负责设备监造管理；负责消防设施管理（灭火器除外）；制定消防设施管理标准（制度）及对执行情况进行监督检查；负责消防设施相关技术协议签订等；负责船舶（消防艇、吸油船等）、特种作业车辆（吸污车、机车等）、消防水泵和泡沫泵的操作规程的组织编制、技术审查；负责生产性用房及其配套设施维修计划的审批和组织实施；负责公司防雷管理；负责公司道路养护管理；负责公司转供电管理，组织用电情况的监督检查及对外相关业务的联系、协调；负责特种作业车辆（吊车等）购置的选型；参与公司中长期发展规划的编制及重点基建、技措项目的设计方案会审；负责对分管的检维修项目划分单位工程，确定单位工程名称；负责航标的使用维护管理；参与公司中长期发展规划、年度投资计划的编制、审查等工作。

2014 年 6 月，大连石化分公司决定，机动设备处增设动力科，为正科级建制。负责公司动力系统专业管理，按“人随业务走”的原则，将现生产技术处从事动力管理的装置工艺工程师一并划入动力科。

2014 年 8 月，大连石化分公司决定，机动设备处成立工艺设备科、转动设备科和仪表设备科，均为正科级建制；综合科更名为综合管理科。

2016 年 2 月，大连石化分公司决定：晏永权主持机动设备处工作，闫萍任机动设备处副处长，孙忠利任机动设备处电力总监（副处级）；解聘张野的机动设备处处长职务，解聘孙忠利的机动设备处副处长职务。大连石化分公司党委决定：晏永权任机动设备处党支部副书记；免去张野的机动设备处党支部书记职务。

2016 年 9 月，大连石化分公司决定：晏永权任机动设备处处长，史运贞任机动设备处副处长。大连石化分公司党委决定：晏永权任机动设备处党支部书记。

2018 年 3 月，大连石化分公司决定：吴伟阳任机动设备处副处长（主持工作）；解聘晏永权的机动设备处处长职务，调大项目前期办公室工作，保留正科级待遇。2018 年 3 月，大连石化分公司党委决定：吴伟阳任机动设备处党支部副书记；免去晏永权的机动设备处党支部书记职务。

2018 年 10 月，大连石化分公司决定：吴伟阳任机动设备处处长。大连石化分公司党委决定：吴伟阳任机动设备处党支部书记。

截至 2018 年 12 月，机动设备处在册员工 38 人，其中设备监测中心 17 人，共有党员 31 人，内设科（室）5 个：综合管理科、动力科、工艺设备科、转动设备科、仪表设备科；下设附属机构 1 个：设备监测中心。共有领导 5 人：吴伟阳任机动设备处处长、党支部书记，岳成、闫萍、史运贞任副处长，孙忠利任电力总监。

## 一、机动设备处领导名录（2014.1—2018.12）

**处　　长** 张　野（满族，2014.1—2016.2）[①]

① 2016 年 2 月，张野调任大项目前期办公室副主任（正处级）。

晏永权（满族，2016.9—2018.3）
吴伟阳（2018.10—12）
**副　处　长**　岳　成（2014.1—2018.12）
孙忠利（2014.1—2016.2）
晏永权（2014.1—2016.2；主持工作，2016.2—9）
闫　萍（女，2016.2—2018.12）
史运贞（2016.9—2018.12）
吴伟阳（主持工作，2018.3—10）
**电力总监**　孙忠利（副处级，2016.2—2018.12）

## 二、机动设备处党支部领导名录（2014.1—2018.12）

**书　　记**　张　野（2014.1—2016.2）
晏永权（2016.9—2018.3）
吴伟阳（2018.10—12）
**副　书　记**　晏永权（2016.2—9）
吴伟阳（2018.3—10）

## 三、内设科（室）

### （一）综合科—综合管理科（2014.1—2018.12）

1. 综合科领导名录（2014.1—8）

**科　　长**　王成君（2014.3—8）
**副　科　长**　王成君（2014.1—3）

2. 综合管理科领导名录（2014.8—2018.12）

**科　　长**　王成君（2014.8—2018.12）

### （二）动力科领导名录（2014.6—2018.12）

**科　　长**　迟春雨（满族，2014.8—2016.4）
范云龙（2016.4—2018.12）
**副　科　长**　王　镔（正科级，2014.8—2018.12）

### （三）工艺设备科领导名录（2014.8—2018.12）

**科　　长**　迟春雨（2014.8—2016.9）
**副　科　长**　陈建国（2016.4—2018.12）

（四）转动设备科领导名录（2014.8—2018.12）

科　　长 刘　强（2014.8—2018.3）

王瑞金（2018.4—12）

副 科 长 成志良（2014.8—2016.2）

（五）仪表设备科领导名录（2014.8—2018.12）

科　　长 庄德奎（2014.8—2016.1）

副 科 长 王　鑫（满族，2016.4—2018.12）

### 四、附属机构设备监测中心领导名录（2014.1—2018.12）

主　　任 刘仁东（副处级，2014.1—2018.12）

副 主 任 刘　民（正科级，2014.1—2018.12）

李卫东（正科级，2014.1—2018.12）

## 第七节 安全环保处（2014.1—2018.12）

安全环保处的前身是石油七厂安全科；1982 年 2 月，安全科更名为安全技术监察科；1984 年 5 月，成立安全技术监察处；1999 年 7 月，大连石化分公司机关设安全环保处；2007 年 3 月，大连石化公司（上市）和大连石油化工公司（未上市）进行重组整合，大连石油化工公司安全环保部并入大连石化分公司安全环保处。

2014 年 1 月，安全环保处机构规格为正处级，党组织关系隶属大连石化分公司党委，在册员工 22 人，共有党员 19 人，内设科（室）4 个：防火科、环保科、综合管理科、HSE 教育科。共有领导 2 人：周健、崔宏斌任安全环保处副处长。

安全环保处的主要职责是负责公司安全、环保、职业健康、消防工作的综合监督；领导安全环保监督中心工作；履行公司 HSE 委员会办公室职责，掌握 HSE 工作动态，通报重要信息，提出改进 HSE 管理建议；参与公司中长期发展规划、建设项目前期文件的编制、审查等工作；负责公司安全、环保、职业健康、消防工作的监督管理；负责“三废”治理、噪声防治措施、安全附件、工业卫生设施运行的监督检查；负责环保指标的制定，环保达标情况的监督检查；负责环保化验频次、标准的制定，定期组织编制 HSE 分析报告；参与新、改、扩建项目安全、环保、工业卫生措施（方案）的技术论证；推广安全、环保、职业健康、消防科研成果及先进技术与管理方法；负责对 HSE 培训的实施提供咨询、支持；负责 HSE 检查、重大危险源和隐患归口管理，组织 HSE 检查，对违反《中国石油天然气集团公司反违章禁令》等行为进行制止和纠正，排查事故隐患，督促重大危险源管控、隐患整改等相关 HSE 管理措施的落实；负责防火和用火的安全监督管理；负责组织安全、环保、消防应急预案的编制（修订）、审核、演练；负责劳动保护管理；负责职业危害监督管理和职业病的防治；负责机动车及交通安全监督管理；负责安技装备管理；负责抗震防灾工作的归口管理；负责事故归口管理工作；负责新、改、扩建工程项目安全、环保、职业卫生、消防“三同时”有关行政审批办理；负责公司危险化学品生产许可证、经营许可证、港口危险货物港口作业认可证、港口经营许可证等办理；负责安保基金的上缴、理赔管理；负责环保补助专项基金的申请，使用管理；负责环保排污费的缴纳；负责组织工伤的认定和鉴定；对三级防控设施配备及运行管理情况进行监督检查；负责承包商安全资质审查，具有一票否决权；负责 HSE 目视化管理；组织制定相关管理方案，完善相关标准，对各单位 HSE 目视化工作进行指导、检查；参与公司中长期发展规划、建设项目前期文件等的编制、审查等工作。

2014 年 2 月，大连石化分公司决定，安全生产监督办公室更名为安全环保监督中心，调整为安全环保处附属机构，机构规格不变。安全环保监督中心党员转入安全环保处党支部。

2014 年 2 月，大连石化分公司决定：丛继功任安全环保处处长；李同昌任安全环保处安全环保监督中心主任（正处级）。大连石化分公司党委决定：李同昌任安全环保处党支部书记。

安全环保监督中心主要负责公司安全生产综合监督及厂区环境卫生管理；负责对公司所属单位安全、环保、职业卫生等工作开展情况的监督检查及评价；负责对公司各单位、各岗位 HSE 职责履行情况的监督检查；负责对公司各生产、施工作业现场安全管理情况的监督检查；负责对公司员工、外来人员厂规厂纪教育和遵守厂规厂纪情况的监督检查；负责对公司区域内工作、施工、休息场所、卫生责任区环境卫生情况的监督检查；负责垃圾出厂的审批与管理。

2014 年 8 月，大连石化分公司决定，安全环保处撤销 HSE 教育科。

2014 年 12 月，大连石化分公司决定：从继功任大连石化分公司安全副总监，仍担任安全环保处处长。

2016 年 4 月，大连石化分公司决定，安全环保处撤销防火科建制，其原有业务及人员划入安全环保监督中心。

2016 年 9 月，大连石化分公司决定：张琦岩任安全环保处副处长；解聘崔宏斌的安全环保处副处长职务。

2017 年 12 月，大连石化分公司决定：解聘李同昌的安全环保处安全环保监督中心主任职务，退居二线。大连石化分公司党委决定：从继功任安全环保处党支部书记；免去李同昌的安全环保处党支部书记职务。

2018 年 3 月，大连石化分公司决定：程旭东任安全环保处处长兼任安全环保监督中心主任；解聘从继功的大连石化分公司安全副总监、安全环保处处长职务，调大项目前期办公室工作，保留正科级待遇。大连石化分公司党委决定：程旭东任安全环保处党支部书记；免去从继功的安全环保处党支部书记职务。

截至 2018 年 12 月，安全环保处在册员工 25 人，其中安全环保监督中心 11 人，共有党员 25 人，内设科（室）2 个：环保科、综合管理科；下设附属机构 1 个：安全环保监督中心。共有领导 3 人：程旭东任安全环保处处长、党支部书记、安全环保监督中心主任，周健、张琦岩任副处长。

## 一、安全环保处领导名录（2014.1—2018.12）

**处　　长**　从继功（2014.2—12；兼任，2014.12—2018.3）
　　　　　　程旭东（2018.3—12）

**副 处 长**　周　健（2014.1—2018.12）
　　　　　　崔宏斌（2014.1—2016.9）[①]
　　　　　　张琦岩（2016.9—2018.12）

① 2016 年 9 月，崔宏斌调任第一联合车间党总支书记、工会主席（正处级）。

## 二、安全环保处党支部领导名录（2014.1—2018.12）

书　　记　李同昌（2014.2—2017.12）
　　　　　丛继功（2017.12—2018.3）
　　　　　程旭东（2018.3—12）

## 三、内设科（室）

### （一）防火科领导名录（2014.1—2016.4）

科　　长　于春林（2014.1—2016.2）

### （二）环保科领导名录（2014.1—2018.12）

科　　长　李嫣宁（女，2014.1—2017.12）
副 科 长　白　云（2017.12—2018.12）

### （三）综合管理科领导名录（2014.1—2018.12）

科　　长　（空缺）
副 科 长　杨玉久（2014.3—2018.12）
　　　　　刘晓舟（2014.8—2018.12）

### （四）HSE 教育科领导名录（2014.1—8）

科　　长　（空缺）

## 四、附属安全环保监督中心领导名录（2014.2—2018.12）

主　　任　李同昌（正处级，2014.2—2017.12）
　　　　　丛继功（兼任，2017.12—2018.3）
　　　　　程旭东（兼任，2018.3—12）
副 主 任　李景华（副处级，2014.2—2016.2）
　　　　　于　勇（副处级，2016.9—2018.12）
监督专员　汤建美（女，正科级，2014.2—2015.1）
安全专员　吴隆庆（副处级，2018.4—12）
　　　　　韩友铭（副处级，2018.4—12）
　　　　　丛恕文（副处级，2018.4—12）

# 第八节　科技管理处—生产技术处
# （2014.1—2018.12）

生产技术处的前身是石油七厂技术科；1979 年 4 月，撤销技术科，成立总工程师室；1984 年 10 月，成立技术处，撤销总工程师室；1998 年 4 月，规划处与技术处合并，成立技术发展处；2007 年 3 月，大连石化公司（上市）和大连石油化工公司（未上市）进行重组整合，大连石油化工公司发展部并入大连石化分公司技术发展处。2008 年 10 月，技术发展处更名为科技管理处。

2014 年 1 月，科技管理处机构规格为正处级，党组织关系隶属大连石化分公司党委，在册员工 30 人，其中先控管理中心 5 人，共有党员 20 人，内设科（室）5 个：工艺科、节能科、科技管理科、质量管理科、润滑油质量升级项目筹备组；下设附属机构 1 个：先控管理中心。共有领导 4 人：王永长任科技管理处处长、党支部书记，阎雪峰、张家栋任副处长，关海若任技术总监。

科技管理处是公司工艺技术、质量、节能、设计、新技术应用等管理的主责部门，同时也是公司生产、规划等业务的技术支持部门；负责工艺技术管理工作，包括生产系统、储运系统、含油污水系统（含污水场）及气体、机务、港务等单位的工艺技术管理；负责各种原料、半成品和产品质量管理工作；负责节能管理工作；负责资本性投资项目、投资列支的科技开发项目、安全生产费用投资项目的选题、论证和技术方案的确定；负责项目基础设计和详细设计委托，组织会审；负责现场设计协调、设计变更审核、图纸发放；负责投资实施计划下达及转资（含预转资）管理等工作；参与投资项目可行性研究的技术审查；负责化工原材料归口管理（不含动力系统用化工原材料）；负责新技术、新工艺的推广及应用；负责公司先进控制、优化控制的立项、组织实施和维护；负责产品说明书、化学品（包括危险化学品）安全技术说明书、安全技术标签的组织编制、审查与发布；负责组织设计服务队伍技术能力认定、考核评价，确定合格服务商名录；负责工艺防腐管理；组织研究分析介质中腐蚀因素，确定处理方法等；牵头负责 DCS 系统报警管理，负责装置 DCS 系统报警参数的设置、使用等相关工作的管理；牵头负责盲板管理，负责盲板管理相关制度的制定，负责抽堵盲板流程图及抽堵盲板位置确定的管理；负责 HAZOP 分析管理。科协主要负责管理、组织科协各分会和专业委员会的活动，关心和维护科技人员的正当权益；组织科技人员参加“讲理想、比贡献”竞赛及科技攻关活动，表彰、奖励科技先进集体和个人；组织科技人员（会员）开展科技咨询服务、科技攻关、科普和学术、技术交流活动，负责论文的征集、评选、推荐工作；负责科技活动室（阅览室、会议室、电脑培训室、多功能教室）的管理。

2014 年 2 月，大连石化分公司决定，科技管理处更名为生产技术处，撤销其下设的润滑油质量升级项目筹备组建制。

2014 年 2 月，大连石化分公司决定：刁望升任生产技术处副处长。

2014 年 2 月，大连石化分公司决定，自 2014 年 3 月 1 日起，将科协调整到生产技术处。

2014 年 6 月，大连石化分公司决定，撤销先控管理中心建制，所属人员在生产技术处内部从事相应的技术管理工作。

2014 年 12 月，大连石化分公司决定：王永长任大连石化分公司副总工程师，仍担任科技管理处处长。

2015 年 1 月，大连石化分公司决定：林晓峰任生产技术处副处长。大连石化分公司党委决定：阎雪峰任生产技术处党支部书记（正处级）；免去王永长的生产技术处党支部书记职务。

2016 年 2 月，大连石化分公司决定：关海若任生产技术处副处长，免去其技术总监职务；解聘刁望升的生产技术处副处长职务。

2018 年 7 月，股份公司决定：王永长任大连石化分公司副总经理。大连石化分公司决定：免去王永长兼任的生产技术处处长职务。

2018 年 10 月，大连石化分公司决定：李凤岭任生产技术处处长。

截至 2018 年 12 月，生产技术处在册员工 27 人，共有党员 19 人，内设科（室）5 个：工艺科、节能科、科技管理科、质量管理科、科协。共有领导 4 人：李凤岭任生产技术处处长，阎雪峰任副处长、党支部书记，林晓峰、关海若任副处长。

## 一、科技管理处（2014.1—2）

### （一）科技管理处领导名录（2014.1—2）

**处　　长**　王永长（2014.1—2）

**副 处 长**　阎雪峰（2014.1—2）

　　　　　　张家栋（2014.1—2）

**技术总监**　关海若（满族，2014.1—2）

### （二）科技管理处党支部领导名录（2014.1—2）

**书　　记**　王永长（2014.1—2）

## 二、生产技术处（2014.2—2018.12）

### （一）生产技术处领导名录（2014.2—2018.12）

**处　　长**　王永长（2014.2—2014.12；兼任，2014.12—2018.7）

　　　　　　李凤岭（2018.10—12）

**副 处 长**　阎雪峰（2014.2—2015.1；正处级，2015.1—2018.12）

　　　　　　刁望升（2014.2—2016.2）[①]

　　　　　　林晓峰（2015.1—2018.12）

　　　　　　关海若（满族，2016.2—2018.12）

**技术总监**　关海若（满族，2014.2—2016.2）

### （二）生产技术处党支部领导名录（2014.2—2018.12）

**书　　记**　王永长（2014.2—2015.1）

　　　　　　阎雪峰（2015.1—2018.12）

## 三、内设科（室）

### （一）工艺科领导名录（2014.1—2018.12）

**科　　长**　吴　宇（2014.1—2018.12）

**副 科 长**　胡　瑞（正科级，2014.8—2015.1）

### （二）节能科领导名录（2014.1—2018.12）

**科　　长**　姚　庆（2014.1—2018.12）

① 2016年2月，刁望升调任第三联合车间副主任（主持工作）。

**（三）科技管理科领导名录（2014.1—2018.12）**

**科　　长**　张维毅（2014.1—2018.12）

**（四）质量管理科领导名录（2014.1—2018.12）**

**科　　长**　林晓峰（2014.1—2015.1）

胡　瑞（2015.1—2018.4）

**副 科 长**　滕仁惠（满族，正科级，2016.10—2018.12）

**（五）润滑油质量升级项目筹备组领导名录（2014.1—2）**

**组　　长**　梁国东（2014.1—4）

**副 组 长**　初广明（2014.1—4）

**（六）科协领导名录（2014.3—2018.12）**

**主　　席**　（空缺）

**副 主 席**　（空缺）

**四、附属先控管理中心领导名录（2014.1—6）**

**主　　任**　胡　瑞（2014.1—8）

## 第九节　审计处（2014.1—2018.12）

1985年4月，根据中国石油化工总公司关于“企业内部必须设置审计机构”的指示，大连石油化工公司决定，成立审计处；1988年4月，撤销审计处，成立审计监察处；1991年12月，撤销审计监察处，成立审计处和监察处；1999年7月，大连石油化工公司机关设有纪委审计监察处；2003年12月，纪委审计监察处更名为纪委工作部（审计部）；2007年3月，原大连石油化工公司纪委工作部的审计职能划出，单独成立审计处。

2014年1月，审计处机构规格为正处级，党组织关系隶属大连石化分公司党委，在册员工16人，共有党员12人，内设科（室）2个：审计一科、审计二科，均为正科级建制。共有领导2人：张熠蔚任审计处处长、党支部书记，石泉田任副处长。

审计处是公司所有经济活动审计监督的主责部门；负责对公司及所属

单位一切经济活动，包括对公司生产经营、财务收支年季计划的执行情况，产、供、销各环节合法经营情况，内部承包经营方案及其执行情况进行审计监督；负责工程建设（包括参加可行性研究、概算预算、招标投标、工程总承包、建设管理、工程结算、竣工验收、竣工决算、固定资产交付使用）的审计监督；负责公司及所属单位投资的联营、合资、合作企业及派出机构的财务收支和经济效益情况（包括经济关系是否理顺，企业资产、效益是否流失等）的审计监督；负责公司所属单位经济责任和经营成果真实性、合规性的审计监督，包括对公司所属单位法定代表人或负有经济责任的主要领导人的任期目标、风险薪酬、任中和离任审计及经营成果审计；合并、注销单位的清产核资审计；负责对公司内部控制体系的健全性、合理性和有效性进行检查、评价，负责对公司内部控制情况进行管理层测试；负责对审计发现的舞弊行为报告纪检监察部门，需要配合时进行协查；负责合同审计、信息系统审计，对专项费用管理及业务管理部门的制度执行等情况开展专项审计和审计调查。

2014 年 3 月，大连石化分公司决定，审计处成立综合管理科，为正科级建制。

截至 2018 年 12 月，审计处在册员工 13 人，共有党员 11 人。内设科（室）3 个：审计一科、审计二科、综合管理科。共有领导 2 人：张熠蔚任审计处处长、党支部书记，石泉田任副处长。

## 一、审计处领导名录（2014.1—2018.12）

**处　　长**　张熠蔚（女，2014.1—2018.12）

**副 处 长**　石泉田（2014.1—2018.12）

## 二、审计处党支部领导名录（2014.1—2018.12）

**书　　记**　张熠蔚（女，2014.1—2018.12）

## 三、内设科（室）

### （一）审计一科领导名录（2014.1—2018.12）

**科　　长**　赵继文（2014.1—2018.12）

### （二）审计二科领导名录（2014.1—2018.12）

**科　　长**　郎秀娟（女，2014.1—2015.1）

副　科　长　张　岩（2015.1—2018.12）

（三）综合管理科领导名录（2014.3—2018.12）

科　　　长　王善卿（2016.4—2018.12）

副　科　长　王善卿（2014.3—2016.4）

## 第十节　企管法规处（内控办公室）（2014.1—2018.12）

1986 年 2 月，为加强企业管理工作，大连石油化工公司决定，将经理办公室下属的企业管理办公室更名为企业管理处；2008 年 1 月，成立企管法规处（内控办公室）。

2014 年 1 月，企管法规处（内控办公室）机构规格为正处级，党组织关系隶属大连石化分公司党委，在册员工 22 人，共有党员 15 人，内设科（室）4 个：企管科、法律室、体系科、HSE 体系推进办公室（合署办公）。共有领导 2 人：姜占铭任企管法规处（内控办公室）处长、党支部书记，邹玉华任副处长。

企管法规处（内控办公室）是公司规章制度、招投标、法律、内控、月度综合管理考核等管理的主责部门；组织划分部门职责，协调部门业务关系，监督考核部门职责履行情况；负责基础管理体系的策划；组织明确体系要素分工，组织制修订体系管理手册及体系文件；负责公司管理制度的归口管理；负责月度综合管理考核；负责相关法律事务管理；负责公司合同管理工作；负责内控体系建设、运行、维护的组织及日常监督；负责招投标管理；负责组织制定标准制修订计划，并监督实施；负责相关企业标准（工艺卡片、操作规程、企业产品标准和化工原材料标准除外）的标准化审核、发布、归档；负责与上级标准化管理部门的业务联系与协调；负责组织对工程承包商的资质审查，组织年度评价及年审工作；参与物资供应商、服务商（为公司提供设计、勘查、技术服务、技术开发、技术咨询及劳务等服务的单位）、顾客（接受公司产品的组织或个人）的资质审查；负责组织企业生产经营管理成果的征集、评审工作，总结、推广企业管理经验、成果。

2014年8月，大连石化分公司决定：姚海东任企管法规处（内控办公室）副处长，褚为民任企管法规处（内控办公室）副处长；解聘邹玉华的企管法规处（内控办公室）副处长职务。

2016年9月，大连石化分公司决定，撤销HSE体系推进办公室，HSE体系运行相关业务划归企管法规处（内控办公室）管理；原HSE体系推进办公室所属人员在公司内部重新安置。

2018年8月，大连石化分公司决定：姜占铭任大连石化分公司总法律顾问，按公司助理副总师管理，仍担任企管法规处（内控办公室）处长。

截至2018年12月，企管法规处（内控办公室）在册员工10人，共有党员8人，内设科（室）3个：企管科、法律室、体系科。共有领导3人：姜占铭任企管法规处（内控办公室）处长、党支部书记，姚海东、褚为民任副处长。

## 一、企管法规处（内控办公室）领导名录（2014.1—2018.12）

**处　　长**　姜占铭（2014.1—2018.8；兼任，2018.8—12）

**副 处 长**　邹玉华（女，2014.1—8）①

姚海东（2014.8—2018.12）

褚为民（2014.8—2018.12）

## 二、企管法规处（内控办公室）党支部领导名录（2014.1—2018.12）

**书　　记**　姜占铭（2014.1—2018.12）

## 三、内设科（室）

### （一）企管科领导名录（2014.1—2018.12）

**科　　长**　姚海东（2014.1—8；兼任，2014.8—2016.4）

林　涛（2016.4—2018.12）

### （二）法律室领导名录（2014.1—2018.12）

**主　　任**　褚为民（兼任，2014.1—2018.12）

---

① 2014年8月，邹玉华调任企业文化处副处长。

**（三）体系科领导名录**（2014.1—2018.12）

**科　　长**　郑鹏昊（2014.1—2018.12）

**（四）**HSE **体系推进办公室领导名录**（2014.1—2016.9）

**主　　任**　姜占铭（兼任，2014.1—2016.9）

**副 主 任**　于　勇（2014.1—2016.9）

于　梅（女，2014.1—2015.1）

## 第十一节　纪委（监察处）
## （2014.1—2018.12）

1984年5月，中国石油化工总公司决定，成立纪委；1991年12月，撤销审计监察处，成立审计处和监察处，监察处和纪委实行合署办公；1999年7月，大连石油化工公司机关设有纪委审计监察处；2003年12月，纪委审计监察处更名为纪委工作部（审计部）；2007年3月，大连石化公司（上市）和大连石油化工公司（未上市）进行重组整合，保留大连石油化工公司纪委工作部（不含审计，其审计职能并入新设的审计处），原大连石化分公司审计监察处纪检、检察职能并入纪委工作部；2008年1月，纪委工作部更名为纪委（监察处）。

2014年1月，纪委（监察处）机构规格为正处级，党组织关系隶属大连石化分公司党委，在册员工9人，共有党员9人，内设科（室）2个：监察室、综合办公室。共有领导2人：吴鹏翔任纪委副书记、监察处处长、纪委（监察处）党支部书记，王建任监察处副处长。

纪委（监察处）是公司纪检监察、党风廉政建设、效能监察的主责部门；协助公司党委开展党的纪律检查工作，负责公司监察工作；负责制定公司纪检监察工作的年度计划并组织实施；监督、检查各级党组织、党员遵守党纪、政纪和执行政令、规章制度的情况；负责对公司所属单位党政班子和领导人员落实党风廉政责任制等相关制度情况进行监督检查、考核和实施责任追究；负责公司建立教育、制度、监督并重的惩治和预防腐败体系工作，并组织实施；负责受理对公司所属单位党员、领导人员及监察对象的检举、控告，对违反党纪政纪的问题进行调查和处理；负责公司内控体系建设所涉及的反舞弊工作，指导所属单位开展反舞弊工作；负责公司效能监察的立项、实施，重点对生产经营、工程建设、物资采购等工作中的效率、效益、质量、安全等情况实施效能监察和专项监督检查；参加、监督公司招投标工作；参与公司重大及以上事故的调查和处理；负责公司生产安全事故与环境事件责任人员行政处分管理；在事故调查和责任认定的基础上，会同有关部门提出对事故有关责任人行政处分意见；负责公司干部岗位竞聘、领导班子（干部）考核、各类考试以及工程建设领域突出问题专项治理等事项的监督检查；负责“三重一大”事项决策的监督管理。

2014 年 6 月，大连石化分公司决定，纪委（监察处）增设信访案件室，为正科级建制；将综合办公室更名为党风建设室。

2016 年 9 月，大连石化分公司决定，将纪委（监察处）监察室和信访案件室分别更名为合规管理监察室、纪律审查室。

截至 2018 年 12 月，纪委（监察处）在册员工 9 人，共有党员 9 人，内设科（室）3 个：合规管理监察室、党风建设室、纪律审查室。共有领导 2 人：吴鹏翔任纪委副书记、监察处处长、纪委（监察处）党支部书记，王建任监察处副处长。

## 一、纪委领导名录（2014.1—2018.12）

**副　书　记**　吴鹏翔（2014.1—2018.12）

## 二、监察处领导名录（2014.1—2018.12）

**处　　　长**　吴鹏翔（2014.1—2018.12）

**副　处　长**　王　建（2014.1—2018.12）

## 三、纪委（监察处）党支部领导名录（2014.1—2018.12）

**书　　　记**　吴鹏翔（2014.1—2018.12）

## 四、内设科（室）

### （一）监察室—合规管理监察室（2014.1—2018.12）

1. 监察室领导名录（2014.1　2016.9）

**主　　　任**　郑博军（2014.1—2016.2）

褚少华（2016.4—10）

2. 合规管理监察室领导名录（2016.9—2018.12）

主　　任　褚少华（2016.10—2018.12）

**（二）综合办公室—党风建设室（2014.1—2018.12）**

1. 综合办公室领导名录（2014.1—6）

主　　任　刘喜安（2014.1—8）

2. 党风建设室领导名录（2014.6—2018.12）

主　　任　（空缺）

副 主 任　闫海龙（2014.8—2018.12）

**（三）信访案件室—纪律审查室（2014.6—2018.12）**

1. 信访案件室领导名录（2014.6—2016.9）

主　　任　刘喜安（2014.8—2016.10）

审 理 员　曲　莉（女，2016.4—10）

2. 纪律审查室领导名录（2016.9—2018.12）

主　　任　刘喜安（2016.10—2018.12）

审 理 员　曲　莉（2016.10—2018.12）

## 第十二节　企业文化处（党委宣传部、记者站、团委）（2014.1—2018.12）

企业文化处的前身是石油七厂宣传科，1960年3月，石油七厂机关设有党委宣传部；1984年10月，撤销党委宣传部，成立党委宣传处；1989年11月，恢复党委宣传部；1994年6月，恢复党委统战部，与党委宣传部合为一个机构；1999年7月，大连石油化工公司机关设有党委工作部；2003年12月，团委并入党委工作部，党委工作部更名为党委工作部（团委）；2007年3月，大连石化公司（上市）和大连石油化工公司（未上市）进行重组整合，保留大连石油化工公司党委工作部，大连石化分公司党群工作处的党团职能并入党委工作部；2010年1月，党委工作部（处）更名为企业文化处（党委宣传部）；2012年10月，企业文化处（党委宣传部）更名为企业文化处（党委宣传部、记者站、团委）。

2014 年 1 月，企业文化处（党委宣传部、记者站、团委）机构规格为正处级，党组织关系隶属大连石化分公司党委，在册员工 23 人，其中新闻中心、记者站 12 人，共有党员 18 人，内设科（室）4 个：团委、科协、综合管理科、宣传科；下设附属机构 2 个：新闻中心、大连石化记者站。共有领导 4 人：宋伟任企业文化处（党委宣传部）处长（部长）、党支部书记，孙敏任副处长（副部长），朱爱华任新闻中心主任，王卫任大连石化记者站站长。

企业文化处（党委宣传部）是公司思想政治工作、企业文化建设和新闻宣传等管理的主责部门；负责公司干部员工思想政治理论教育工作；负责公司企业文化建设工作；负责公司新闻宣传工作；负责新闻舆情监控工作，负责突发事件新闻媒体应对工作，为公司新闻发言人工作提供支持；负责共青团的思想组织建设和青工教育；负责公司统战工作的日常管理；负责公司展览馆的日常管理，做好展览馆展品、设施的保养维护和参观人员的组织接待；负责报纸杂志的订阅管理工作；负责公司广告（销售广告除外）管理、形象策划管理工作。

2014 年 2 月，大连石化分公司决定，自 3 月 1 日起，将科协相关人员调整到生产技术处。

2014 年 8 月，大连石化分公司决定：邹玉华任企业文化处副处长。大连石化分公司党委决定：邹玉华任党委宣传部副部长。

2016 年 2 月，大连石化分公司决定：林蔚任企业文化处副处长（主持工作）；解聘宋伟的企业文化处处长职务，解聘孙敏的企业文化处副处长职务。大连石化分公司党委决定：林蔚任党委宣传部副部长、企业文化处（党委宣传部）党支部副书记；免去宋伟的党委宣传部部长、企业文化处（党委宣传部）党支部书记职务，免去孙敏的党委宣传部副部长职务。

2016 年 9 月，大连石化分公司决定，将企业文化处（党委宣传部、记者站、团委）综合管理科更名为企业文化科。

2016 年 9 月，大连石化分公司决定：林蔚任企业文化处处长；张浩宇任企业文化处副处长。大连石化分公司党委决定：林蔚任党委宣传部部长、企业文化处（党委宣传部）党支部书记（正处级）；张浩宇任党委宣传部副部长。

2017年12月，大连石化分公司决定：王卫为企业文化处新闻中心主任（副处级）；解聘邹玉华的企业文化处副处长职务，朱爱华的新闻中心主任职务，退居二线。大连石化分公司党委决定：免去邹玉华的党委宣传部副部长职务。

截至2018年12月，企业文化处（党委宣传部、记者站、团委）在册员工18人，其中新闻中心、记者站12人，共有党员16人，内设科（室)3个：团委、企业文化科、宣传科；下设附属机构2个：新闻中心、大连石化记者站。共有领导3人：林蔚任企业文化处（党委宣传部）处长（部长）、党支部书记，张浩宇任副处长（副部长），王卫任新闻中心主任、大连石化记者站站长。

## 一、企业文化处（党委宣传部）领导名录（2014.1—2018.12）

**处长（部长）** 宋　伟（2014.1—2016.2）①
林　蔚（女，2016.9—2018.12）

**副处长（副部长）** 孙　敏（2014.1—2016.2）②
邹玉华（女，2014.8—2017.12）
林　蔚（主持工作，2016.2—9）
张浩宇（2016.9—2018.12）

## 二、企业文化处（党委宣传部）党支部领导名录（2014.1—2018.12）

**书　记** 宋　伟（2014.1—2016.2）
林　蔚（2016.9—2018.12）

**副书记** 林　蔚（2016.2—9）

## 三、内设科（室）

### （一）团委（2014.1—2018.12）

**书　记** 韩　丹（苗族，副处级，2014.8—2018.12）

**副书记** 韩　丹（苗族，正科级，2014.1—8）

### （二）科协领导名录（2014.1—3）

**主　席** （空缺）

---

① 2016年2月，宋伟调任工会副主席、党支部书记（正处级）。

② 2016年2月，孙敏调任党经理（党委）办公室副主任。

副　主　席　刘洪敖（副处级，2014.1—2）

**（三）综合管理科—企业文化科（2014.1—2018.12）**

1. 综合管理科领导名录（2014.1—2016.9）

**科　　长**（空缺）

2. 企业文化科领导名录（2016.9—2018.12）

**科　　长**（空缺）

**（四）宣传科领导名录（2014.1—2018.12）**

**科　　长**　张浩宇（2014.1—2016.9）

**四、附属机构**

**（一）新闻中心领导名录（2014.1—2018.12）**

**主　　任**　朱爱华（2014.1—2017.12）

王　卫（2017.12—2018.12）

**副　主　任**　马振东（副科级，2014.1—3；正科级，2014.3—2018.12）

**（二）大连石化记者站领导名录（2014.1—2018.12）**

**站　　长**　王　卫（2014.1—2018.12）

## 第十三节　工会（2014.1—2018.12）

工会的前身是石油七厂工会；2001 年 4 月，大连石油化工公司工会生产保障部与综合办公室（职工权益部）合并为综合办公室（职工权益部），一个机构两个牌子，离退休管理中心从工会划出；2003 年 12 月，工会综合办公室（职工权益部）更名为工会工作部；2007 年 3 月，大连石化公司（上市）和大连石油化工公司（未上市）进行重组整合，保留大连石油化工公司工会工作部，大连石化分公司工会职能并入工会工作部；2008 年 1 月，工会工作部更名为工会。

2014 年 1 月，工会机构规格为正处级，党组织关系隶属大连石化分公司党委，工会在册员工 36 人，其中文体中心 25 人，共有党员 17 人，内设科（室）3个：计生、女工办，生产保障部，生活保障部；下设附属机构1个：文体中心。共有领导3人：刘汉杰任工会副主席、党支部书记，孙艾奇、李秉文任副部长。

工会是维护职工民主权利的主责部门，代表和组织职工参与企业的民主管理和民主监督；依法对安全生产工作进行监督；负责工会的组织建设、思想建设，培训工会干部和职工代表，组织工会的换届改选；负责工会经费的收缴、管理、使用和工会财产的管理工作；做好会员会籍管理工作；负责职工代表大会的日常工作，职工代表大会或职工代表（团）组长联席会议的筹备及会务工作，检查督促职代会决议的执行；会同有关部门做好领导干部民主评议和厂务公开工作；组织开展适合工会特点的群众性教育活动，与党政组织共同做好职工思想教育，组织职工学习文化、科学和业务知识；围绕公司生产经营，组织职工开展劳动竞赛、群众性的合理化建议、技术革新和技术协作活动；依法维护职工合法利益；组织开展有利于职工身心健康的文化、体育活动，办好体协、文化宫、图书馆、职工活动中心、职工兴趣协会等；组织培养、评选、表彰劳动模范，负责劳动模范的日常管理工作；负责公司劳动争议调解委员会的日常工作；办理职工生活困难补助；组织职工疗养；负责计划生育工作、女工委员会的建设，维护女职工的合法权益；负责无偿献血的组织。

2014年2月，大连石化分公司决定，撤销工会下设的生产保障部和生活保障部建制。

2014年2月，大连石化分公司党委决定：孙艾奇任工会副主席（副处级）；李秉文任工会副主席（副处级）。

2016年2月，大连石化分公司党委决定：宋伟任工会副主席、党支部书记（正处级）。由于年龄原因，免去刘汉杰的工会副主席、党支部书记职务，退居二线。

截至2018年12月，工会在册员工32人，其中文体中心25人，共有党员16名，下设1个科（室）：计生、女工办；下设1个附属机构：文体中心。共有领导3人：宋伟任工会副主席、党支部书记，孙艾奇、李秉文任副主席。

## 一、工会（2014.1—2018.12）

**副　主　席**　刘汉杰（2014.1—2016.2）

孙艾奇（副处级，2014.2—2018.12）
李秉文（副处级，2014.2—2018.12）
宋　伟（正处级，2016.2—2018.12）

**二、工会工作部（2014.1—2）**

**副　部　长**　孙艾奇（2014.1—2）
李秉文（2014.1—2）

**三、工会党支部领导名录（2014.1—2018.12）**

**书　　　记**　刘汉杰（2014.1—2016.2）
宋　伟（2016.2—2018.12）

**四、内设科（室）**

**（一）计生、女工办领导名录（2014.1—2018.12）**

**主　　　任**　姜俊霞（女，2014.1—2016.2）

**（二）生产保障部（2014.1—2）**

**部　　　长**　（空缺）

**（三）生活保障部（2014.1—2）**

**部　　　长**　（空缺）

**五、附属文体中心领导名录（2014.1—2018.12）**

**主　　　任**　王殿琪（2014.1—2016.2）
刘利勇（2016.4—2017.12）
孙艾奇（兼任，2017.12—2018.12）

**副　主　任**　刘利勇（正科级，2015.2—2016.4）

## 第十四节　信访（维护稳定）工作办公室（2014.1—2016.9）

2007 年 7 月，党委工作部的信访工作职能划出，成立公司信访（维护稳定）工作办公室。

2014 年 1 月，信访（维护稳定）工作办公室机构规格为正处级，党组织关系隶属大连石化分公司党委，在册员工 4 人，共有党员 4 人。共有领导 1 人：宋清发任信访（维护稳定）工作办公室副主任。

负责贯彻落实国家、省市及集团公司、股份公司维护稳定工作方面的方针、政策。负责研究、制订公司维护稳定工作的规划、计划，并组织实施。负责维护稳定日常工作。收集、掌握公司下属各单位稳定工作动态，归口上报重大问题和重大情况；跟踪并监督重要稳定工作；对群众反映的问题进行汇总、分析，并协同有关部门做好答复和解释工作，排查不稳定因素。负责信访工作。归口办理和接待群众来信及来访，承办、催办上级交办和转办的信访事项或案件；掌握信访信息，及时向领导汇报重要的动态和信访问题；组织开展对集体上访和群体性事件的防范、处置工作。负责公司维护稳定工作领导小组办公室日常工作。负责制订完善公司稳定工作应急预案，指导各单位落实各级稳定工作应急预案。负责掌握公司精简下放人员的情况，做好生活补助金的统计发放工作。

2014 年 2 月，大连石化分公司决定：宋清发任信访（维护稳定）工作办公室主任，黄丽丽任信访（维护稳定）工作办公室副主任。大连石化分公司党委决定：宋清发任信访（维护稳定）工作办公室党支部书记。

2016 年 9 月，大连石化分公司决定，将信访（维护稳定）工作办公室与保卫处（武装部）合并成立保卫处（武装部、信访维稳办），列二级单位，机构规格正处级；其内部机构设置为：综合办公室、生产保卫科、治安管理科、保安队，均为正科级建制。

2016 年 9 月，大连石化分公司党委决定，信访（维护稳定）工作办公室党支部与保卫处（武装部）党支部合并，成立保卫处（武装部、信访维稳办）党支部。

## 一、信访（维护稳定）工作办公室领导名录（2014.1—2016.9）

**主　　任**　宋清发（2014.2—2016.9）

**副 主 任**　宋清发（2014.1—2）

　　　　　　黄丽丽（女，2014.2—2016.9）

## 二、信访（维护稳定）工作办公室党支部领导名录（2014.1—2016.9）

**书　　记**　宋清发（2014.2—2016.9）

# 第三章　直属单位

2014 年 1 月 1 日，大连石化分公司下设直属单位 7 个：工程管理部、营销调运部、物资采购管理部、工程预决算部、信息管理部、工程质量监督站、安全生产监督办公室。直属单位办公地址在大连市甘井子区山中街 1 号。

2014 年 2 月，大连石化分公司决定：安全生产监督办公室更名为安全环保监督中心，调整为安全环保处附属机构。大连石化分公司党委决定：撤销安全环保监督中心党支部，党员转入安全环保处党支部。

2016 年 9 月，大连石化分公司决定，撤销工程质量监督站，石油天然气大连石化工程质量监督站业务由工程预决算部承接，工程质量监督站内部工程质量监督室业务及人员成建制划归工程预决算部管理，工程质量监督站内部无损检测中心更名为无损检测室，业务及人员成建制划归建筑安装工程总公司管理，为其质量技术部副科级附属机构。

2016 年 9 月，大连石化分公司党委决定，撤销物资采购管理部党总支，成立物资采购管理部党支部。撤销工程质量监督站党支部，党员随建制分别转入建筑安装工程总公司党委和工程预决算部党支部。

截至 2018 年 12 月 31 日，大连石化分公司下设直属单位 5 个：工程管理部、营销调运部、物资采购管理部、工程预决算部、信息管理部。

## 第一节　工程管理部
## （2014.1—2018.12）

工程管理部的前身是石油七厂基建科；1980 年 1 月，工程管理科成立；1980 年 8 月工程管理科与基建科合并成工程管理科；1984 年 5 月，中国石油化工总公司决定，工程管理科与机动科组成工程机动处；2005 年 9 月，撤销生产新区工程部，更名为工程管理部。

2014年1月，工程管理部机构规格为正处级，党组织关系隶属大连石化分公司党委，工程管理部在册员工27人，共有党员19人，内设科（室）4个：工程施工科、工程计划科、工程技术科、综合科。共有领导3人：姜启超任工程管理部部长，程治任副部长，张绪斌任党支部书记。

工程管理部是公司建设项目施工管理的主责部门。执行投资控制计划，负责下达工程项目计划、设备采购计划等，并对计划执行情况进行跟踪检查。组织建设项目施工、监理招投标工作，负责签订施工、监理合同，并组织实施。负责建设项目的总体部署，包括编制开（竣）工报告，工程项目的统计、上报等。负责建设项目施工的过程管理。负责审批施工报告、施工方案，编制施工控制网络，协调施工力量等；负责施工过程的质量、进度、投资控制；督促施工单位及时完成档案资料归档。负责建设项目工程技术管理；负责组织施工方案审查、相关设计变更审查及施工现场技术问题的处理。负责工程（甲供）用料的审批及现场实物量确认。参与工程承包商资质审查，负责承包商的准入办理（预审和报批）及日常管理。负责建设项目施工过程中的HSE管理。包括承包商HSE作业计划书审批、施工现场HSE检查等。负责对分管的工程项目划分单位工程，确定单位工程名称。

2015年1月，大连石化分公司决定：王盟任工程管理部副部长。大连石化分公司党委决定：张绪斌任工程管理部工会主席。

2016年4月，大连石化分公司决定，撤销工程管理部工程计划科建制，其原有业务及人员划入综合科。

2017年12月，大连石化分公司党委决定：姜启超任工程管理部党支部书记、工会主席（正处级）；免去张绪斌的工程管理部党支部书记、工会主席职务，退居二线。

截至2018年12月，工程管理部在册员工28人，共有党员21人。内设科（室）3个：综合科、工程施工科、工程技术科。共有领导3人：姜启超任工程管理部部长、党支部书记、工会主席，程治、王盟任副部长。

## 一、工程管理部领导名录（2014.1—2018.12）

**部　　长**　姜启超（2014.1—2018.12）

**副 部 长**　程　治（2014.1—2018.12）

王　盟（2015.1—2018.12）

### 二、工程管理部党支部领导名录（2014.1—2018.12）

**书　　记**　张绪斌（2014.1—2017.12）

姜启超（2017.12—2018.12）

### 三、工程管理部工会领导名录（2014.1—2018.12）

**主　　席**　张绪斌（2015.1—2017.12）

姜启超（2017.12—2018.12）

### 四、内设科（室）

#### （一）综合管理科领导名录（2014.1—2018.12）

**科　　长**　贾仕男（2016.4—2018.12）

**副 科 长**　贾仕男（2014.3—2016.4）

#### （二）工程施工科领导名录（2014.1—2018.12）

**科　　长**　陈　炜（2016.4—2018.12）

#### （三）工程计划科领导名录（2014.1—2016.4）

**科　　长**　（空缺）

#### （四）工程技术科领导名录（2014.1—2018.12）

**科　　长**　（空缺）

**副 科 长**　陈　炜（2014.3—2016.4）

陈廷波（2016.4—2018.12）

## 第二节　营销调运部（2014.1—2018.12）

营销调运部的前身是石油七厂运销科；1984 年 5 月，大连石油化工公司决定，成立运销处；1993 年 10 月，运销处与石化服务总公司联营部合并，组建石化产品销售公司；1999 年 7 月，大连石化分公司机关设有营销处；2012 年 10 月，营销处更名为营销调运部。

2014 年 1 月，营销调运部机构规格为正处级，党组织关系隶属大连石化分公司党委，在册员工 11 人，共有党员 11 人，内设科（室）2 个：调运科、销售科。共有领导 2 人：王利任营销调运部部长、党支部书记，程旭东任副部长。

营销调运部是公司产品销售和提运管理的主责部门。负责产品出厂、售后服务等相关业务的对外统一联系、协调；负责联营中心及发油站的管理。负责公司产品销售工作。办理产成品销售的出厂手续，负责出厂销售的统计，货款的回收及销售合同管理。负责产品销售信息的收集和分析，市场调查和预测，提出价格意见。负责销售服务（售前、售中、售后服务）管理。负责产品咨询、销售广告工作，组织产品展销会、用户座谈会。履行顾客委员会办公室职责。负责产品销售调运的管理。负责出厂产品提运计划的下达和提运车辆、船舶的安排，及船舶到港相关信息传递；负责铁路专用线的管理（包括办理增加运输品名的审批）。负责储运、气体、机务和港务等单位的产品出厂业务管理（不含生产操作部分）。负责石脑油、甲醇采购。包括市场调研、供应商引进、合同签订等相关工作。负责公司清欠工作。履行公司清欠办公室职责。负责产品包装形象规范的制定。牵头组织处理出厂产品的质量纠纷。负责《边防检查报检证》和《登轮许可证》办理。负责海关监管场所《注册登记证书》的办理、延续等相关工作。

2014 年 6 月，大连石化分公司决定，将液氧销售业务划归营销调运部，岗位人员随业务调入营销调运部。

2014 年 8 月，大连石化分公司决定：程旭东任营销调运部部长，郭勇任营销调运部副部长，唐士兵任营销调运部副部长；解聘王利的营销调运部部长职务。大连石化分公司党委决定：程旭东任营销调运部党支部书记；免去王利的营销调运部党支部职务。

2015 年 1 月，大连石化分公司决定：王文峰任营销调运部副部长，唐士兵兼任营销调运部安全总监。大连石化分公司党委决定：程旭东任营销调运部工会主席。

2015 年 1 月，大连石化分公司决定，撤销销售公司建制，将销售公司业务（含大连经济技术开发区星航石化产品销售中心）及人员划入营销调运部。营销调运部撤销化工产品销售中心建制，业务和人员划入销售科。营销调运部下设：销售科、调运科、综合管理科、发油站、联营中心，均为正科级建制。

2016年3月，大连石化分公司决定：金鑫任营销调运部副部长；解聘王文峰的营销调运部副部长职务。大连石化分公司党委决定：王文峰任营销调运部党支部书记（正处级）；免去程旭东的营销调运部党支部书记职务。

2016年10月，大连石化分公司党委决定，撤销营销调运部发油站党支部，党员转入营销调运部党支部。

2018年3月，大连石化分公司决定：王文峰任营销调运部部长；解聘程旭东的营销调运部部长职务。

2018年4月，大连石化分公司决定：于子策任营销调运部副部长。

截至2018年12月，营销调运部在册员工121人，共有党员36人，内设科（室）5个：销售科、调运科、综合管理科、发油站、联营中心。共有领导4人：王文峰任营销调运部部长、党支部书记、工会主席，郭勇、金鑫、于子策任副部长。

## 一、营销调运部领导名录（2014.1—2018.12）

**部　　长**　王　利（2014.1—8）[①]
程旭东（2014.8—2018.3）[②]
王文峰（2018.3—12）

**副 部 长**　程旭东（2014.1—8）
郭　勇（2014.8—2018.12）
唐士兵（2014.8—2016.12）[③]
王文峰（2015.1—2016.3）
金　鑫（2016.3—2018.12）
于子策（满族，2018.4—12）

**安全总监**　唐士兵（兼任，2015.1—2016.12）

## 二、营销调运部党支部领导名录（2014.1—2018.12）

**书　　记**　王　利（2014.1—8）
程旭东（2014.8—2016.3）

① 2014年8月，王利调任规划计划处处长、党支部书记。
② 2018年3月，程旭东调任安全环保处处长、党支部书记、安全环保监督中心主任。
③ 2016年12月，唐士兵离职。

王文峰（2016.3—2018.12）

## 三、营销调运部工会领导名录（2014.1—2018.12）

主　　席　王文峰（2015.1—2018.12）

## 四、内设科（室）

### （一）调运科领导名录（2014.1—2018.12）

科　　长　朱乾晓（2014.1—2018.12）

### （二）销售科领导名录（2014.1—2018.12）

科　　长　金　鑫（2014.1—2016.3）

于子策（满族，2016.4—2018.4）

副 科 长　于子策（正科级，2015.6—2016.4）

刘　凌（2016.4—2018.12）

### （三）综合管理科领导名录（2015.1—2018.12）

科　　长　徐金义（2015.1—2017.12）

金　鑫（兼任，2017.12—2018.12）

副 科 长　潘　鸿（女，正科级，2015.1—2018.12）

### （四）发油站领导名录（2015.1—2018.12）

站　　长　吴　胜（2015.1—2018.12）

副 站 长　李景阳（2015.1—2018.12）

王景业（2016.10—2018.12）

党支部书记　王景业（2015.1—2016.10）

安全总监　张在明（2014.1—2015.1）

李景阳（兼任，2015.1—2018.12）

### （五）联营中心领导名录（2015.1—2018.12）

主　　任　娄慧斌（副科级，2015.1—2018.12）

# 第三节　物资采购管理部
# （2014.1—2018.12）

物资采购管理部的前身是石油七厂材料科；1989 年 6 月，为适应物资管理工作的需要，大连石油化工公司决定，在供应处的基础上组建大连石油化工公司物资供销公司；1998 年 9 月，物资供销公司仓库为非核心业务，划归大连石油化工公司管理，物资供销公司机关部门为核心业务，划归中国石油大连石化公司（股份）管理；2000 年 1 月，物资供销公司仓库更名为物资仓储公司；2004 年 5 月，物资供销公司更名为电子商务中心；2007 年 3 月，大连石化公司（上市）和大连石油化工公司（未上市）进行重组整合，原大连石油化工公司的物资仓储公司并入大连石化分公司电子商务中心，为其附属单位；国际贸易公司的物资采购职能划入电子商务中心；2008 年 1 月，电子商务中心更名为物资采购管理部。

2014 年 1 月，物资采购管理部机构规格为正处级，党组织关系隶属大连石化分公司党委，在册员工 112 人，共有党员 54 人，内设科（室）7 个：综合管理科、设备科、材料科、配件科、仪电科、物资仓储中心、验收科。共有领导 4 人：刘建任物资采购管理部部长，郭勇、曲逵任副部长，张成旭任党总支书记。

物资采购管理部是公司物资供应的主责部门，协调与集团公司对口的相关业务，履行供应商评审委员会办公室职责。负责物资采购计划、物资分类及代码的编制，并组织实施。负责物资采购管理。负责按需求计划采购所需物资，并办理入库、结算、质保金支付；负责签订买卖合同，处理与供货厂家发生的纠纷及索赔。组织实施物资储备，开展代储代销，优化库存结构。履行集团公司炼油催化剂授权集中采购管理小组职责。

2014 年 2 月，大连石化分公司决定：李鸿刚任物资采购管理部部长，马宁圣任物资采购管理部副部长（正处级），刘洪林任物资采购管理部副部长。解聘刘建的物资采购管理部部长职务。大连石化分公司党委决定：马宁圣任物资采购管理部党总支书记；免去张成旭的物资采购管理部党总支书记职务。

2014 年 8 月，大连石化分公司决定：宁传文任物资采购管理部副部长；解聘郭勇、曲逵的物资采购管理部副部长职务。

2015 年 1 月，大连石化分公司决定：张世德任物资采购管理部副部长；解聘刘洪林的物资采购管理部副部长职务，退居二线。大连石化分公司党委决定：马宁圣任物资采购管理部工会主席。

2015 年 1 月，大连石化分公司决定，撤销物资采购管理部验收科、物资仓储中心建制。成立物资仓储中心，为公司正处级二级单位，将物资采购管理部的物资验收、物资仓储管理、部分综合管理等相关业务及人员从物资采购管理部划入物资仓储中心。

2016 年 9 月，大连石化分公司决定，物资采购管理部综合管理科更名为综合计划科。

2016 年 9 月，大连石化分公司党委决定，撤销物资采购管理部党总支，成立物资采购管理部党支部。马宁圣任物资采购管理部党支部书记。

截至 2018 年 12 月，物资采购管理部在册员工 31 人，共有党员 25 人，内设科（室）5 个：综合计划科、设备科、材料科、配件科、仪电科。共有领导 4 人：李鸿刚任物资采购管理部部长，马宁圣任副部长、党支部书记、工会主席，宁传文、张世德任副部长。

## 一、物资采购管理部领导名录（2014.1—2018.12）

**部　　长**　刘　建（2014.1—2）①

李鸿刚（回族，2014.2—2018.12）

**副 部 长**　郭　勇（2014.1—8）②

曲　逵（2014.1—8）③

马宁圣（2014.2—2018.12）

刘洪林（2014.2—2015.1）

宁传文（2014.8—2018.12）

张世德（2015.1—2018.12）

① 2014 年 2 月，刘建调任信息管理部部长。

② 2014 年 8 月，郭勇调任营销调运部副部长。

③ 2014 年 8 月，曲逵调任建筑安装工程总公司副经理、总工程师。

## 二、物资采购管理部党总支、党支部领导名录（2014.1—2018.12）

### （一）物资采购管理部党总支领导名录（2014.1—2016.9）

**书　　记**　张成旭（2014.1—2）

　　　　　　马宁圣（2014.2—2016.9）

### （二）物资采购管理部党支部领导名录（2016.9—2018.12）

**书　　记**　马宁圣（2016.9—2018.12）

## 三、物资采购管理部工会领导名录（2014.1—2018.12）

**工会主席**　马宁圣（2015.1—2018.12）

## 四、内设科（室）

### （一）综合管理科—综合计划科（2014.1—2018.12）

1. 综合管理科领导名录（2014.1—2016.9）

**科　　长**　王正立（2014.1—2015.2）

**副 科 长**　周旭东（2015.2—2016.10）

2. 综合计划科领导名录（2016.9—2018.12）

**科　　长**　（空缺）

**副 科 长**　周旭东（2016.10—2018.12）

### （二）设备科领导名录（2014.1—2018.12）

**科　　长**　王治群（2014.1—2018.12）

### （三）材料科领导名录（2014.1—2018.12）

**科　　长**　邹晓昆（2014.1—3）

　　　　　　张韶华（2016.4—2018.12）

**副 科 长**　张韶华（2014.3—2016.4）

### （四）配件科领导名录（2014.1—2018.12）

**科　　长**　邹晓昆（2014.3—2018.12）

### （五）仪电科领导名录（2014.1—2018.12）

**科　　长**　韩秀芬（女，2014.1—2015.1）

**副 科 长**　于　枫（2014.8—2018.12）

### （六）物资仓储中心领导名录（2014.1—2015.1）

**主　　任**　徐忠林（2014.1—2015.1）

**（七）验收科领导名录（2014.1—2015.1）**

**科　　长**　刘利勇（2014.1—2015.1）

## 第四节　工程预决算部（2014.1—2018.12）

2005年9月，大连石化分公司决定，成立工程预决算部，原生产新区综合部和公司机动设备处预决算岗位人员划入工程预决算部。

2014年1月，工程预决算部机构规格为正处级，党组织关系隶属大连石化分公司党委，在册员工17人，共有党员9人，内设科（室）2个：造价一科、造价二科。共有领导2人：王庆伟任工程预决算部部长，蔡万民任党支部书记。

工程预决算部是公司工程造价管理、工程质量监督的主责部门。负责造价业务的统一管理；负责对公司范围内新建、扩建、改建、技术改造及检维修等工程质量实施监督。接受石油天然气工程质量监督总站等上级部门的业务指导，并按规定向上级部门报告工作。负责贯彻执行国家、集团公司和地方政府有关工程造价、工程质量监督方面的政策、法规。负责公司工程造价管理制度、工程质量监督管理制度的制定、维护，并对制度执行情况进行监督、检查。负责公司工程造价计价依据的管理、解释及补充定额、单位估价表的编制和颁布。负责公司基建、技改、大修、检维修、更新、科研、安全环保等工程项目的预算编制和结算审定。负责建设项目招标工程标底的编审。下达包干项目费用控制指标及资金控制额度。负责审查基建、技改、大修、检维修、更新、科研、安全环保等工程项目合同中的经济条款。负责组织审定、发布所有工程建设项目乙供材料的价格。负责公司工程造价专业人员资质的管理、培训、考核工作。参与公司建设项目可研估算、初步设计概算审查工作。核查勘察、设计、监理、施工、检测等单位的资质等级，监督其在资质等级允许的范围内履行法定质量责任和义务的情况。对质量监督过程中发现的工程建设各方责任主体质量行为问题和工程实体质量问题，根据其严重程度，按有关规定进行处理和处罚并跟踪检查，直到问题得到解决。负责核定工程质量等级，对建设单位组织的中间交接、工程交接、竣工验收实施监督。对工程的原材料、成品、半成品、构配件及设备的质量进行抽查，行使一票否决权。

2014 年 2 月，大连石化分公司决定：邓微任工程预决算部副部长。

2015 年 1 月，大连石化分公司决定：邓微任工程预决算部部长；解聘王庆伟的工程预决算部部长职务，退居二线。大连石化分公司党委决定：蔡万民任工程预决算部工会主席。

2015 年 1 月，大连石化分公司决定，成立价格定额科，正科级建制。

2016 年 2 月，大连石化分公司决定：李峰任工程预决算部副部长。

2016 年 9 月，大连石化分公司决定：金国顺任工程预决算部副部长，李建刚任工程预决算部副部长。

2016 年 9 月，大连石化分公司决定，撤销工程质量监督站建制，石油天然气大连石化工程质量监督站业务由工程预决算部承接，工程质量监督站内部工程质量监督室业务及人员成建制划归工程预决算部管理。大连石化分公司党委决定：撤销工程质量监督站党支部，党员随建制分别转入建筑安装工程总公司党委和工程预决算部党支部。

2017 年 12 月，大连石化分公司决定：解聘金国顺的工程预决算部副部长职务，退居二线。

2018 年 4 月，大连石化分公司决定：解聘李峰的工程预决算部副部长职务，按一般管理人员管理。

截至 2018 年 12 月，工程预决算部在册员工 24 人，共有党员 17 人。内设科（室）4 个：造价一科、造价二科、价格定额科、工程质量监督室。共有领导 3 人：邓微任工程预决算部部长，李建刚任副部长，蔡万民任党支部书记、工会主席。

工程预决算部负责造价业务的统一管理；负责对公司范围内新建、扩建、改建、技术改造及检维修等工程质量实施监督。接受石油天然气工程质量监督总站等上级部门的业务指导，并按规定向上级部门报告工作。负责贯彻执行国家、集团公司和地方政府有关工程造价、工程质量监督方面的政策、法规。负责公司工程造价管理制度、工程质量监督管理制度的制定、维护，并对制度执行情况进行监督、检查。负责公司工程造价计价依据的管理、解释及补充定额、单位估价表的编制和颁布。负责公司基建、技改、大修、检维修、更新、科研、安全环保等工程项目的预算编制和结算审定。负责建设项目招标工程标底的编审。下达包干项目费用控制指标及资金控制额度。负责审查基建、技改、大修、检维修、更新、科研、安全环保等工程项目合同中的经济条款。负责组织审定、发布所有工程建设项目乙供材料的价格。负责公司工程造价专业人员资质的管理、培训、考核工作。参与公司建设项目可研估算、初步设计概算审查工作。核查勘察、设计、监理、施工、检测等单位的资质等级，监督其在资质等级允许的范围内履行法定质量责任和义务的情况。对质量监督过程中发现的工程建设各方责任主体质量行为问题和工程实体质量问题，根据其严重程度，按有关规定进行处理和处罚并跟踪检查，直到问题得到解决。负责核定工程质量等级，对建设单位组织的中间交接、工程交接、竣工验收实施监督。对工程的原材料、成品、半成品、构配件及设备的质量进行抽查，行使一票否决权。

## 一、工程预决算部领导名录（2014.1—2018.12）

**部　　长**　王庆伟（2014.1—2015.1）
　　　　　　邓　微（女，2015.1—2018.12）

**副 部 长**　邓　微（2014.2—2015.1）
　　　　　　李　峰（2016.2—2018.4）
　　　　　　金国顺（2016.9—2017.12）
　　　　　　李建刚（2016.9—2018.12）

## 二、工程预决算部党支部领导名录（2014.1—2018.12）

**书　　记**　蔡万民（2014.1—2018.12）

## 三、工程预决算部工会领导名录（2014.1—2018.12）

**主　　席**　蔡万民（2015.1—2018.12）

## 四、内设科（室）

### （一）造价一科领导名录（2014.1—2018.12）

**科　　长**　徐宏伟（2014.1—2018.12）

### （二）造价二科领导名录（2014.1—2018.12）

**科　　长**　杨　刚（2014.1—2018.12）

**（三）价格定额科领导名录（2015.1—2018.12）**

科　　长　（空缺）

副 科 长　安　勇（锡伯族，2015.1—2018.12）

**（四）工程质量监督室领导名录（2016.9—2018.12）**

主　　任　郝平跃（2016.9—2018.12）

副 主 任　李　明（正科级，2016.9—2018.12）

## 第五节　信息管理部（2014.1—2018.12）

1987 年 8 月，大连石油化工公司决定，成立大连石油化工公司经济信息中心；1992 年 4 月，经济信息中心更名为计算机中心；1992 年 11 月，情报室与计算机中心合并称信息中心；2007 年 3 月，大连石化公司（上市）和大连石油化工公司（未上市）进行重组整合，原大连石油化工公司信息中心并入大连石化分公司信息中心；2012 年 10 月，信息中心更名为信息管理部。

2014 年 1 月，信息管理部机构规格为正处级，党组织关系隶属公司党委，在册员工 72 人，共有党员 32 人，下设科（室）3 个：计算机室、网络系统管理室、电话室。共有领导 4 人：梁华任信息管理部部长，贾翔、彭连军任副部长，刘勇任党支部书记。

信息管理部是公司办公计算机及网络技术管理的主责部门。同时也是公司管理信息化的技术支持部门。负责公司计算机系统、网络系统、通信系统应用和信息管理等方面的整体规划的编制、实施和协调工作。负责办公自动化系统，电子邮件系统，信息管理系统，流程模拟系统和仿真系统等的立项、开发、维护和管理；负责安全监控系统配套的服务器、存储器、网络的保运；参与罐区监控管理等过程控制监测系统的方案制订。负责计算机及外部设备（打印机、扫描仪等）、网络设备和复印机的选型、维护和管理。负责公司有线语音通信相关设备的选型、运行、维护和管理，负责对讲机频率的管理及对讲机的日常维护。负责与企业相关的政经新闻、市场行情、科技动态、行业报告等信息的收集、加工分析、储存、发布。承担上级下达的信息管理职责。协助做好网上舆情监控工作。负责公司计算机应用软件的管理和统一订购工作。

2014 年 2 月，大连石化分公司决定：刘建任信息管理部部长；解聘梁华的信息管理部部长职务。大连石化分公司党委决定：梁华任信息管理部党支部书记（正处级）；免去刘勇的信息管理部党支部书记职务，退居二线。

2015 年 1 月，大连石化分公司党委决定：梁华任信息管理部工会主席。

2016 年 2 月，大连石化分公司党委决定：刘建任信息管理部党支部书记、工会主席；免去梁华的息管理部党支部书记、工会主席职务，退居二线。

2016 年 4 月，大连石化分公司决定，规范信息管理部内部机构设置为：综合管理科、通讯室、计算机室、网络室（中国石油大连区域网络中心），均为正科级建制，其内部原有科室随之撤销。

截至 2018 年 12 月，信息管理部在册员工 58 人，共有党员 31 人。内设科（室）4 个：综合管理科、通讯室、计算机室、网络室（中国石油大连区域网络中心）。共有领导 3 人：刘建任信息管理部部长、党支部书记、工会主席，贾翔、彭连军任副部长。

## 一、信息管理部领导名录（2014.1—2018.12）

**部　　长**　梁　华（2014.1—2）
　　　　　　刘　建（2014.2—2018.12）
**副 部 长**　贾　翔（2014.1—2018.12）
　　　　　　彭连军（2014.1—2018.12）

## 二、信息管理部党支部领导名录（2014.1—2018.12）

**书　　记**　刘　勇（2014.1—2）
　　　　　　梁　华（2014.2—2016.2）
　　　　　　刘　建（2016.2—2018.12）

## 三、信息管理部工会领导名录（2014.1—2018.12）

**主　　席**　梁　华（2015.1—12）
　　　　　　刘　建（2016.2—2018.12）

## 四、内设科（室）

### （一）计算机室领导名录（2014.1—2018.12）

**主　　任**　刘俊锋（2014.1—2016.4）

**副　　主　　任**　杨　程（满族，2014.8—2018.12）

　　　　　　　　　高学滨（锡伯族，2016.4—2018.12）

**（二）网络系统管理室—网络室（中国石油大连区域网络中心）领导名录（2014.1—2018.12）**

**主　　　　　任**　赵　实（2014.1—2015.8）

**副　　主　　任**　王雁鸣（2014.8—2018.12）

　　　　　　　　　陈　力（2016.4—2018.12）

**网络中心主任**　陈　力（2016.4—2018.12）

**（三）信息室领导名录（2014.1—2016.4）**

**主　　　　　任**　宋国庆（副科级，2014.8—2016.4）

**（四）电话室—通讯室领导名录（2014.1—2018.12）**

**主　　　　　任**　刘俊峰（2016.4—2018.12）

**（五）综合管理科领导名录（2016.4—2018.12）**

**科　　　　　长**　（空缺）

**副　　科　　长**　宋国庆（2016.4—2018.12）

## 第六节　工程质量监督站（2014.1—2016.9）

2004 年 2 月，大连石化分公司直属单位设工程质量监督站。

2014 年 1 月，工程质量监督站机构规格为正处级，党组织关系隶属大连石化分公司党委，在册员工 25 人，共有党员 24 人，下设机构 3 个：七星监理公司、无损检测中心、工程质量监督室。共有领导 3 人：项忠维任工程质量监督站站长，金国顺任副站长，刘俊武任技术总监。

对公司范围内新建、扩建、改建及装置停检等工程质量实施监督。负责工程质量监督制度的制定、维护，并对制度执行情况进行监督、检查。核查勘察、设计、监理、施工、检测等单位的资质等级，监督其在资质等级允许的范围内履行法定质量责任和义务的情况。对监督过程中发现的工程建设各方责任主休质量行为问题和工程实休质量问题，根据其严重程度，按有关规定进行处理和处罚并跟踪检查，直到问题得到解决。负责核定工程质量等级，对建设单位组织的中间交接、工程交接、竣工验收实施监督。对工程的原材料、成品、半成品、构配件及设备的质量进行抽查，行使一票否决权。接受石油天然气工程质量监督总站等上级部门的业务指导，并按规定向上级部门报告工作。承担公司安排的设备及管道等防腐定点测厚工作。承担公司安排的金属分析、理化性能检验检测工作。承担公司安排的设备、材料及构配件等抽查、复验检测工作。承担公司安排的压力容器制造、管道安装及检维修工程的射线探伤工作和其他临时检测工作。

2014 年 6 月，大连石化分公司决定，撤销七星监理公司建制，注销法人资格，所属人员划归工程质量监督站管理。七星监理公司已开展的业务及后续相关事宜由工程质量监督站继续完成。

2014 年 8 月，大连石化分公司党委决定，撤销无损检测中心党支部、七星监理公司党支部，党员转入工程质量监督站党支部。

2015 年 1 月，大连石化分公司决定：李建刚任工程质量监督站副站长。

2016 年 9 月，大连石化分公司决定，撤销工程质量监督站建制，石油天然气大连石化工程质量监督站业务由工程预决算部承接，工程质量监督站内部工程质量监督室业务及人员成建制划归工程预决算部管理。工程质量监督站内部无损检测中心更名为无损检测室，业务及人员成建制划归建筑安装工程总公司管理，为其质量技术部副科级附属机构。大连石化分公司党委决定，撤销工程质量监督站党支部，党员随建制分别转入建筑安装工程总公司党委和工程预决算部党支部。

## 一、工程质量监督站领导名录（2014.1—2016.9）

**站　　长**　项忠维（2014.1—2016.9）

**副 站 长**　金国顺（2014.1—2016.9）

　　　　　　李建刚（2015.1—2016.9）

**技术总监**　刘俊武（正科级，2014.1—2016.10）

## 二、工程质量监督站党支部领导名录（2014.1—2016.9）

**书　　记**　项忠维（2014.1—2016.9）

## 三、工程质量监督站工会领导名录（2014.1—2016.9）

**主　　席**　金国顺（2015.1—2016.9）

### 四、下设机构

#### （一）七星监理公司领导名录（2014.1—6）

经　　理　项忠维（兼任，2014.1—6）
副 经 理　李　明（2014.1—8）

#### （二）无损检测中心领导名录（2014.1—2016.9）

主　　任　汪景胜（2014.1—2016.10）
副 主 任　牛津田（2014.1—2016.9）
党支部书记　汪景胜（2014.1—8）

#### （三）工程质量监督室领导名录（2014.1—2016.9）

主　　任　郝平跃（2014.1—2016.9）
副 主 任　李　明（2014.8—2016.9）

## 第七节　安全生产监督办公室（2014.1—2）

2005 年 5 月，大连石化分公司决定，成立安全与管理监督站；2008 年 1 月，现场管理办公室和安全与管理监督站合并，成立安全生产监督办公室。

2014 年 1 月，安全生产监督办公室机构规格为正处级，党组织关系隶属大连石化分公司党委，在册员工 13 人，共有党员 11 人。共有领导 3 人：李同昌任安全生产监督办公室主任、党支部书记，李景华任副主任，汤建美任监督专员。

安全生产监督办公室负责对公司所属单位安全、环保、职业卫生等工作开展情况的监督检查及评价。负责对公司各单位、各岗位 HSE 职责履行情况的监督检查。负责对公司各生产、施工作业现场安全管理情况的监督检查。负责对公司员工、外来人员厂规厂纪教育和遵守厂规厂纪情况的监督检查。负责对公司区域内工作、施工、休息场所、卫生责任区环境卫生情况的监督检查。负责垃圾出厂的审批与管理。

2014 年 2 月，大连石化分公司决定，安全生产监督办公室更名为安全环保监督中心，调整为安全环保处副处级附属机构。随后，大连石化分公司党委决定：撤销安全环保监督中心党支部，党员转入安全环保处党支部。

## 一、安全生产监督办公室领导名录（2014.1—2）

**主　　任**　李同昌（2014.1—2）

**副 主 任**　李景华（2014.1—2）

**监督专员**　汤建美（女，正科级，2014.1—2）

## 二、安全生产监督办公室党支部领导名录（2014.1—2）

**书　　记**　李同昌（2014.1—2）

# 第四章　二级单位

2014 年 1 月 1 日，大连石化分公司下设二级单位 25 个：培训中心、石油储运公司、大连石油添加剂厂、销售公司、建筑安装工程总公司、质量环保检测中心（质量检验部）、计量中心（计量管理部）、有机合成厂、生产新区、第一联合车间、第二联合车间、第三联合车间、第四联合车间、第五联合车间、储运车间、热电联合车间、气体车间、空分车间、供排水车间、机务车间、供电车间、港务车间、消防支队、离退休管理中心（由矿区托管）、矿区服务事业部［含保卫处（武装部）］。临时机构 1 个：大项目前期办公室。

2014 年 2 月，大连石化分公司决定，将生产新区更名为第一联合车间。整合原第一联合车间、第五联合车间，整合后命名为第二联合车间，为正处级二级单位，下设生产技术科、综合管理科、催化装置、加氢装置，均为正科级建制。整合原第二联合车间、第三联合车间，整合后命名为第三联合车间，为正处级二级单位，下设生产技术科、综合管理科、蒸馏装置、酮苯装置、精制装置、625 装置，均为正科级建制。第四联合车间调整为正处级二级单位，下设生产技术科、综合管理科、催化装置、气分装置、烷基化装置、汽油加氢装置，均为正科级建制。

2014 年 2 月，大连石化分公司党委决定，成立第一联合车间党总支，撤销生产新区党总支；成立第二联合车间党总支，撤销第一联合车间、第五联合车间党支部；成立第三联合车间党总支，撤销第二联合车间、第三联合车间党支部；成立第四联合车间党总支，撤销第四联合车间党支部。

2014 年 8 月，大连石化分公司党委决定，成立大项目前期办公室党支部。

2014 年 12 月，大连石化分公司决定，撤销培训中心建制。大连石化分公司党委决定，撤销培训中心党支部。

2015 年 1 月，大连石化分公司决定，成立物资仓储中心，为公司正处级二级单位。将物资采购管理部的物资验收、物资仓储管理、部分综合管理等相关业务及人员从物资采购管理部划入物资仓储中心。物资仓储中心下设库房管理科、验收科和综合管理科，均为正科级建制。撤销销售公司建制，将销售公司业务（含大连经济技术开发区星航石化产品销售中心）及人员划入营销调运部。

2015 年 1 月，大连石化分公司党委决定，撤销销售公司党支部；成立物资仓储中心党支部。

2016 年 9 月，大连石化分公司决定，合并成立质检计量中心，为公司正处级二级单位。其内部机构设置为：综合管理科（省石油产品质量监督检验第二中心）、技术科、检查科、计量管理科、贸易计量科、仪器设备科、油品分析室、化工分析室、环保水质监测室、原油评价室、计量检定站、新港原油计量站，均为正科级建制。工程质量监督站内部无损检测中心更名为无损检测室，业务及人员成建制划归建筑安装工程总公司管理，为其质量技术部副科级附属机构。

2016 年 9 月，大连石化分公司党委决定：将质量环保检测中心（质量检验部）党支部与计量中心（计量管理部）党支部合并，成立质检计量中心党总支。

2017 年 11 月，按照集团公司改制工作要求，中国石油大连石油化工公司及公司所属全民所有制企业整体完成公司制改制并更名。改制后，中国石油大连石油化工公司名称变更为中国石油大连石油化工有限公司，大连石油化工建筑安装工程总公司名称变更为大连石油化工建筑安装工程有限公司，大连石油化工公司有机合成厂名称变更为大连石油化工有机合成有限公司，大连石油添加剂厂名称变更为大连石油添加剂有限公司。原企业资产、资质、债权、债务等均由改制后的公司承继，股东、公司住所、法定代表人等均保持不变。

截至 2018 年 12 月，大连石化分公司下设 21 个二级单位：石油储运公司、大连石油添加剂有限公司、建筑安装工程有限公司、质检计量中心、有机合成厂、第一联合车间、第二联合车间、第三联合车间、第四联合车间、储运车间、热电联合车间、气体车间、空分车间、供排水车间、机务车间、供电车间、港务车间、消防支队、离退休管理中心（由矿区托管）、矿区服务事业部［含保卫处（武装部、信访维稳办）］、物资仓储中心。临时机构 1 个：大项目前期办公室。

# 第一节　大连培训中心
# （2014.1—12）

2006 年 12 月，集团公司决定，成立中国石油集团大连培训中心；2009 年 4 月，集团公司决定，自 2009 年 3 月 1 日起，将大连培训中心整体划入大连石油化工公司。

2014 年 1 月，培训中心为正处级二级单位，党组织关系隶属公司党委，在册员工 33 人，共有党员 14 人，下设部（室）4 个：综合办公室、培训部、财务部、后勤部。共有领导 3 人：郭北尧任大连培训中心主任，孟繁有任副主任、党支部书记，李金平任副主任。

主要负责承集团公司和大连石化分公司的各种培训和会议。办公地点在大连高新技术产业园区亿阳路 8 号。

2014 年 12 月，大连石化分公司决定，撤销培训中心建制。大连石化分公司党委决定：撤销培训中心党支部。

截至 2014 年 12 月，大连培训中心在册员工 43 人，共有党员 16 人，下设部（室）4 个：综合办公室、培训部、财务部、后勤部。共有领导 3 人：郭北尧任大连培训中心主任，孟繁有任副主任、党支部书记，李金平任副主任。

## 一、大连培训中心领导名录（2014.1—12）

**主　　任**　郭北尧（2014.1—12）

**副 主 任**　孟繁有（正处级，2014.1—12）

　　　　　李金平（2014.1—12）

## 二、大连培训中心党支部领导名录（2014.1—12）

**书　　记**　孟繁有（2014.1—12）

## 三、下设部（室）

### （一）综合办公室领导名录（2014.1—12）

**主　　任**　赵　华（2014.1—12）

**（二）培训部领导名录（2014.1—12）**

**部　　长**　翟立华（2014.1—12）

**（三）财务部领导名录（2014.1—12）**

**部　　长**　齐秀华（财务处会计管理科委派，女，满族，2014.1—12）

**（四）后勤部领导名录（2014.1—12）**

**部　　长**　李金平（兼任，2014.1—12）

## 第二节　石油储运公司（2014.1—2018.12）

2003 年 2 月，国家计委决定，将大连国家石油储备基地项目委托给集团公司，负责建设和管理。集团公司决定，由大连石油化工公司承担大连石油储备基地项目的工程建设任务和竣工后的日常管理工作。2004 年 9 月，国家发改委决定，成立大连国家石油储备基地有限责任公司。2005 年 2 月，成立石油储备项目管理公司。2007 年 3 月，集团公司决定，对大连石油化工公司与大连石化分公司进行重组整合，石油储备项目管理公司划归大连石化分公司管理；2007 年 12 月，成立石油储运公司，撤销石油储备项目管理公司。

2014 年 1 月，石油储运公司为正处级二级单位，党组织关系隶属公司党委，在册员工 95 人，共有党员 47 人，设机关部门 5 个：综合管理办公室、财务部、生产技术部、工程设备部、安全环保部。共有领导 4 人：刘栋任大连国家石油储备基地有限责任公司总经理，冯学良任大连国家石油储备基地有限责任公司副总经理、石油储运公司经理，丛恕文任石油储运公司副经理、安全总监，王世敏任石油储运公司党总支副书记。

负责国储、商储业务及新港租赁业务的属地化操作管理。负责国储财务的相对独立运作及账务处理。负责石油储运公司属地内消防、保运、保安、计量、化验等各专业的协调工作。负责国储库档案分管工作。完成国家石油储备中心、集团公司和大连石化分公司交办的与石油储运有关的各项工作。办公地点在大连市保税区创业路 22 号。

2014年8月，大连石化分公司党委决定：王世敏任石油储运公司党总支书记、工会主席（正处级）。

2016年2月，大连石化分公司决定：陈胜利任石油储运公司副经理（副处级，主持工作）；解聘冯学良的石油储运公司经理职务。大连石化分公司党委决定：冯学良任石油储运公司党总支书记、工会主席（正处级）；免去王世敏的石油储运公司党总支书记、工会主席职务。

2016年3月，大连石化分公司决定：陈胜利任石油储运公司经理，马鑫任石油储运公司副经理。

2016年7月，经大连国家石油储备基地有限责任公司董事会讨论通过，聘任马强为大连国家石油储备基地有限责任公司总经理。

2016年8月，经大连国家石油储备基地有限责任公司董事会讨论通过，聘任陈胜利为大连国家石油储备基地有限责任公司常务副总经理，从恕文、马鑫为大连国家石油储备基地有限责任公司副总经理。

2018年4月，大连石化分公司决定：史刚任石油储运公司副经理、安全总监；解聘从恕文的石油储运公司副经理、安全总监职务。

2018年5月，大连石化分公司党委决定：石油储运公司党总支下设第一党支部（含综合管理办公室、安全环保部、操作一班、操作二班）；第二党支部（含财务部、生产技术部、工程设备部、操作三班、操作四班、操作五班）。

截至2018年12月，石油储运公司在册员工90人，共有党员49人，设机关部门5个：综合管理办公室、财务部、生产技术部、工程设备部、安全环保部。共有领导5人：何明川任大连国家石油储备基地有限责任公司总经理，陈胜利任大连国家石油储备基地有限责任公司常务副总经理、石油储运公司经理，马鑫任大连国家石油储备基地有限责任公司副总经理、石油储运公司副经理，史刚任大连国家石油储备基地有限责任公司副总经理、石油储运公司副经理、安全总监，冯学良任石油储运公司党总支书记、工会主席。

**一、大连国家石油储备基地有限责任公司领导名录**（2014.1—2018.12）

**总　经　理**　刘　栋（兼任，2014.1—2016.7）

马　强（兼任，2016.7—2018.6）

何明川（兼任，2018.6—12）

常务副总经理　陈胜利（2016.8—2018.12）
副 总 经 理　冯学良（2014.1—2016.8）
从恕文（2016.8—2018.6）
马　鑫（2016.8—2018.12）
史　刚（2018.6—12）

## 二、石油储运公司（2014.1—2018.12）

### （一）石油储运公司领导名录（2014.1—2018.12）

经　　理　冯学良（2014.1—2016.2）
陈胜利（2016.3—2018.12）
副 经 理　从恕文（2014.1—2018.4）
陈胜利（主持工作，2016.2—3）
马　鑫（2016.3—2018.12）
史　刚（2018.4—12）
安全总监　从恕文（兼任，2014.1—2018.4）
史　刚（兼任，2018.4—12）

### （二）石油储运公司党总支领导名录（2014.1—2018.12）

书　　记　王世敏（2014.8—2016.2）
冯学良（2016.2—2018.12）
副 书 记　王世敏（2014.1—8）

### （三）石油储运公司工会领导名录（2014.1—2018.12）

主　　席　王世敏（2014.8—2016.2）
冯学良（2016.2—2018.12）

## 三、机关部门

### （一）综合管理办公室领导名录（2014.1—2018.12）

主　　任　（空缺）
副 主 任　姜慧杰（女，2014.8—2018.12）

### （二）财务部领导名录（2014.1—2018.12）

部　　长　褚少华（财务处委派，2014.1—2016.4）
副 部 长　许兆峰（财务处委派，2016.4—2018.12）

（三）生产技术部领导名录（2014.1—2018.12）

部　　长　丛恕文（兼任，2014.1—8）

副 部 长　牛金龙（2014.8—2018.12）

（四）工程设备部领导名录（2014.1—2018.12）

部　　长　（空缺）

副 部 长　王　军（2014.8—2018.12）

（五）安全环保部领导名录（2014.1—2018.12）

部　　长　谢田华（2014.1—2018.12）

四、所属党支部领导名录（2018.5—12）

（一）第一党支部领导名录（2018.5—12）

书　　记　姜慧杰（女，2018.5—12）

（二）第二党支部领导名录（2018.5—12）

副 书 记　牛金龙（2018.5—12）

## 第三节　大连石油添加剂厂—大连石油添加剂有限公司（2014.1—2018.12）

大连石油添加剂厂的前身是石油七厂添加剂车间；1988 年 9 月，大连石油化工公司添加剂车间与大连市金州区中长公司（中长村）合资兴建大连添加剂厂；1999 年 7 月，集团公司决定，大连石油添加剂厂划归大连石化分公司管理；2007 年 3 月，大连石化分公司（上市）和大连石油化工公司（未上市）进行重组整合，大连石油添加剂厂划归大连石化分公司管理。

2014 年 1 月，大连石油添加剂厂（以下简称添加剂厂）为正处级二级单位，党组织关系隶属公司党委，在册员工 69 人，共有党员 34 人，设机关部门 5 个：综合办公室、生产设备科、安全环保科、财务科、供销科；下设基层单位 2 个：生产一车间、动力车间。办公地点在大连市金州区金东路 223–1 号。共有领导 3 人：李文库任大连石油添加剂厂厂长，周明任副厂长，沈维生任安全总监、党总支副书记、工会主席。

主要负责生产润滑油、油品添加剂、炼厂助剂、炼化环保系列用剂、防冻液等产品，总生产能力达40000余吨/年。自备汽车装车站台、28个大小储罐，能装卸储存润滑油类产品、添加剂和其它化学品；供电热水炉、变电所、空压机站等动力设施配套，其它系统工程如循环水场、污水处理场、消防、安全、环保及生活等设施齐全；油品、化学品等的质量分析、检验手段先进完善。

2014年6月，大连石化分公司决定，将添加剂厂生产设备科与安全环保科整合为生产技术科，为正科级建制。将添加剂厂生产一车间和动力车间整合为生产车间，为正科级建制。

2014年8月，大连石化分公司党委决定，将添加剂厂生产一车间党支部和动力车间党支部合并，成立生产车间党支部。

2016年2月，大连石化分公司决定：邹本泽任添加剂厂厂长；解聘李文库的添加剂厂厂长职务。

2016年10月，大连石化分公司党委决定，撤销添加剂厂机关党支部，党员由添加剂厂党总支直接管理。

2017年11月，按照集团公司改制工作要求，中国石油大连石油化工公司及公司所属全民所有制企业整体完成公司制改制并更名。改制后，大连石油添加剂厂名称变更为大连石油添加剂有限公司。原企业资产、资质、债权、债务等均由改制后的公司承继，股东、公司住所、法定代表人等均保持不变。

2018年5月，大连石化分公司党委决定：添加剂有限公司党总支增设机关党支部。

截至2018年12月，添加剂有限公司在册员工52人，共有党员31人，设机关部门4个：综合办公室、生产技术科、财务科、供销科；下设基层单位1个：生产车间。共有领导4人：邹本泽任大连石油添加剂有限公司执行董事、经理，钟红卫任监事，周明任副经理，沈维生任安全总监、党总支副书记、工会主席。

## 一、大连石油添加剂厂（2014.1—2017.11）

### （一）大连石油添加剂厂行政领导名录（2014.1—2017.11）

**厂　　长**　李文库（2014.1—2016.2）[①]

① 2016年2月，李文库调任物资仓储中心党支部书记、工会主席（正处级）。

邹本泽（2016.2—2017.11）

**副　厂　长**　周　明（2014.1—2017.11）

**安全总监**　沈维生（2014.1—2017.11）

**（二）大连石油添加剂厂党总支领导名录（2014.1—2017.11）**

**书　　　记**（空缺）

**副　书　记**　沈维生（2014.1—2017.11）

**（三）大连石油添加剂厂工会领导名录（2014.1—2017.11）**

**主　　　席**　沈维生（2014.1—2017.11）

## 二、大连石油添加剂有限公司（2017.11—2018.12）

**（一）大连石油添加剂有限公司执行董事、监事（2017.11—2018.12）**

**执行董事**　邹本泽（2017.11—2018.12）

**监　　　事**　钟红卫（财务处委派，女，2017.11—2018.12）

**（二）大连石油添加剂有限公司行政领导名录（2017.11—2018.12）**

**经　　　理**　邹本泽（2017.11—2018.12）

**副　经　理**　周　明（2017.11—2018.12）

**安全总监**　沈维生（2017.11—2018.12）

**（三）大连石油添加剂有限公司党总支领导名录（2017.11—2018.12）**

**书　　　记**（空缺）

**副　书　记**　沈维生（2017.11—2018.12）

**（四）大连石油添加剂有限公司工会领导名录（2017.11—2018.12）**

**主　　　席**　沈维生（2017.11—2018.12）

## 三、机关部门

**（一）办公室领导名录（2014.1—2018.12）**

**主　　　任**　李　丽（女，2014.1—2016.2）

**（二）生产设备科、安全环保科—生产技术科（2014.1—2018.12）**

1. 生产设备科领导名录（2014.1—6）

**科　　　长**（空缺）

2. 安全环保科领导名录（2014.1—6）

**科　　　长**　王　喆（2014.1—8）

3. 生产技术科领导名录（2014.6—2018.12）

科　　长　王　喆（2014.8—2018.12）

（三）财务科领导名录（2014.1—2018.12）

科　　长　钟红卫（财务处委派，女，2014.1—2018.12）

（四）供销科领导名录（2014.1—2018.12）

科　　长　姜存柏（2014.1—2018.12）

（五）机关党支部领导名录（2014.1—2016.10；2018.5—12）

书　　记　姜存柏（2018.5—12）

### 四、基层单位

（一）生产一车间领导名录（2014.1—6）

主　　任　张德军（2014.1—8）

副 主 任　王　勇（2014.1—8）

党支部书记　张德军（2014.1—8）

（二）动力车间领导名录（2014.1—6）

主　　任　张守波（2014.1—8）

党支部书记　张守波（2014.1—8）

（三）生产车间领导名录（2014.6—2018.12）

主　　任　张德军（2014.8—2018.12）

副 主 任　王　勇（正科级，2014.8—2018.12）

　　　　　张守波（正科级，2014.8—2016.1）

党支部书记　王　勇（2014.8—2018.12）

## 第四节　销售公司（2014.1—2015.1）

1999 年 7 月，大连石化分公司直属单位设销售公司。

2014 年 1 月，销售公司为副处级二级单位，党组织关系隶属公司党委，在册员工 112 人，共有党员 30 人，内设科（站）4 个：管理科、财务科、联营科、发油站。办公地点在大连市甘井子区山中街 1 号。共有领导 2 人：隋大为任销售公司经理，王文峰任安全总监、党支部书记。

2015年1月，大连石化分公司决定，撤销销售公司建制，将销售公司业务（含大连经济技术开发区星航石化产品销售中心）及人员划入营销调运部。大连石化分公司党委决定：撤销销售公司党支部。

截至2015年1月，销售公司在册员工108人，内设科（站）4个：管理科、财务科、联营科、发油站。共有领导2人：隋大为任销售公司经理，王文峰任安全总监、党支部书记。

## 一、销售公司领导名录（2014.1—2015.1）

**经　　理**　隋大为（2014.1—2015.1）

**安全总监**　王文峰（2014.1—2015.1）

## 二、销售公司党支部领导名录（2014.1—2015.1）

**书　　记**　王文峰（2014.1—2015.1）

## 三、内设科（站）

### （一）管理科领导名录（2014.1—2015.1）

**科　　长**　徐金义（2014.1—2015.1）

### （二）财务科领导名录（2014.1—2015.1）

**科　　长**　潘　鸿（委派，女，2014.1—2015.1）

### （三）联营科领导名录（2014.1—2015.1）

**科　　长**　娄慧斌（副科级，2014.8—2015.1）

### （四）发油站领导名录（2014.1—2015.1）

**站　　长**　王景业（2014.1—2015.1）

**副 站 长**　吴　胜（2014.1—2015.1）

**安全总监**　张在明（副科级，2014.1—2015.1）

**党支部书记**　王景业（2014.1—2015.1）

## 第五节 建筑安装工程总公司—建筑安装工程有限公司（2014.1—2018.12）

1993年3月，为适应检维修体制专业化、社会化的发展战略，加快企业经营机制改革和转换的步伐，大连石油化工公司决定，成立大连石化建筑安装工程总公司，对内与机动处系一套机构两块牌子，履行有关设备管理的责任；1998年2月，为发挥施工机具设备、人员和技术的优势，集中力量承揽大型工程项目，加快工程系统走向市场的步伐，大连石油化工公司决定，以建筑安装工程总公司为主体，联合有机合成厂、工程公司的工程施工单位，重新组建大连石油化工公司建筑安装工程总公司；1999年7月18日，集团公司决定，建筑安装工程总公司作为非核心业务划归大连石油化工公司管理；2007年3月，大连石化公司（上市）和大连石油化工公司（未上市）进行重组整合，建筑安装工程总公司划入大连石化分公司管理。

2013年12月，建筑安装工程总公司为正处级二级单位，党组织关系隶属公司党委，在册员工1109人，共有党员350人，设机关部门7个：综合办公室、财务部、安全环保部、经营部、生产保运部、工程部、技术质量部；下设基层单位7个：七星建安公司、检修车间、仪表车间、机修车间、电气车间、抢修车间、储备库保运车间。办公地点在大连市甘井子区山中街1号。共有领导5人：马宁圣任建筑安装工程总公司总经理，张群杰任副经理，宁传文任总工程师，张永华任安全总监，宋顺奎任党委书记、纪委书记、工会主席。

建筑安装工程总公司是集炼油与化工生产装置的机械、电气、仪表、特种设备的维护保运与检维修，兼程控系统设计组态、设备安装调试、状态监测等业务的专业化服务公司。具有石油化工工程施工总承包一级资质，D1、D2级压力容器制造、安装、改造、维修资质，GC1级压力管道安装、改造、维修资质。主要承担大连石化分公司范围内所有生产装置设备的维护保运，检维修，新、改、扩建项目施工等工作。

2014年2月，大连石化分公司决定：宋顺奎任建筑安装工程总公司经理，宁传文任建筑安装工程总公司副经理；解聘马宁圣的建筑安装工程总公司总经理职务。

2014 年 3 月，大连石化分公司决定，建筑安装工程总公司检修车间成立吊运队，为正科级建制。

2014 年 8 月，大连石化分公司党委决定，成立建筑安装工程总公司储备库保运车间党支部。

2014 年 8 月，大连石化分公司决定：曲逵任建筑安装工程总公司副经理、总工程师；解聘宁传文的建筑安装工程总公司副经理、总工程师职务。

2014 年 12 月，大连石化分公司党委决定：孟繁有任建筑安装工程总公司党委书记、纪委书记、工会主席（正处级）；免去宋顺奎的建筑安装工程总公司党委书记、纪委书记、工会主席职务。

2015 年 1 月，大连石化分公司决定，撤销七星建安公司建制，注销其法人资格，现有人员由建筑安装工程总公司内部分流安置。检修车间更名为检修一车间，抢修车间更名为检修二车间。成立工装车间，正科级建制。撤销检修车间吊运队建制，业务及人员划入工装车间。大连石化分公司党委决定：撤销建筑安装工程总公司七星建安公司党支部。

2016 年 2 月，大连石化分公司决定：张本钊任建筑安装工程总公司副经理。

2016 年 6 月，大连石化分公司党委决定：宋顺奎任建筑安装工程总公司党委书记、纪委书记、工会主席（正处级）；免去孟繁有的建筑安装工程总公司党委书记、纪委书记、工会主席职务。

2016 年 9 月，大连石化分公司决定，工程质量监督站内部无损检测中心更名为无损检测室，业务及人员成建制划归建筑安装工程总公司管理，为其技术质量部副科级附属机构。大连石化分公司党委决定：撤销工程质量监督站党支部，党员随建制分别转入建筑安装工程总公司党委和工程预决算部党支部。

2016 年 9 月，大连石化分公司决定：解聘张群杰的建筑安装工程总公司副经理职务。大连石化分公司党委决定：张群杰任建筑安装工程总公司党委书记、纪委书记、工会主席（正处级）。免去宋顺奎的建筑安装工程总公司党委书记、纪委书记、工会主席职务。

2017年11月，按照集团公司改制工作要求，中国石油大连石油化工公司及公司所属全民所有制企业整体完成公司制改制并更名。改制后，大连石油化工建筑安装工程总公司名称变更为大连石油化工建筑安装工程有限公司。原企业资产、资质、债权、债务等均由改制后的公司承继，股东、公司住所、法定代表人等均保持不变。

截至2018年12月，大连石油化工建筑安装工程有限公司（以下简称建筑安装工程有限公司）在册员工1003人，共有党员339人，设机关部门7个：综合办公室、财务部、安全环保部、经营部、生产保运部、工程部、技术质量部（无损检测室）；下设基层单位7个：机修车间、电气车间、仪表车间、检修一车间、检修二车间、储备库保运车间、工装车间。共有领导5人：宋顺奎任建筑安装工程有限公司经理，曲逵任副经理、总工程师，张本钊任副经理，张永华任安全总监，张群杰任建筑安装工程有限公司党委书记、纪委书记、工会主席。

## 一、建筑安装工程总公司（2014.1—2017.11）

### （一）建筑安装工程总公司行政领导名录（2014.1—2017.11）

**总　经　理**　马宁圣（2014.1—2）[①]

宋顺奎（2014.2—2017.11）

**副　经　理**　张群杰（2014.1—2016.9）

宁传文（2014.2—8）[②]

曲　逵（2014.8—2017.11）

张本钊（2016.2—2017.11）

**总 工 程 师**　宁传文（2014.1—8）

曲　逵（2014.8—2017.11）

**安 全 总 监**　张永华（2014.1—2017.11）

### （二）建筑安装工程总公司党委、纪委领导名录（2014.1—2017.11）

**党 委 书 记**　宋顺奎（2014.1—12）

孟繁有（2014.12—2016.6）[③]

① 2014年2月，马宁圣调任物资采购管理部副部长、党总支书记（正处级）。

② 2014年8月，宁传文调任物资采购管理部副部长。

③ 2016年6月，孟繁有调任总经理（党委）办公室主任、党支部书记。

宋顺奎（2016.6—9）
张群杰（2016.9—2017.11）

纪委书记　宋顺奎（2014.1—12）
孟繁有（2014.12—2016.6）
宋顺奎（2016.6—9）
张群杰（2016.9—2017.11）

### （三）建筑安装工程总公司工会领导名录（2014.1—2017.11）

主　　席　宋顺奎（2014.1—12）
孟繁有（2014.12—2016.6）
宋顺奎（2016.6—9）
张群杰（2016.9—2017.11）

## 二、建筑安装工程有限公司（2017.11—2018.12）

### （一）建筑安装工程总公司行政领导名录（2017.11—2018.12）

经　　理　宋顺奎（2017.11—2018.12）
副 经 理　曲　逵（2017.11—2018.12）
张本钊（2017.11—2018.12）
总工程师　曲　逵（2017.11—2018.12）
安全总监　张永华（2017.11—2018.12）

### （二）建筑安装工程有限公司党委、纪委领导名录（2017.11—2018.12）

党委书记　张群杰（2017.11—2018.12）
纪委书记　张群杰（2017.11—2018.12）

### （三）建筑安装工程有限公司工会领导名录（2017.11—2018.12）

主　　席　张群杰（2017.11—2018.12）

## 三、机关部门

### （一）综合办公室领导名录（2014.1—2018.12）

主　　任　邹　权（副科级，2014.3—2016.4；2016.4—2018.12）

### （二）财务部领导名录（2014.1—2018.12）

部　　长　刘向阳（财务处委派，2014.1—2018.12）

### （三）安全环保部领导名录（2014.1—2018.12）

部　　　　长　张永华（2014.1—8）
　　　　　　　曲　伟（2014.8—2018.12）

### （四）经营部领导名录（2014.1—2018.12）

部　　　　长　孙以谦（2014.1—3）
　　　　　　　陈　强（副科级，2014.3—2016.4；2016.4—2018.12）

### （五）生产保运部领导名录（2014.1—2018.12）

部　　　　长　杨明威（2014.1—2015.1）
　　　　　　　王　晨（2015.1—2017.12）
　　　　　　　张本钊（兼任，2017.12—2018.12）

### （六）工程部领导名录（2014.1—2018.12）

部　　　　长　王　晨（2014.1—2015.1）
　　　　　　　李英龙（2015.1—2016.2）
　　　　　　　王瑛璐（2016.4—2017.12）
　　　　　　　曲　逵（兼任，2017.12—2018.12）
副　部　长　伉大儒（2014.1—2018.12）

### （七）技术质量部领导名录（2014.1—2018.12）

部　　　　长　李洪涛（2014.1—2018.12）
无损检测室主任　刘俊武（正科级，2016.10—2018.12）
无损检测室副主任　牛津田（2016.10—2018.12）

### （八）机关党支部领导名录（2014.1—2018.12）

书　　　　记　邹　权（2016.4—2018.12）

## 四、基层单位

### （一）七星建安公司领导名录（2014.1—2015.1）

经　　　　理　李建刚（2014.1—2015.1）
副　经　理　孟红兵（2014.1—2015.1）
安　全　总　监　李建刚（2014.1—3）
　　　　　　　王　盟（2014.3—2015.1）
党　支　部　书　记　李建刚（2014.1—3）

王　盟（2014.3—2015.1）

### （二）机修车间领导名录（2014.1—2018.12）

**主　　　任**　许诚华（2014.1—2017.12）
王　晨（2017.12—2018.12）

**副　主　任**　张忠业（2014.1—8）
张　福（2014.1—2018.12）
张寿学（2014.3—2016.4；正科级，2016.4—2018.12）
孙远飞（2016.4—2018.12）
王　晨（主持工作，2017.12）

**安全总监**　吴中涛（2014.1—2016.4）
张　福（2016.4—2018.12）

**党支部书记**　王　盟（2014.1—3）

**党支部副书记**　张忠业（2014.8—2018.12）

### （三）电气车间领导名录（2014.1—2018.12）

**主　　　任**　邹春明（2014.1—2018.12）

**副　主　任**　王　欣（2014.1—2018.12）
陈　斌（2014.1—4）
张　进（副科级，2014.8—2018.12）

**安全总监**　马　骋（2014.1—2015.1）
杨明威（2015.1—2018.12）

**党支部书记**　陈少奇（2014.1—2018.12）

### （四）仪表车间领导名录（2014.1—2018.12）

**主　　　任**　张本钊（2014.1—2016.2）
李英龙（2016.3—2018.12）

**副　主　任**　肖洪文（满族，2014.1—2018.12）
李英龙（2014.1—2015.1，主持工作，2016.2—3）
王　冰（副科级，2015.1—2018.12）

**安全总监**　工晓东（2014.1—2018.12）

**党支部书记**　李义渤（2014.1—2018.12）

**（五）检修车间—检修一车间领导名录（2014.1—2018.12）**

**主　　　任**　周金波（2014.1—2017.12）
**副　主　任**　孙成武（2014.1—2018.12）
孙以谦（2014.3—2018.12）
王瑛璐（副科级，2014.3—2016.4）
柴　亮（副科级，2016.4—2018.12）
王瑛璐（主持工作，2017.12—2018.12）
**安全总监**　田学志（2014.1—2018.12）
**吊装队队长**　杨连军（2014.3—2015.1）
**党支部书记**　周金波（2014.1—2017.12）
**党支部副书记**　孙以谦（2014.3—2018.12）

**（六）抢修车间—检修二车间领导名录（2014.1—2018.12）**

**主　　　任**　宋振龙（2014.1—2018.12）
**副　主　任**　黄　斌（2014.1—2018.12）
王懿峰（副科级，2014.3—2016.4；正科级，2016.4—2018.12）
**安全总监**　周兴华（2014.1—2015.1）
马　骋（2015.1—2018.12）
**党支部书记**　宋振龙（2014.1—2016.4）
孙景新（2016.4—2017.12）
宋振龙（2017.12—2018.12）

**（七）储备库保运车间领导名录（2014.1—2018.12）**

**主　　　任**　崔大军（2014.1—2018.12）
**副　主　任**　周兴华（正科级，2015.1—2018.12）
**安全总监**　周兴华（正科级，2015.1—2018.12）
**党支部书记**　崔大军（2014.8—2015.1）
周兴华（2015.1—2018.12）

**（八）工装车间领导名录（2015.1—2018.12）**

**主　　　任**　杨连军（副科级，2014.3—2016.4；正科级，2016.4—2018.12）

**副　主　任**　孟红兵（正科级，2015.1—2016.4）
　　　　　　吴中涛（正科级，2016.4—2018.12）
**安全总监**　孟红兵（正科级，2015.1—2016.4）
　　　　　　吴中涛（正科级，2016.4—2018.12）
**党支部书记**　孟红兵（2015.1—2016.4）
　　　　　　吴中涛（2016.4—2018.12）

## 第六节　质量环保检测中心（质量检验部）（2014.1—2016.9）

质量环保检测中心（质量检验部）的前身是石油七厂化验室；1955 年 9 月，石油七厂机关设有化验室，行政级别为正科级；1955 年 10 月，化验室改名为总分析室；1957 年 5 月，检查科与总分析室合并成立技术检查科；1957 年 12 月，技术检查科与研究室合并成立总试验室；1960 年 3 月，总试验室改名为检查科；1972 年 10 月，检查科划归生产组管理；1983 年 12 月，大连石油化工公司直属单位设有质量检查科；1988 年 4 月，质量检查科和质量管理办公室组成质量管理处；1990 年 6 月，成立质量检验处；1999 年 7 月，大连石化分公司直属单位设有质检中心；2003 年 7 月，质量检验中心同环保监测站、热电厂水质分析班合并，成立质量环保检测中心；2012 年 10 月，质量环保检测中心更名为质量环保检测中心（质量检验部）。

2014 年 1 月，质量环保检测中心（质量检验部）为正处级二级单位，党组织关系隶属公司党委，在册员工 308 人，共有党员 66 人，内设科（室）8 个：检查科、化验室、在线质量科、环保水质监测室、省石油产品质量监督检验第二中心、化工分析室、原油评价室、技术科。主要负责原料、产品质量（原油、原料油、装置馏出口、半成品、成品）、化工原材料、产品包装物、关键机组润滑油分析工作。共有领导 3 人：兰丽秋任质量环保检测中心（质量检验部）主任，段凤琳任副主任、安全总监，门启毅任党支部书记。

负责办理产品质量检验单，产品质量的统计，产品质量月报、年报的编报。负责热力系统水汽监测、环境检测（污水、大气环境、加热炉尾气、噪声）、循环水监测及总排放口的巡检工作，及时传递监测信息，接受专业技术部门的业务指导（其中上报上级、地方环保部门统计数据由专业主管部门负责）。负责在线质量分析仪表、水质在线监测仪表的数据比对及准确性判定。负责取代化验的在线质量分析仪表数据的 LIMS 录入。负责筹建和实施新的试验方法。负责装置检修的各种容器内的安全气体和进有限空间作业的有毒有害气体浓度的检测。承担中国石油天然气股份有限公司大连石油产品质量监督检验中心和辽宁省石油产品第二质量监督检验站的职能工作。参与企业的环境影响评价和工程竣工验收，环境污染事件的调查、处理等。办公地点在大连市甘井子区山中街 1 号。

2014 年 2 月，大连石化分公司决定：姚成斌任质量环保检测中心（质量检验部）副主任。大连石化分公司党委决定：丛长安任质量环保检测中心（质量检验部）党支部书记（正处级）；免去门启毅的质量环保检测中心（质量检验部）党支部书记职务，退居二线。

2015 年 1 月，大连石化分公司决定：苗华军任质量环保检测中心（质量检验部）副主任。大连石化分公司党委决定：苗华军任质量环保检测中心（质量检验部）党支部书记、工会主席（正处级）；免去丛长安的质量环保检测中心（质量检验部）党支部书记职务，退居二线。

2016 年 2 月，大连石化分公司决定：解聘苗华军的质量环保检测中心（质量检验部）副主任职务，退居二线。大连石化分公司党委决定：姚成斌任质量环保检测中心党支部副书记、工会主席（副处级）；免去苗华军的质量环保检测中心（质量检验部）党支部书记、工会主席职务。

2016 年 3 月，大连石化分公司决定：李铁任质量环保检测中心副主任。

2016 年 9 月，大连石化分公司决定，将质量环保检测中心（质量检验部）和计量中心（计量管理部）整合，成立质检计量中心，为正处级二级单位。其内部机构设置为综合管理科（省石油产品质量监督检验第二中心）、技术科、检查科、计量管理科、贸易计量科、仪器设备科、油品分析室、化工分析室、环保水质监测室、原油评价室、计量检定站、新港原油计量站，均为正科级建制。

2016年9月，大连石化分公司党委决定，将质量环保检测中心（质量检验部）党支部与计量中心（计量管理部）党支部合并，成立质检计量中心党总支。

## 一、质量环保检测中心（质量检验部）领导名录（2014.1—2016.9）

主　　任　兰丽秋（女，2014.1—2016.9）
副 主 任　段凤琳（女，2014.1—2016.9）
　　　　　姚成斌（2014.2—2016.9）
　　　　　苗华军（2015.1—2016.2）
　　　　　李　铁（2016.3—9）
安全总监　段凤琳（兼任，2014.1—2016.9）

## 二、质量环保检测中心（质量检验部）党支部领导名录（2014.1—2016.9）

书　　记　门启毅（2014.1—2）
　　　　　丛长安（2014.2—2015.1）
　　　　　苗华军（2015.1—2016.2）
副 书 记　姚成斌（2016.2—9）

## 三、质量环保检测中心（质量检验部）工会领导名录（2014.1—2016.9）

主　　席　苗华军（2015.1—2016.2）
　　　　　姚成斌（2016.2—9）

## 四、内设科（室）

### （一）检查科领导名录（2014.1—2016.9）

科　　长　马永无（2014.1—2016.9）

### （二）化验室领导名录（2014.1—2016.9）

主　　任　姚成斌（2014.1—8）
　　　　　王大志（2014.8—2016.10）
副 主 任　薛聚彦（女，2014.1—2016.10）

### （三）在线质量科领导名录（2014.1—2016.9）

科　　长　黄道臣（2014.1—2015.10）

### （四）环保水质监测室领导名录（2014.1—2016.9）

主　　任　任远春（女，2016.4—9）

副　主　任　任远春（2014.1—2016.4）

**（五）省石油产品质量监督检验第二中心领导名录（2014.1—2016.9）**

主　　　任　吴良英（女，2014.8—2016.9）

副　主　任　吴良英（2014.1—8）

**（六）化工分析室领导名录（2014.1—2016.9）**

主　　　任　刘　芳（女，2016.4—9）

副　主　任　刘　芳（2014.1—2016.4）

**（七）原油评价室领导名录（2014.1—2016.9）**

主　　　任　李建华（女，2014.1—2016.9）

**（八）技术科领导名录（2014.1—2016.9）**

科　　　长　（空缺）

副　科　长　王大志（2014.1—8）

祝维倩（女，2014.8—2016.9）

## 第七节　计量中心（计量管理部）<br>（2014.1—2016.9）

计量中心（计量管理部）的前身是石油七厂计量室；1986 年 8 月，撤销计量室，成立计量处；1999 年 7 月，大连石化分公司直属单位设有计量室；2003 年 4 月，计量室更名为计量中心；2012 年 10 月，计量中心更名为计量中心（计量管理部）。

2014 年 1 月，计量中心（计量管理部）为副处级二级单位，党组织关系隶属公司党委，在册员工 61 人，共有党员 31 人。内设科（室）4 个：计量检定站、计量管理科、贸易计量科、新港原油计量站。共有领导 3 人：杨忠任计量中心（计量管理部）主任，滕仁惠任副主任，姜波任党支部书记。

主要负责组织计量法规、计量技术标准的贯彻实施，并对实施情况进行监督考核。负责公司计量工作管理。负责公司原油、原料油（包括苯、甲醇、丙烯等）、产品、能源、物料、固废等计量；负责化工原材料计量确认及使用情况的计量监督；负责旬、月原油罐区盘点、计量平衡；负责物料盘点差量计量调查。负责计量器具（设施）的检定管理。建立公司最高计量标准装置，开展量值传递及计量器具检定工作，并对现场使用的计量器具进行监督、检查。负责公司能源、物料、进出厂油品计量仪表的日常使用、配备、选型管理，负责维修技术方案审查，参与维修后质量验收；对工程项目中安装的计量器具（设施）进行验收。承担质量管理体系、健康安全环境管理体系、测量管理体系中规定的相关职责，做好与集团公司相关对口部门的联系、协调，对测量管理体系运行的有效性负责。负责公司罐区计量业务日常检尺、检温准确性监督抽查。负责生产装置计量标定。负责计量纠纷处理。办公地点在大连市甘井子区山中街 1 号。

2015 年 1 月，大连石化分公司决定：毕忠兴任计量中心（计量管理部）副主任。

2016 年 9 月，大连石化分公司决定，将质量环保检测中心（质量检验部）和计量中心（计量管理部）整合，成立质检计量中心，为正处级二级单位。其内部机构设置为综合管理科（省石油产品质量监督检验第二中心）、技术科、检查科、计量管理科、贸易计量科、仪器设备科、油品分析室、化工分析室、环保水质监测室、原油评价室、计量检定站、新港原油计量站，均为正科级建制。

2016 年 9 月，大连石化分公司党委决定，将质量环保检测中心（质量检验部）党支部与计量中心（计量管理部）党支部合并，成立质检计量中心党总支。

## 一、计量中心（计量管理部）领导名录（2014.1—2016.9）

**主　　任**　杨　忠（2014.1—2016.9）

**副 主 任**　滕仁惠（满族，2014.1—2016.10）

　　　　　毕忠兴（2015.1—2016.10）

## 二、计量中心（计量管理部）党支部领导名录（2014.1—2016.9）

**书　　记**　姜　波（2014.1—2016.9）

## 三、内设科（室）

### （一）计量检定站领导名录（2014.1—2016.9）

**站　　长**　毕忠兴（兼任，2014.1—2016.4）

王　彬（副科级，2016.4—10）

**（二）计量管理科领导名录（2014.1—2016.9）**

**科　　长**　宋志浩（女，副科级，2014.1—2016.9）

**（三）贸易计量科领导名录（2014.1—2016.9）**

**科　　长**　安　涛（副科级，2014.1—2016.9）

**（四）新港原油计量站领导名录（2014.1—2016.9）**

**副 站 长**　王　萍（女，2014.1—2016.9）

## 第八节　质检计量中心（2016.9—2018.12）

2016年9月，大连石化分公司决定：将质量环保检测中心（质量检验部）和计量中心（计量管理部）整合，成立质检计量中心，为正处级二级单位。其内部机构设置为综合管理科（省石油产品质量监督检验第二中心）、技术科、检查科、计量管理科、贸易计量科、仪器设备科、油品分析室、化工分析室、环保水质监测室、原油评价室、计量检定站、新港原油计量站，均为正科级建制。

2016年9月，大连石化分公司党委决定，将质量环保检测中心（质量检验部）党支部与计量中心（计量管理部）党支部合并，成立质检计量中心党总支。

2017年12月，大连石化分公司决定：姚成斌任质检计量中心主任，李铁任质检计量中心安全总监；解聘兰丽秋的质检计量中心主任职务，解聘段凤林的质检计量中心副主任、安全总监职务，退居二线。

2018年5月，大连石化分公司党委决定，质检计量中心党总支下设质检党支部（含综合管理科、技术科、检查科、仪器设备科、环保水质监测室、原油评价室）、计量党支部（含计量管理科、贸易计量科、计量检定站、新港原油计量站）、油品分析室党支部、化工分析室党支部。

截至2018年12月，质检计量中心在册员工338人，共有党员106人。内设科（室）12个：综合管理科（省石油产品质量监督检验第二中心）、技术科、检查科、计量管理科、贸易计量科、仪器设备科、油品分析室、化工分析室、环保水质监测室、原油评价室、计量检定站、新港原油计量站。共有领导4人：姚成斌任质检计量中心主任、党总支副书记、工会主席，李铁任副主任、安全总监，杨忠、姜波任副主任。

质检计量中心是公司质量分析、计量管理的主责部门，为公司产品质量、环保管理提供支持。承担质量管理体系、健康安全环境管理体系、测量管理体系中规定的相关职责，做好与集团公司相关对口部门的联系、协调，对测量管理体系运行的有效性负责。负责原料、产品质量（原油、原料油、装置馏出口、半成品、成品）、化工原材料、产品包装物、关键机组润滑油分析工作。负责办理产品质量检验单，产品质量的统计，产品质量月报、年报的编报。参与产品质量事故的调查、处理，产品售后服务方面的质量调查，访问用户，处理质量问题。负责包装物清洁情况检查。负责热力系统水汽监测、环境检测（污水、大气环境、加热炉尾气、噪声）、循环水监测，及时传递监测信息，接受专业技术部门的业务指导（其中上报上级、地方环保部门统计数据由专业主管部门负责）。负责在线质量分析仪表、水质在线监测仪表的数据比对及准确性判定。负责取代化验的在线质量分析仪表数据的LIMS录入。

负责筹建和实施新的试验方法。参与生产装置的技术标定、新产品试验、技术攻关试验，负责其分析化验工作。负责装置检修的各种容器内的安全气体和进入受限空间作业的有毒有害气体浓度的检测。负责相关作业场所的毒物、粉尘、噪声、气象条件检测。承担中国石油天然气股份有限公司大连石油产品质量监督检验中心和辽宁省石油产品第二质量监督检验站的职能工作。执行上级下达的产品质量检验计划，负责仲裁检验结果，进行质量问题调查，培训检验人员等。参与企业的环境影响评价和工程竣工验收，环境污染事件的调查、处理等。负责组织计量法规、计量技术标准的贯彻实施，并对实施情况进行监督考核。负责公司计量工作管理。负责公司原油、原料油（包括苯、甲醇、丙烯等）、产品、能源、物料、固废等计量。负责化工原材料计量确认及使用情况的计量监督。负责旬、月原油罐区盘点、计量平衡。负责物料盘点差量计量调查。负责计量纠纷处理。负责计量器具（设施）的检定管理。建立公司最高计量标准装置，开展量值传递及计量器具检定工作，并对现场使用的计量器具进行监督、检查。负责公司能源、物料、进出厂油品计量仪表的日常使用、配备、选型管理，负责维修技术方案审查，参与维修后质量验收。对工程项目中安装的计量器具（设施）进行验收。负责生产装置计量标定。负责公司罐区计量业务日常检尺、检温准确性监督抽查。

**一、质检计量中心领导名录（2016.9—2018.12）**

主　　任　兰丽秋（女，2016.9—2017.12）
　　　　　姚成斌（2017.12—2018.12）
副 主 任　杨　忠（2016.9—2018.12）
　　　　　段凤琳（女，2016.9—2017.12）
　　　　　姚成斌（2016.9—2017.12）
　　　　　姜　波（2016.9—2018.12）
　　　　　李　铁（2016.9—2018.12）
安全总监　段凤琳（兼任，2016.9—2017.12）
　　　　　李　铁（兼任，2017.12—2018.12）

**二、质检计量中心党总支领导名录（2016.9—2018.12）**

书　　记　（空缺）
副 书 记　姚成斌（2016.9—2018.12）

**三、质检计量中心工会领导名录（2016.9—2018.12）**

主　　席　姚成斌（2016.9—2018.12）

**四、内设科（室）**

**（一）综合管理科（省石油产品质量监督检验第二中心）领导名录（2016.9—2018.12）**

科长（主任）　吴良英（女，2016.10—2018.12）

**（二）技术科领导名录（2016.9—2018.12）**

科　　长　（空缺）
副 科 长　祝维倩（女，2016.9—2018.12）

**（三）检查科领导名录（2016.9—2018.12）**

科　　长　马永无（2016.9—2017.12）
　　　　　李　铁（兼任，2017.12—2018.12）

**（四）计量管理科领导名录（2016.9—2018.12）**

科　　长　宋志浩（女，副科级，2016.9—2018.12）

**（五）贸易计量科领导名录（2016.9—2018.12）**

科　　长　安　涛（副科级，2016.9—2018.12）

**（六）仪器设备科领导名录（2016.9—2018.12）**

科　　长　黄道臣（2016.10—2017.12）

姚成斌（兼任，2017.12—2018.12）

**（七）油品分析室领导名录（2016.9—2018.12）**

主　　任　王大志（2016.10—2018.12）

副 主 任　薛聚彦（女，2016.10—2018.12）

**（八）化工分析室领导名录（2016.9—2018.12）**

主　　任　刘　芳（女，2016.9—2018.12）

**（九）环保水质监测室领导名录（2016.9—2018.12）**

主　　任　任远春（女，2016.9—2018.12）

**（十）原油评价室领导名录（2016.9—2018.12）**

主　　任　李建华（女，2016.9—2017.12）

薛聚彦（女，副科级，2017.12—2018.12）

**（十一）计量检定站领导名录（2016.9—2018.12）**

站　　长　毕忠兴（2016.10—2018.12）

副 站 长　王　彬（2016.10—2018.12）

**（十二）新港原油计量站领导名录（2016.9—2018.12）**

站　　长　（空缺）

副 站 长　王　萍（女，2016.9—2018.12）

**（十三）所属党支部领导名录（2016.9—2018.12）**

质检党支部书记　吴良英（2018.5—12）

计量党支部书记　毕忠兴（2018.5—12）

油品分析室党支部副书记　祝维倩（2018.5—12）

化工分析室党支部副书记　刘　芳（2018.5—12）

## 第九节　有机合成厂（2014.1—2018.12）

有机合成厂前身是旅大市有机合成化学厂筹建处，始建于1958年5月；1961年4月，更名为大连有机合成厂；1973年1月，大连有机合成厂与大连石油七厂合并，更名为大连石油七厂合成分厂；1979年12月，旅大市计划委员会、经济委员会、化工局决定，合成分厂从大连石油七厂分出；1983年6月，国家经委决定，大连有机合成厂划归中国石油化工总公司管理，为其直属厂；同月，中国石油化工总公司决定，大连石油七厂与大连有机合成厂实行联合；1999年7月，集团公司决定，对大连石油化工公司实行重组改制，实行核心业务和非核心业务分开分立，有机合成厂化工部分为核心业务划归大连石化分公司管理，非核心业务仍隶属于大连石油化工公司；2007年3月，大连石化公司（上市）和大连石油化工公司（未上市）进行重组整合，有机合成厂上市与非上市业务随之重组，但各自分开经营；2012年10月，大连石化分公司决定，有机合成厂（上市）与有机合成厂（未上市）整合为有机合成厂。

2014年1月，有机合成厂为正处级二级单位，组织关系隶属公司党委，在册员工396人，共有党员164人，设机关部门6个：综合办公室、生产技术科、安全环保科、机动设备科、经营管理科、财务科；下设基层单位7个：化一车间、化二车间、化三车间、包装车间、塑编车间、运输部、福星建材公司。办公地点在大连市甘井子区山中街231号。共有领导5人：张伟奎任有机合成厂厂长，任顺年、王虎、李峰任副厂长，匡鹤任安全总监。

主要产品为聚丙烯粒料，运行的生产装置主要有20万吨/年聚丙烯装置、7万吨/年聚丙烯装置、1000万条/年聚丙烯编织袋生产线、600Nm$^3$/h氢气提浓装置，罐区储运装置以及两套7万吨、20万吨聚丙烯包装生产线。

2014年2月，大连石化分公司党委决定：阎永伟任有机合成厂党委书记、纪委书记、工会主席（正处级）。

2014年3月，大连石化分公司决定，将有机合成厂塑编厂更名为塑编车间，并将运输部业务纳入塑编车间进行统一管理。为适应运输营运需要，对外继续保留“大连石油化工公司有机合成厂运输部”名称。

2014 年 4 月，大连石化分公司党委决定，撤销有机合成厂运输部党支部，党员转入塑编车间党支部。

2014 年 6 月，大连石化分公司决定，撤销有机合成厂财务科建制，有机合成厂财务核算业务由财务处负责，所属人员划归财务处管理。撤销有机合成厂经营管理科建制，将液氧销售业务划归营销调运部，岗位人员随业务调入营销调运部。生产经营部其余人员由有机合成厂在机关内部调整。

2015 年 1 月，大连石化分公司决定：解聘王虎的有机合成厂副厂长职务。大连石化分公司党委决定：田华任有机合成厂党委副书记、纪委书记、工会主席（副处级）；免去阎永伟的有机合成厂党委书记、纪委书记、工会主席职务。

2016 年 2 月，大连石化分公司决定：任顺年任有机合成厂副厂长（主持工作），周晶任有机合成厂副厂长，王钧任有机合成厂副厂长；解聘张伟奎的有机合成厂厂长职务，解聘李峰的有机合成厂副厂长职务。

2016 年 3 月，大连石化分公司党委决定：田华任有机合成厂党委书记（正处级）。

2017 年 11 月，按照集团公司改制工作要求，中国石油大连石油化工公司及公司所属全民所有制企业整体完成公司制改制并更名。改制后，大连石油化工公司有机合成厂名称变更为大连石油化工有机合成有限公司，原企业资产、资质、债权、债务等均由改制后的公司承继，股东、公司住所、法定代表人等均保持不变。

2017 年 12 月，大连石化分公司决定：周晶任有机合成厂安全总监；解聘匡鹤的有机合成厂安全总监职务，退居二线。

2018 年 4 月，大连石化分公司决定：庞庆广任有机合成厂副厂长。

2018 年 11 月，大连石化分公司党委决定：任顺年任有机合成厂党委书记，周晶任有机合成厂纪委书记、工会主席；免去田华的有机合成厂党委书记、纪委书记、工会主席职务。

截至 2018 年 12 月，有机合成厂在册员工 328 人，共有党员 135 人，设机关部门4个：综合办公室、生产技术科、安全环保科、机动设备科；下设基层单位5个：化一车间、化二车间、化三车间、包装车间、塑编车间。共有领导4人：任顺年任有机合成厂厂长、党委书记，周晶任副厂长、安全总监、纪委书记、工会主席，王钧、庞庆广任副厂长。

## 一、有机合成厂行政领导名录（2014.1—2018.12）

**厂　　长**　张伟奎（2014.1—2016.2）[①]

任顺年（2016.3—2018.12）

**副 厂 长**　任顺年（2014.1—2015.12；主持工作，2016.2—3）

王　虎（2014.1—2015.1）

李　峰（2014.1—2016.2）

王　钧（2016.3—2018.12）

周　晶（2016.3—2018.12）

庞庆广（满族，2018.4—12）

**安全总监**　匡　鹤（2014.1—2017.12）

周　晶（兼任，2017.12—2018.12）

## 二、有机合成厂党委、纪委领导名录（2014.1—2018.12）

**党委书记**　阎永伟（2014.2—2015.1）

田　华（满族，2016.3—2018.11）

任顺年（2018.11—12）

**党委副书记**　田　华（2015.1—2016.3）

**纪委书记**　阎永伟（2014.2—2015.1）

田　华（2015.1—2018.11）

周　晶（2018.11—12）

## 三、有机合成厂工会领导名录（2014.1—2018.12）

**主　　席**　阎永伟（2014.2—2015.1）

田　华（2015.1—2018.11）

周　晶（2018.11—12）

① 2016年2月，张伟奎调任矿区服务事业部党委书记、纪委书记、工会主席（正处级）。

## 四、机关部门

### （一）综合办公室领导名录（2014.1—2018.12）

主　　任　赵　华（2014.12—2016.4）
　　　　　申卫国（2016.4—2017.12）
　　　　　田　华（兼任，2017.12—2018.11）

### （二）生产技术科领导名录（2014.1—2018.12）

科　　长　王　钧（兼任，2014.1—2018.12）

### （三）安全环保科领导名录（2014.1—2018.12）

科　　长　匡　鹤（兼任，2014.1—2017.12）
副 科 长　刘　伟（2015.1—2018.12）

### （四）机动设备科领导名录（2014.1—2018.12）

科　　长　周　晶（2014.1—2016.4）
　　　　　庞庆广（2016.4—2018.4；兼任，2018.4—12）

### （五）经营管理科领导名录（2014.1—6）

科　　长　马　鑫（2014.1—8）

### （六）财务科领导名录（2014.1—6）

科　　长　张宏杰（2014.1—8）

### （七）机关党支部领导名录（2014.1—2018.12）

书　　记　楚界斌（2014.4—2016.2）
　　　　　申卫国（2016.4—2017.12）
　　　　　田　华（兼任，2017.12—2018.11）

## 五、基层单位

### （一）化一车间领导名录（2014.1—2018.12）

主　　任　曲恩志（2014.1—2）
　　　　　张余海（满族，2014.3—2018.12）
副 主 任　张余海（2014.1—3）
　　　　　陈剑军（2014.3—2018.12）
安全总监　申卫国（2014.1—3）
党支部书记　申卫国（2014.1—3）

张余海（2014.3—2015.1）
陈剑军（2015.1—2018.12）

**（二）化二车间领导名录（2014.1—2018.12）**

**主　　任**　王　丹（2014.1—2018.12）
**副 主 任**　张振力（2014.1—2018.12）
刘德健（2014.3—2018.12）
**党支部书记**　王　丹（2014.3—2018.12）

**（三）化三车间领导名录（2014.1—2018.12）**

**主　　任**　杨勇强（2014.1—2016.4）
陈元琦（2016.4—2018.12）
**副 主 任**　陈元琦（2014.1—2016.4）
庞庆广（2014.1—2015.1）
刘　峰（2015.1—2018.12）
高卫民（2016.4—2018.12）
**党支部书记**　杨勇强（2014.1—2015.1；2016.4—2018.12）
庞庆广（2015.1—2016.4）

**（四）包装车间领导名录（2014.1—2018.12）**

**主　　任**　薛成凯（2014.3—2018.12）
**副 主 任**　薛成凯（2014.1—3）
**党支部书记**　薛成凯（2014.1—3；2016.4—2018.12）
申卫国（2014.3—2016.4）

**（五）塑编厂—塑编车间领导名录（2014.1—2018.12）**

**主　　任**　王　波（2014.4—2018.12）
**副 主 任**　王　波（2014.1—4）
孙茂科（满族，2014.4—2018.12）
李国文（2014.4—2018.12）
**运输部经理**　王　波（兼任，2014.4—2018.12）
**党支部书记**　孙茂科（2014.4—2018.12）

**（六）运输部领导名录（2014.1—3）**

**经　　理**　王　虎（2014.1—4）

（七）福星建材公司领导名录（2014.1—3）

经　　理　楚界斌（2014.1—4）

副 经 理　陈剑军（2014.1—3）

党支部书记　楚界斌（2014.1—4）

## 第十节　生产新区—第一联合车间（2014.1—2018.12）

2000 年 11 月，公司决定成立“十五”工程指挥部，主要负责生产新区建设前期工作；2004 年 2 月，撤销“十五”工程指挥部，成立公司生产新区工作组；2005 年 9 月，撤销生产新区工作组生产部，更名为生产新区。

2014 年 1 月，生产新区为正处级二级单位，党组织关系隶属公司党委，在册员工 479 人，共有党员 207 人，内设科（室）3 个：技术科、设备科、安全环保科，均为正科级建制；下设装置 8 套：1000 万吨 / 年常减压蒸馏联合装置、600 万吨 / 年煤柴油加氢精制联合装置、220 万吨 / 年连续重整联合装置、360 万吨 / 年加氢裂化装置、20 万标准立方米 / 小时制氢联合装置、300 万吨 / 年渣油加氢脱硫装置、27 万吨 / 年硫磺[①]回收联合装置、60 万吨 / 年连续重整装置。共有领导 6 人：李鸿刚任生产新区主任、党总支书记，唐士兵、吴伟阳、刁望升任副主任，葛春英任安全总监，张世德任党总支副书记。

1000 万吨 / 年常减压蒸馏联合装置，由 1000 万吨 / 年常减压蒸馏、420 万吨 / 年轻烃回收和 380 万吨 / 年石脑油加氢装置组成，装置适应能力强，可加工来自世界不同国家的 30 多种原油，主要产品为石脑油、煤油、柴油、蜡油和减压蜡油，采用荷兰壳牌专利技术，由中国石化集团洛阳石油工程公司设计，2006 年 3 月投产运行。600 万吨 / 年煤柴油加氢精制联合装置，由 200 万吨 / 年煤油加氢和 400 万吨 / 年柴油加氢装置组成，以直馏柴油、煤油和催化柴油为原料，生产超低硫柴油和煤油，采用荷兰壳牌专利技术，中国石化集团洛阳石油工程公司设计，2008 年 8 月投产运行。220 万

① “硫磺”同“硫黄”，企业惯称“硫磺”。

吨/年连续重整联合装置，由220万吨/年连续重整装置、100万吨/年芳烃抽提和16万标准立方米/小时PSA氢提纯装置组成，以直馏汽油、加氢裂化石脑油为原料，生产高辛烷值汽油、苯、甲苯和混合二甲苯，装置主体采用UOP专利技术，由中国石化集团洛阳石油工程公司设计，2008年6月投产运行。360万吨/年加氢裂化装置，以减压蜡油为原料，生产柴油、航煤、石脑油和尾油，采用UOP专利技术，中国石化集团洛阳石油工程公司设计，2008年8月投产运行。20万标准立方米/小时制氢装置，由两套10万标准立方米/小时制氢装置组成，以石脑油、炼厂气和液态烃为原料，生产纯度为99.9%的氢气，为其他耗氢装置提供氢气原料，采用丹麦托普索专利技术，中国石化集团洛阳石油工程公司设计，2008年8月投产运行。300万吨/年渣油加氢脱硫装置，以常压渣油和减压渣油为原料，生产加氢渣油为下游催化装置提供原料，采用CLG专利技术，中国石化集团洛阳石油工程公司设计，2008年8月投产运行。27万吨/年硫磺回收联合装置，由三套9万吨/年硫磺回收、两套550吨/小时溶剂再生、两套120吨/小时酸性水汽提装置组成，以全厂富溶剂和酸性水为原料，生产硫磺、贫溶剂和净化水，采用意大利KTI专利技术，中国石化集团洛阳石油工程公司设计，2008年8月投产运行。60万吨/年连续重整联合装置，以直馏汽油为原料，生产高辛烷值汽油、苯、氢气等产品，该装置重整反再系统采用UOP专利技术，由中国石化北京设计院设计，2001年11月投产，2009年划归第一联合车间，经工艺整合后投产运行。

2014年2月，大连石化分公司决定：将生产新区更名为第一联合车间。大连石化分公司党委决定：成立第一联合车间党总支，撤销原生产新区党总支。

2014年8月，大连石化分公司决定：王国彤任第一联合车间主任，张志宏任第一联合车间副主任；解聘唐士兵的第一联合车间主任职务。大连石化分公司党委决定：王国彤任第一联合车间党总支书记、工会主席；免去唐士兵的第一联合车间党总支书记、工会主席职务。

2015年1月，大连石化分公司决定：范云亮任第一联合车间副主任，姜伟任第一联合车间副主任，张志宏任第一联合车间安全总监（副处级）；解聘的张世德第一联合车间副主任职务，解聘葛春英的第一联合车间副主任安全总监职务。大连石化分公司党委决定：免去张世德的第一联合车间党总支副书记职务。

2016 年 2 月，大连石化分公司决定：解聘范云亮的第一联合车间副主任职务。

2016 年 9 月，大连石化分公司决定：解聘姜伟的第一联合车间副主任职务。大连石化分公司党委决定：崔宏斌任第一联合车间党总支书记、工会主席（正处级）；免去王国彤的第一联合车间党总支书记、工会主席职务。

2017 年 10 月，大连石化分公司决定：解聘张志宏的第一联合车间副主任职务。

2017 年 12 月，大连石化分公司决定：王国彤任大连石化分公司总经理助理，仍担任第一联合车间主任。

2018 年 3 月，大连石化分公司决定：解聘吴伟阳的第一联合车间副主任职务。

2018 年 4 月，大连石化分公司决定：潘洋任第一联合车间副主任、安全总监，刘剑峰任第一联合车间副主任（正科级）。

2018 年 5 月，大连石化分公司党委决定：第一联合车间党总支下设综合党支部（含技术科、设备科、安全环保科及其他人员）；1000 万吨 / 年常减压蒸馏联合装置党支部（简称三蒸馏装置党支部）；220 万吨 / 年连续重整联合装置党支部（简称 220 万重整装置党支部）；27 万吨 / 年硫磺回收联合装置党支部（简称 27 万硫磺装置党支部）；60 万吨 / 年连续重整联合装置党支部（简称 60 万重整装置党支部）；300 万吨 / 年渣油加氢脱硫装置党支部（简称 300 万渣油加氢装置党支部）；360 万吨 / 年加氢裂化装置党支部（简称 360 万加氢裂化装置党支部）；20 万标准立方米 / 时制氢联合装置党支部（简称 20 万制氢装置党支部）；600 万吨 / 年煤柴油加氢精制联合装置党支部（简称 600 万煤柴油加氢装置党支部）。

2018 年 10 月，大连石化分公司决定：甘彬彬任第一联合车间副主任；解聘李凤岭的第一联合车间副主任职务。

截至 2018 年 12 月，第一联合车间在册员工 471 人，共有党员 203 人。内设科（室）3 个：技术科、设备科、安全环保科，均为正科级建制；下设装置 8 套：1000 万吨 / 年常减压蒸馏联合装置、600 万吨 / 年煤柴油加氢精制联合装置、220 万吨 / 年连续重整联合装置、360 万吨 / 年加氢裂化装置、20 万标立 / 小时制氢联合装置、300 万吨 / 年渣油加氢脱硫装置、27 万吨 / 年硫磺回收联合装置、60 万吨 / 年连续重整装置。共有领导 4 人：王国彤任第一联合车间主任，甘彬彬、刘剑峰任副主任，崔宏斌任党总支书记、工会主席。

## 一、生产新区（2014.1—2）

### （一）生产新区领导名录（2014.1—2）

主　　任　李鸿刚（回族，2014.1—2）
副 主 任　唐士兵（2014.1—2）
　　　　　吴伟阳（2014.1—2）
　　　　　刁望升（2014.1—2）
安全总监　葛春英（2014.1—2）

### （二）生产新区党总支领导名录（2014.1—2）

书　　记　李鸿刚（2014.1—2）
副 书 记　张世德（2014.1—2）

## 二、第一联合车间（2014.2—2018.12）

### （一）第一联合车间领导名录（2014.2—2018.12）

主　　任　唐士兵（副处级，2014.2—8）[①]
　　　　　王国彤（2014.8—2017.12；兼任，2017.12—2018.12）
副 主 任　吴伟阳（2014.2—2018.3）[②]
　　　　　张世德（2014.2—2015.1）[③]
　　　　　李凤岭（2014.2—2018.10）[④]
　　　　　张志宏（2014.8—2017.10）[⑤]
　　　　　范云亮（2015.1—2016.2）[⑥]

---

① 2014 年 8 月，唐士兵调任营销调运部副部长。
② 2018 年 3 月，吴伟阳调任机动设备处副处长（主持工作）。
③ 2015 年 1 月，张世德调任物资采购管理部副部长。
④ 2018 年 10 月，李凤岭调任生产技术处处长。
⑤ 2017 年 10 月，张志宏调任第三联合车间副主任（主持工作）。
⑥ 2016 年 2 月，范云亮调任储运车间主任。

姜　伟（2015.1—2016.9）[①]
潘　洋（2018.4—12）
刘剑峰（正科级，2018.4—12）
甘彬彬（回族，2018.10—12）

**安全总监**　葛春英（2014.2—2015.1）
张志宏（兼任，2015.1—2017.10）
潘　洋（兼任，2018.4—12）

**（二）第一联合车间党总支领导名录（2014.2—2018.12）**

**书　　记**　唐士兵（2014.2—8）
王国彤（2014.8—2016.9）
崔宏斌（2016.9—2018.12）

**副 书 记**　张世德（2014.2—2015.1）

**（三）第一联合车间工会领导名录（2014.2—2018.12）**

**主　　席**　唐士兵（2014.2—8）
王国彤（2014.8—2015.1）
范云亮（2015.1—2016.2）
姜　伟（2016.2—9）
崔宏斌（2016.9—2018.12）

## 三、内设科（室）

**（一）技术科领导名录（2014.1—2018.12）**

**科　　长**　夏佳兴（2014.1—2018.1）

**副 科 长**　张明富（正科级，2014.9—2018.12）

**（二）设备科领导名录（2014.1—2018.12）**

**科　　长**　姜　伟（2014.1—2015.1；兼任，2015.1—2016.4）
刘剑峰（2016.4—2018.4，兼任，2018.4—12）

**副 科 长**　王瑞金（正科级，2014.1—2018.4）
刘剑峰（2015.1—2016.4）
徐　健（2016.4—2017.12）

① 2016年9月，姜伟调任人事处（党委组织部）副处长（副部长）。

**（三）安全环保科领导名录（2014.1—2018.12）**

**科　　长**　盛大伟（2014.1—2018.12）

**副 科 长**　赵宏国（2015.1—2018.12）

**（四）综合党支部领导名录（2018.5—12）**

**书　　记**　盛大伟（2018.5—12）

## 四、所属装置

**（一）1000万吨/年常减压蒸馏联合装置领导名录（2014.1—2018.12）**

**主　　任**　张明富（2014.1—9）

刘　超（2014.9—2018.4）

王万彤（2018.4—12）

**副 主 任**　傅德威（2014.1—2018.12）

白　俊（2014.1—2018.12）

何　刚（2016.4—2018.12）

**党支部副书记**　傅德威（2018.5—12）

**（二）360万吨/年加氢裂化装置领导名录（2014.1—2018.12）**

**主　　任**　潘琦琨（2014.1—2018.12）

**副 主 任**　刘剑峰（2014.1—2015.1）

李志然（蒙古族，2015.1—2018.12）

**党支部书记**　潘琦琨（2018.5—12）

**（三）600万吨/年煤柴油加氢精制联合装置领导名录（2014.1—2018.12）**

**主　　任**　李凤岭（2014.1—2）

刘恒涛（2014.3—2018.12）

**副 主 任**　刘恒涛（2014.1—3）

吴玉冬（2014.3—2016.4）

刘晓强（2016.4—2018.12）

**党支部书记**　刘恒涛（2018.5—12）

**（四）60万吨/年连续重整装置领导名录（2014.1—2018.12）**

**主　　任**　马　瑛（2014.1—2015.3）

范云亮（兼任，2015.3—2016.2）

**副 主 任**　郑　岩（2014.1—2018.12）

徐　健（2014.1—2016.4）
马　昕（2016.4—2018.12）
胡云峰（2016.10—2018.12）

**党支部副书记**　胡云峰（2018.5—12）

**（五）220 万吨 / 年连续重整联合装置领导名录（2014.1—2018.12）**

**主　　任**　潘　洋（2014.1—2018.4）

**副 主 任**　张则亮（2014.1—2018.12）
冯绍雄（2014.3—2018.4；主持工作，2018.4—12）
刘　喆（2014.8—2018.12）

**党支部副书记**　张则亮（2018.5—12）

**（六）27 万吨 / 年硫磺回收联合装置领导名录（2014.1—2018.12）**

**主　　任**　范云亮（2014.1—2015.1）
董晓峰（2015.1—2018.12）

**副 主 任**　董晓峰（2014.1—2015.1）
刘晓强（2014.1—2016.4）
吴玉冬（2016.4—2018.12）
孙世明（2016.4—2018.12）

**党支部副书记**　吴玉冬（2018.5—12）

**（七）300 万吨 / 年渣油加氢脱硫装置领导名录（2014.1—2018.12）**

**主　　任**　甘彬彬（2014.1—2018.10；兼任，2018.10—12）

**副 主 任**　吴　霜（满族，2014.1—2018.12）
牛贵峰（2016.4—2018.12）

**党支部书记**　甘彬彬（2018.5—12）

**（八）20 万标立 / 小时制氢联合装置领导名录（2014.1—2018.12）**

**主　　任**　张志宏（2014.1—2015.1）

**副 主 任**　赵宏国（2014.1—2016.1）
方新刚（2015.1—2018.12）
马　昕（2015.1—2016.4）
朱恒德（2016.4—2018.12）

**党支部副书记**　方新刚（2018.5—12）

## 第十一节　第一联合车间（2014.1—2）

2000年3月，连续重整车间、三催化车间、乙苯车间合并成立第一联合车间。

2014年1月，第一联合车间为副处级二级单位，党组织关系隶属公司党委，在册员工151人，共有党员33人，第一联合车间下设装置3套：渣油催化裂化装置、乙苯装置、液化气脱硫装置。共有领导2人：李伯华任第一联合车间主任，吴隆庆任党支部书记。

渣油催化裂化装置年加工能力为140万吨，主要产品有催化液化气、催化汽油、催化柴油、油浆；乙苯装置年生产苯乙烯能力为10万吨，主要产品有乙苯、苯乙烯；液化气脱硫装置年加工能力为60万吨，主要产品有液化气。

2014年2月，大连石化分公司决定：整合第一联合车间、第五联合车间，整合后命名为第二联合车间，为正处级二级单位，下设生产技术科、综合管理科、催化装置、加氢装置，均为正科级建制。大连石化分公司党委决定，成立第二联合车间党总支，撤销第一联合车间、第五联合车间党支部。

### 一、第一联合车间领导名录（2014.1—2）

**主　　任**　李伯华（2014.1—2）

**副 主 任**　张忠凯（满族，2014.1—3）

　　　　　　吴景阳（2014.1—3）

**安全总监**　潘月春（2014.1—3）

### 二、第一联合车间党支部领导名录（2014.1—2）

**书　　记**　吴隆庆（正科级，2014.1—2）

# 第十二节　第五联合车间（2014.1—2）

2005年1月，350万吨/年重油催化车间和加氢车间合并，成立第五联合车间。

2014年1月，第五联合车间为副处级二级单位，党组织关系隶属公司党委，在册员工181人，共有党员55人，下设装置4套：重油催化裂化装置、柴油加氢装置、石蜡加氢一套装置、石蜡加氢二套装置。共有领导2人：王剑任第五联合车间主任，刘洪林任党支部书记。

重油催化裂化装置年加工能力为350万吨，主要产品有催化液化气、催化汽油、催化柴油、油浆；柴油加氢装置年加工能力为80万吨，主要产品有精制柴油；石蜡加氢一、二套装置年加工能力均为10万吨，主要产品有加氢石蜡。

2014年2月，大连石化分公司决定，整合第一联合车间、第五联合车间，整合后命名为第二联合车间，为正处级二级单位，下设生产技术科、综合管理科、催化装置、加氢装置，均为正科级建制。大连石化分公司党委决定，成立第二联合车间党总支，撤销第一联合车间、第五联合车间党支部。

## 一、第五联合车间领导名录（2014.1—2）

**主　　任**　王　剑（2014.1—2）

**副 主 任**　隋景涛（副处级，2014.1—2）

杨殿臣（2014.1—2）

王　忠（2014.1—2）

**安全总监**　蒋　磊（2014.1—2）

## 二、第五联合车间党支部领导名录（2014.1—2）

**书　　记**　刘洪林（2014.1—2）

## 第十三节　第二联合车间（2014.2—2018.12）

2014年2月，大连石化分公司决定，整合第一联合车间、第五联合车间，整合后命名为第二联合车间，为正处级二级单位，下设生产技术科、综合管理科、催化装置、加氢装置，均为正科级建制。大连石化分公司党委决定，成立第二联合车间党总支，撤销第一联合车间、第五联合车间党支部。

2014年3月，大连石化分公司决定：王忠任第二联合车间安全总监（正科级）。

2014年8月，大连石化分公司决定：王剑任第二联合车间主任（正处级），吴隆庆任第二联合车间副主任（副处级）。大连石化分公司党委决定：吴隆庆任第二联合车间党总支副书记、工会主席；免去王剑的第二联合车间党总支书记、工会主席职务。

2016年2月，大连石化分公司决定：解聘蒋磊的第二联合车间副主任职务。大连石化分公司党委决定：谷荣宽任第二联合车间党总支副书记、工会主席。免去吴隆庆的第二联合车间党总支副书记、工会主席职务。

2016年3月，大连石化分公司党委决定：谷荣宽任第二联合车间党总支书记（正处级）。

2016年9月，大连石化分公司决定：王忠任第二联合车间副主任、安全总监（副处级）。

2017年9月，大连石化分公司决定：李伯华任第二联合车间主任；解聘王剑的第二联合车间主任职务。

2018年4月，大连石化分公司决定：胡瑞任第二联合车间副主任；解聘吴隆庆的第二联合车间副主任职务。

2018年5月，大连石化分公司党委决定，第二联合车间党总支下设综合党支部（含生产技术科、综合管理科）、三催化装置党支部、四催化装置党支部、加氢装置党支部。

截至2018年12月，第二联合车间在册员工309人，共有党员95人。下设科（室）2个：生产技术科、综合管理科，均为正科级建制；下设装置2套：

催化装置、加氢装置。其中包括：140 万吨 / 年重油催化裂化装置、350 万吨 / 年重油催化裂化装置、200 万吨 / 年柴油加氢精制装置、2 套 10 万吨 / 年石蜡加氢精制装置、80 万吨 / 年柴油加氢精制装置、20 万吨 / 年汽油加氢精制装置及配套加氢罐区。共有领导 5 人：李伯华任第二联合车间主任，王忠任副主任、安全总监，隋景涛、胡瑞任副主任，谷荣宽任党总支书记、工会主席。

## 一、第二联合车间领导名录（2014.2—2018.12）

**主　　任**　王　剑（副处级，2014.2—8；2014.8—2017.9）
　　　　　　李伯华（2017.9—2018.12）
**副 主 任**　隋景涛（2014.2—2018.12）
　　　　　　吴隆庆（正科级，2014.2—8；2014.8—2018.4）[①]
　　　　　　王　忠（正科级，2014.2—2016.9；2016.9—2018.12）
　　　　　　蒋　磊（正科级，2014.2—2016.2）[②]
　　　　　　胡　瑞（2018.4—12）
**安全总监**　王　忠（兼任，2014.3—2018.12）

## 二、第二联合车间党总支领导名录（2014.2—2018.12）

**书　　记**　王　剑（2014.2—8）
　　　　　　谷荣宽（2016.3—2018.12）
**副 书 记**　吴隆庆（2014.2—2016.2）
　　　　　　谷荣宽（2016.2—3）

## 三、第二联合车间工会领导名录（2014.2—2018.12）

**主　　席**　王　剑（2014.2—8）
　　　　　　吴隆庆（2014.8—2016.2）
　　　　　　谷荣宽（2016.2—2018.12）

## 四、下设科（室）

### （一）生产技术科领导名录（2014.2—2018.12）

**科　　长**　吴景阳（2014.2—8）

---

① 2018 年 4 月，吴隆庆被聘为安全环保监督中心安全专员（副处级）。

② 2016 年 2 月，蒋磊调任供排水车间副主任。

程　驰（2016.10—2018.12）

副科长　董　森（2014.8—2017.12）

（二）综合管理科领导名录（2014.2—2018.12）

科长　潘月春（2014.2—2018.12）

（三）综合党支部领导名录（2018.5—12）

书记　潘月春（2018.5—12）

五、所属装置

（一）催化装置领导名录（2014.2—2018.12）[①]

主任　张忠凯（满族，2014.3—2017.9）
许　勐（2016.4—2018.12）
吴隆庆（兼任，2017.9—12）
谢圣利（2017.12—2018.12）

副主任　王　旭（2014.3—2017.4）
尹柏林（2014.3—2018.12）
许　勐（2014.3—2016.4）
张　海（2014.3—2018.12）
李　石（2014.8—2018.12）
张　成（2016.4—2018.12）
谢圣利（2016.10—2017.12）

三催化装置党支部书记　谢圣利（2018.5—12）

四催化装置党支部书记　许　勐（2018.5—12）

（二）加氢装置领导名录（2014.2—2018.12）

主任　杨殿臣（2014.3—2018.12）

副主任　李　鑫（2014.3—2018.12）
吴景阳（正科级，2014.8—2018.12）
王旭东（2014.8—2018.12）
刘钰祺（2016.4—2018.12）

党支部书记　杨殿臣（2018.5—12）

① 催化装置主任岗位定编 2 人。

## 第十四节　第二联合车间（2014.1—2）

2000 年 11 月，一蒸馏车间、一精制车间、一二酮苯车间合并为第二联合车间。

2014 年 1 月，第二联合车间为副处级二级单位，党组织关系隶属公司党委，在册员工 215 人，共有党员 66 人，下设装置 7 套：一蒸馏装置、二酮苯装置、四酮苯装置、润滑油白土精制一、二套装置、石蜡装置、625 装置。共有领导 2 人：邹本泽任第二联合车间主任，刘文喜任党支部书记。

一蒸馏装置年加工能力 600 万吨，主要产品有初常顶石脑油、航煤、柴油、液化气、常底渣油；二、四酮苯装置年加工能力均为 30 万吨，主要产品有脱蜡油、脱油蜡、蜡下油；润滑油白土精制一、二套装置年加工能力分别为 20 万吨和 30 万吨，主要产品是润滑油基础油；石蜡装置年加工能力为 20 万吨，主要产品是精制蜡；625 装置年加工能力约 2500 吨，是一个以生产扩散泵油为主，调制各种润滑油为辅的高真空减压蒸馏及调和装置。

2014 年 2 月，大连石化分公司决定，整合第二联合车间、第三联合车间，整合后命名为第三联合车间，为正处级二级单位，下设生产技术科、综合管理科、蒸馏装置、酮苯装置、精制装置、625 装置，均为正科级建制。大连石化分公司党委决定，成立第三联合车间党总支，撤销第二联合车间、第三联合车间党支部。

### 一、第二联合车间领导名录（2014.1—2）

**主　　任**　邹本泽（2014.1—2）

**副 主 任**　王君利（2014.1—3）

徐绍学（2014.1—2）

冯　刚（2014.1—3）

蒋成德（副科级，2014.1—3）

刘　超（2014.1—3）

卞　辑（2014.1—3）

**安全总监**　王君利（兼任，2014.1—3）

**二、第二联合车间党支部领导名录**（2014.1—2）

**书　　记**　刘文喜（2014.1—2）

## 第十五节　第三联合车间（2014.1—2）

2000年11月，二蒸馏车间、二精制车间、三酮苯车间合并为第三联合车间。

2014年1月，第三联合车间为副处级，党组织关系隶属公司党委，在册员工136人，共有党员48人，下设装置4套：常减压蒸馏装置、三酮苯装置、糠醛精制一、二套装置。共有领导2人：段毅任第三联合车间主任，谷荣宽任党支部书记。

常减压蒸馏装置年加工能力为450万吨，主要产品有石脑油、渣油馏分、航煤、柴油半成品、酮苯料；三酮苯装置年加工能力为30万吨，主要产品有脱蜡油、脱油蜡、蜡下油；糠醛精制一、二套装置年加工能力均为30万吨，主要产品有醛后油、抽出油。

2014年2月，大连石化分公司决定，整合第二联合车间、第三联合车间，整合后命名为第三联合车间，为正处级二级单位，下设生产技术科、综合管理科、蒸馏装置、酮苯装置、精制装置、625装置，均为正科级建制。大连石化分公司党委决定，成立第三联合车间党总支，撤销第二联合车间、第三联合车间党支部。

**一、第三联合车间领导名录**（2014.1—2）

**主　　任**　段　毅（2014.1—2）

**副 主 任**　韩友铭（2014.1—2）

史　刚（2014.1—2）

姜　猛（2014.1—3）

**安全总监**　王　强（2014.1—3）

二、第三联合车间党支部领导名录（2014.1—2）

书　　记　谷荣宽（2014.1—2）

## 第十六节　第三联合车间（2014.2—2018.12）

2014年2月，大连石化分公司决定，整合第二联合车间、第三联合车间，整合后命名为第三联合车间，为正处级二级单位，下设生产技术科、综合管理科、蒸馏装置、酮苯装置、精制装置、625装置，均为正科级建制。大连石化分公司党委决定，成立第三联合车间党总支，撤销第二联合车间、第三联合车间党支部。

2014年3月，大连石化分公司决定：徐绍学任第三联合车间安全总监（正科级）。

2014年8月，大连石化分公司决定：邹本泽任第三联合车间主任（正处级），徐绍学任第三联合车间副主任（副处级），史刚任第三联合车间副主任（副处级），韩友铭任第三联合车间副主任（副处级）；解聘刘文喜的第三联合车间副主任职务。大连石化分公司党委决定：刘文喜任第三联合车间党总支书记、工会主席（正处级）；免去邹本泽的第三联合车间工会主席职务。

2016年2月，大连石化分公司决定：刁望升任第三联合车间副主任（主持工作）；解聘邹本泽的第三联合车间主任职务。

2016年9月，大连石化分公司决定：刁望升任第三联合车间主任。

2017年3月，大连石化分公司决定：解聘刁望升的第三联合车间主任职务。

2017年9月，大连石化分公司决定：刘文喜任第三联合车间代理主任（正处级）。

2017年10月，大连石化分公司决定：张志宏任第三联合车间副主任（主持工作）。解聘刘文喜的第三联合车间代理主任职务。

2018年4月，大连石化分公司决定：张志宏任第三联合车间主任，卞辑任第三联合车间副主任。

2018年5月，大连石化分公司党委决定，第三联合车间党总支下设综合党支部（含生产技术科、综合管理科）、蒸馏装置党支部；酮苯装置党支部（含625装置）、精制装置党支部。

截至2018年12月，第三联合车间在册员工343人，共有党员115人。下设科（室）2个：生产技术科、综合管理科；下设装置4套：蒸馏装置、酮苯装置、精制装置、625装置。其中包括600万吨/常压蒸馏装置（一蒸馏）；450万吨/年常减压蒸馏装置（二蒸馏）；30万吨/年酮苯脱蜡脱油装置二套（二酮苯）；30万吨/年酮苯脱蜡脱油装置三套（三酮苯）；30万吨/年酮苯脱蜡脱油装置四套（四酮苯）；20、30万吨/年润滑油白土精制装置及20万吨/年石蜡白土精制（一精制）；30万吨/年润滑油糠醛精制装置（二精制）；625装置，车间以生产润滑油为主。共有领导6人：张志宏任第三联合车间主任、徐绍学任副主任、安全总监，卞辑、韩友铭、史刚任副主任，刘文喜任党总支书记、工会主席。

## 一、第三联合车间领导名录（2014.2—2018.12）

**主　　任**　邹本泽（副处级，2014.2—8；2014.8—2016.2）[①]
　　　　　　刁望升（2016.9—2017.3）
　　　　　　张志宏（2018.4—12）

**代理主任**　刘文喜（2017.9—10）

**副 主 任**　刘文喜（2014.2—8）
　　　　　　徐绍学（正科级，2014.2—8；2014.8—2018.12）
　　　　　　韩友铭（正科级，2014.2—8；2014.8—2018.12）
　　　　　　史　刚（正科级，2014.2—8；2014.8—2018.12）
　　　　　　刁望升（主持工作，2016.2—9）
　　　　　　张志宏（主持工作，2017.10—2018.4）
　　　　　　卞　辑（2018.4—12）

**安全总监**　王　强（正科级，2014.2—3）
　　　　　　徐绍学（兼任，2014.3—2018.12）

## 二、第三联合车间党总支领导名录（2014.2—2018.12）

**书　　记**　邹本泽（2014.2—8）

---

① 2016年2月，邹本泽调任添加剂厂厂长。

刘文喜（2014.8—2018.12）

副　书　记　刘文喜（2014.2—8）

## 三、第三联合车间工会领导名录（2014.2—2018.12）

主　　　席　邹本泽（2014.2—8）

刘文喜（2014.8—2018.12）

## 四、下设科（室）

### （一）生产技术科领导名录（2014.2—2018.12）

科　　　长　卞　辑（2014.3—2018.12）

### （二）综合管理科领导名录（2014.2—2018.12）

科　　　长　王　强（2014.3—2018.12）

### （三）综合党支部领导名录（2018.5—12）

书　　　记　王　强（2018.5—12）

## 五、所属装置

### （一）蒸馏装置领导名录（2014.2—2018.12）

主　　　任　刘　超（2014.3—9）

谷钰龙（副科级，2015.1—2016.4；2016.4—2018.9）

副　主　任　谷钰龙（2014.3—2015.1）

任永锋（2014.3—2018.12）

欧建魁（2015.1—2018.12）

郎铁华（2016.4—2018.12）

党支部书记　谷钰龙（2018.5—12）

### （二）酮苯装置领导名录（2014.2—2018.12）

主　　　任　姜　猛（2014.3—2018.12）

副　主　任　尹成林（2014.3—2017.4）

杨晓宇（2014.3—2018.12）

黄秀渊（2016.4—2018.12）

付　伟（2016.4—2018.12）

党支部书记　姜　猛（2018.5—12）

（三）精制装置领导名录（2014.2—2018.12）

主　　任　蒋成德（2014.3—2018.12）

副 主 任　周　波（2014.3—2018.12）

党支部书记　蒋成德（2018.5—12）

（四）625 装置领导名录（2014.2—2018.12）

主　　任　冯　刚（2014.3—2018.12）

副 主 任　王君利（正科级，2014.3—2017.12）

## 第十七节　第四联合车间
## （2014.1—2018.12）

2000 年 11 月，二催化车间、气分车间合并为第四联合车间。

2014 年 1 月，第四联合车间为副处级二级单位，党组织关系隶属公司党委，在册员工 251 人，共有党员 67 人，下设 8 套装置：渣油催化裂化装置、气体分馏二、三、四套装置、MTBE 装置、烷基化装置、汽油加氢装置、汽油醚化装置。共有处级领导 2 人：石功军任第四联合车间主任，丛长安任党支部书记。

渣油催化裂化装置年加工能力为 80 万吨，主要产品有催化液化气、催化汽油、催化柴油、油浆；气体分馏二、三、四装置年加工能力分别为 50 万吨、50 万吨和 70 万吨，主要产品有丙烷、丙烯、混合 C4；MTBE 装置原年生产能力为 9 万吨，2014 年改造后年生产能力为 16 万吨，主要产品有 MTBE；烷基化装置年生产能力为 10 万吨，主要产品有烷基化油；汽油加氢装置年加工能力为 225 万吨，主要产品有加氢轻汽油、加氢重汽油；汽油醚化装置年加工能力为 100 万吨，主要产品有醚化汽油。

2014 年 2 月，大连石化分公司决定：第四联合车间调整为正处级二级单位，下设生产技术科、综合管理科、催化装置、气分装置、烷基化装置、汽油加氢装置，均为正科级建制。大连石化分公司党委决定：成立第四联合车间党总支，撤销第四联合车间党支部。

2014 年 3 月，大连石化分公司决定：张琦岩任第四联合车间安全总监

（正科级）。

2014年8月，大连石化分公司决定：史运贞任第四联合车间副主任（副处级），张琦岩任第四联合车间副主任（副处级）。大连石化分公司党委决定：段毅任第四联合车间党总支书记、工会主席（正处级）。

2015年1月，大连石化分公司决定：李伯华任第四联合车间主任（正处级）。

2016年3月，大连石化分公司决定：祁兴国任第四联合车间副主任（副处级）。

2016年9月，大连石化分公司决定：迟春雨任第四联合车间副主任，毕才平任第四联合车间副主任，祁兴国任第四联合车间安全总监；解聘史运贞的第四联合车间副主任职务，张琦岩的第四联合车间副主任、安全总监职务。

2017年9月，大连石化分公司决定：段毅任第四联合车间代理主任（正处级）；解聘李伯华的第四联合车间主任职务。

2017年10月，大连石化分公司决定：祁兴国为第四联合车间副主任（主持工作）；解聘段毅的第四联合车间代理主任职务。

2018年4月，大连石化分公司决定：祁兴国任第四联合车间主任，赵继昌任第四联合车间副主任、安全总监（正科级）。

第四联合车间党总支下设综合党支部（含生产技术科、综合管理科）；催化装置党支部；气分装置党支部；汽油加氢装置党支部；烷基化装置党支部。

截至2018年12月，第四联合车间在册员工240人，共有党员64人。下设科（室）2个：生产技术科、综合管理科；下设装置4套：催化装置、气分装置、烷基化装置、汽油加氢装置，均为正科级建制。共有领导5人：祁兴国任第四联合车间主任，段毅任党总支书记、工会主席，迟春雨、毕才平任副主任，赵继昌任副主任、安全总监。

## 一、第四联合车间（副处级，2014.1—2）

### （一）第四联合车间领导名录（2014.1—2）

**主　　任**　石功军（2014.1—2）

**副 主 任**　史运贞（2014.1—2）

张琦岩（2014.1—2）

毕才平（满族，2014.1—3）

祁兴国（2014.1—2）

程　驰（2014.1—2）

安全总监　田永强（2014.1—3）

**（二）第四联合车间党支部领导名录（2014.1—2）**

书　　记　丛长安（正处级，2014.1—2）

## 二、第四联合车间（正处级，2014.2—2018.12）

**（一）第四联合车间领导名录（2014.2—2018.12）**

主　　任　李伯华（副处级，2014.2—2015.1；2015.1—2017.9）①

祁兴国（2018.4—12）

代理主任　段　毅（2017.9—10）

副 主 任　史运贞（正科级，2014.2—8；2014.8—2016.9）②

张琦岩（正科级，2014.2—8；2014.8—2016.9）③

祁兴国（正科级，2014.2—2016.3；2016.3—2017.10；主持工作，2017.10—2018.4）

迟春雨（满族，2016.9—2018.12）

毕才平（满族，2016.9—2018.12）

赵继昌（正科级，2018.4—12）

安全总监　田永强（正科级，2014.2—3）

张琦岩（兼任，2014.3—2016.9）

祁兴国（兼任，2016.9—2017.10）

赵继昌（兼任，2018.4—12）

**（二）第四联合车间党总支领导名录（2014.2—2018.12）**

书　　记　段　毅（副处级，2014.2—8；正处级，2014.8—2018.12）

**（三）第四联合车间工会领导名录（2014.2—2018.12）**

主　　席　段　毅（副处级，2014.2—8；正处级，2014.8—2018.12）

---

① 2017年9月，李伯华调任第二联合车间主任。

② 2016年9月，史运贞调任机动设备处副处长。

③ 2016年9月，张琦岩调任安全环保处副处长。

## 三、下设科（室）

### （一）生产技术科领导名录（2014.2—2018.12）

科　　　长　赵继昌（2016.4—2018.4）
　　　　　　刘燕来（2018.4—12）
副　科　长　赵继昌（2014.3—2016.4）

### （二）综合管理科领导名录（2014.2—2018.12）

科　　　长　田永强（2014.3—2018.12）

### （三）综合党支部领导名录（2018.5—12）

书　　　记　田永强（2018.5—12）

## 四、所属装置

### （一）催化装置领导名录（2014.2—2018.12）

主　　　任　祁兴国（兼任，2014.2—2016.10）
　　　　　　赵继昌（2016.10—2018.12）
副　主　任　唐亚勇（2014.3—2018.12）
　　　　　　闫　可（2016.4—2018.12）
党支部副书记　唐亚勇（2018.5—12）

### （二）气分装置领导名录（2014.2—2018.12）

主　　　任　毕才平（满族，兼任，2014.3—2018.12）
副　主　任　王志富（2014.3—2018.12）
党支部副书记　王志富（2018.5—12）

### （三）烷基化装置领导名录（2014.2—2018.12）

主　　　任　张琦岩（兼任，正科级，2014.3—8；副处级，2014.8—2016.9）
副　主　任　刘　飞（2014.8—2018.12）
　　　　　　焦大勇（2016.10—2018.12）
党支部副书记　焦大勇（2018.5—12）

### （四）汽油加氢装置领导名录（2014.2—2018.12）

主　　　任　刘燕来（满族，副科级，2014.3—2016.4；2016.4—2018.12）

**副　主　任**　刘　磊（2014.3—2018.12）
**党支部副书记**　刘　磊（2018.5—12）

## 第十八节　储运车间（2014.1—2018.12）

2001 年 5 月，一油品车间、二油品车间、三油品车间、四油品车间合并，成立储运车间。

2014 年 1 月，储运车间为副处级二级单位，党组织关系隶属公司党委，在册员工 310 人，共有党员 115 人，储运车间由一、二、三、四、五油品联合而成，共 7 个罐区，具有地域广阔、点多线长等特点。现有储罐 234 台，容量 252.366 万立方米，机泵 246 台，阀门 2.6 万多个，管线 51 万多米，固定资产约 12.62 亿元，员工 289 人。共有处级领导 2 人：王国彤任储运车间主任，刘振举任党支部书记。

主要担负全公司原油接、卸，中间原料接收、调合和供给，汽、煤、柴、石脑油、重油、液化气等多种产品及海、陆发运任务。

2014 年 8 月，大连石化分公司决定：刘振举任储运车间主任；解聘王国彤的储运车间主任职务。

2015 年 1 月，大连石化分公司党委决定：文继明任储运车间党支部书记、工会主席（副处级）；免去刘振举的储运车间党支部书记职务。

2016 年 2 月，大连石化分公司决定：范云亮任储运车间主任；解聘刘振举的储运车间主任职务。

截至 2018 年 12 月，储运车间在册员工 280 人，共有党员 111 人。共有处级领导 2 人：范云亮任储运车间主任，文继明任党支部书记、工会主席。

### 一、储运车间领导名录（2014.1—2018.12）

**主　　　任**　王国彤（正处级，2014.1—8）[①]
　　　　　　　刘振举（2014.8—2016.2）[②]

① 2014 年 8 月，王国彤调任第一联合车间主任。
② 2016 年 2 月，刘振举调任机务车间主任。

范云亮（2016.2—2018.12）

**副　主　任**　文继明（2014.1—2015.1）

原　欣（2014.1—2015.5）

王　斌（2014.1—2018.12）

刘　勇（2014.8—2018.12）

周才江（副科级，2015.1—2016.8）

王　栋（2018.4—12）

**安全总监**　黄宝晖（2014.1—2018.4）

王　斌（兼任，2018.4—12）

## 二、储运车间党支部领导名录（2014.1—2018.12）

**书　　　记**　刘振举（2014.1—2015.1）

文继明（2015.1—2018.12）

## 三、储运车间工会领导名录（2014.1—2018.12）

**主　　　席**　文继明（2015.1—2018.12）

## 四、所属部门

### （一）一油品领导名录（2014.1—2018.12）

**主　　　任**　耿孝学（满族，2015.5—2018.12）

### （二）二油品领导名录（2014.1—2018.12）

**主　　　任**　王　栋（2015.5—2018.12）

### （三）三油品领导名录（2014.1—2018.12）

**主　　　任**　高明珠（2015.5—2018.12）

### （四）四油品领导名录（2014.1—2018.12）

**主　　　任**　尤挺飞（2015.5—2016.1）

王　栋（2016.1—2018.12）

### （五）五油品领导名录（2014.1—2018.12）

**主　　　任**　王　斌（兼任，2015.5—2018.12）

# 第十九节　热电联合车间（2014.1—2018.12）

1988 年 12 月，大连石油化工公司决定，在原热电站、供热车间、电工车间总变电所和仪表车间热工班的基础上，组建大连石油化工公司热电厂；2008 年 1 月，热电厂更名为热电联合车间。

2014 年 1 月，热电联合车间为副处级二级单位，党组织关系隶属公司党委，在册员工 207 人，共有党员 67 人。经不断改扩建，至 2007 年共有 3 台中压锅炉、3 台高压锅炉、2 台中压汽轮发电机组、二台高压汽轮发电机组及 2000 吨 / 时化学水处理装置和 400 吨 / 时含油凝结水处理系统。2008 年 1 月，热电厂与水源公司合并后改称为热电联合车间。2009 年 11 月，车间发电机、变压器等发、供电设施划归供电车间，同年热网和制冷站划归热电联合车间。至 2010 年，车间下辖除热电厂各装置外，还包括 5000 吨 / 日海水淡化、30000 吨 / 日再生水装置、三水站、热网装置和制冷站。热电联合车间担负着向生产装置供汽、供水、供电及回收低温热和生产用水的任务，是重要的动力车间。共有处级领导 2 人：姜子晔任热电联合车间主任，程勋杰任党支部书记。

2014 年 2 月，大连石化分公司党委决定：姜子晔任热电联合车间党支部书记（副处级）；免去程勋杰的热电联合车间党支部书记职务，退居二线。

2015 年 1 月，大连石化分公司决定：葛春英任热电联合车间主任（副处级）；解聘姜子晔的热电联合车间主任职务。大连石化分公司党委决定：王国岩任热电联合车间党支部书记、工会主席（副处级）；免去姜子晔的热电联合车间党支部书记职务。

截至 2018 年 12 月，热电联合车间在册员工 220 人，共有党员 82 人。共有处级领导 2 人：葛春英任热电联合车间主任，王国岩任党支部书记、工会主席。

## 一、热电联合车间领导名录（2014.1—2018.12）

**主　　　任**　姜子晔（2014.1—2015.1）[①]

① 2015 年 1 月，姜子晔调任物资仓储中心副主任。

葛春英（2015.1—2018.12）

**副　　主　　任**　李国田（2014.1—2018.12）

娄　革（2014.1—2018.12）

王国岩（正科级，2014.1—2015.1；2015.1—2018.12）

陶建龙（2014.1—2018.12）

**安　全　总　监**　杨　恒（正科级，2014.1—2018.12）

**水处理副主任**　董　华（2016.4—2018.12）

**二、热电联合车间党支部领导名录（2014.1—2018.12）**

**书　　　　记**　程勋杰（2014.1—2）

姜子晔（2014.2—2015.1）

王国岩（2015.1—2018.12）

**三、热电联合车间工会领导名录（2014.1—2018.12）**

**主　　　　席**　王国岩（2015.1—2018.12）

## 第二十节　气体车间（2014.1—2018.12）

气体车间的前身是大连石油七厂气体车间，1977年9月，成立气体车间，主要负责全厂的液化气储运和液化气罐的充装和火炬、气柜管理工作。

2014年1月，气体车间为副处级二级单位，党组织关系隶属公司党委，在册员工79人，共有党员30人，气体车间火炬装置包括火炬气的回收与燃放、瓦斯管网两个部分。共有处级领导2人：李振华任气体车间主任，卢明海任党支部书记。

2014年2月，大连石化分公司党委决定：李振华任气体车间党支部书记（副处级）；免去卢明海的气体车间党支部书记职务，退居二线。

2017年12月，大连石化分公司决定：解聘曲淑云的气体车间副主任职务。大连石化分公司党委决定：周景生任气体车间工会主席；免去曲淑云的气体车间工会主席职务。

2018 年 12 月，大连石化分公司决定：李大林任气体车间副主任。

截至 2018 年 12 月，气体车间在册员工 79 人，共有党员 34 人。共有处级领导 1 人：李振华任气体车间主任、党支部书记。

### 一、气体车间领导名录（2014.1—2018.12）

**主　　任**　李振华（2014.1—2018.12）

**副 主 任**　周景生（2014.1—2018.12）

曲淑云（女，2014.1—2017.12）

李大林（2018.12）

**安全总监**　冯新春（2014.1—2018.12）

### 二、气体车间党支部领导名录（2014.1—2018.12）

**书　　记**　卢明海（2014.1—2）

李振华（2014.2—2018.12）

### 三、气体车间工会领导名录（2014.1—2018.12）

**主　　席**　曲淑云（女，2015.1—2017.12）

周景生（2017.12—2018.12）

## 第二十一节　空分车间（2014.1—2018.12）

1990 年 1 月，将原空分站从重整车间划出，成立空分车间。

2014 年 1 月，空分车间为副处级二级单位，党组织关系隶属公司党委，在册员工 97 人，共有党员 37 人。空分车间主要负责生产和供应全厂生产使用的氮气、压缩风（净化风、非净化风），包括空分空压联合装置、第一空气分离装置及配套液氮液氧罐区，生产规模：氮气产量 11000m$^3$/h、液氧产量 3.75m$^3$/h（副产品外售）、液氮产量 1.0m$^3$/h。压缩风最大供量 2270m$^3$/min。下设办公室、空分工段和第二空压站，空分工段有 5 个生产运行班组和 1 个日勤班组（充装班），第二空压站有 5 个生产运行班组。共有处级领导 1 人：邹昌利任空分车间主任。

2015 年 1 月，大连石化分公司决定：王虎任空分车间副主任。大连石化分公司党委决定：王虎任空分车间党支部书记、工会主席（副处级）；免去邹昌利的空分车间党支部书记职务。

截至 2018 年 12 月，空分车间在册员工 85 人，共有党员 39 人。下设办公室、空分空压联合装置、二压站、充装班。共有处级领导 2 人：邹昌利任空分车间主任，王虎任副主任、党支部书记、工会主席。

### 一、空分车间领导名录（2014.1—2018.12）

**主　　任**　邹昌利（2014.1—2018.12）

**副 主 任**　杨　松（2014.1—2018.12）

韩御荣（2014.1—2018.12）

王　虎（副处级，2015.1—2018.12）

**安全总监**　郑永琪（2014.1—2018.12）

### 二、空分车间党支部领导名录（2014.1—2018.12）

**书　　记**　邹昌利（2014.2—2015.1）

王　虎（2015.1—2018.12）

### 三、空分车间工会领导名录（2014.1—2018.12）

**主　　席**　王　虎（2015.1—2018.12）

## 第二十二节　供排水车间（2014.1—2018.12）

供排水车间的前身是石油七厂锅炉车间；1953 年 7 月，成立动力科，撤销锅炉车间；1956 年 3 月，石油七厂撤销动力科，成立锅炉车间；1957 年 12 月，锅炉车间改为动力车间；1962 年 7 月，原动力车间改名为锅炉车间；1965 年 11 月，锅炉车间改名为水汽车间；1977 年 9 月，水汽车间改为供排水车间。

2014 年 1 月，供排水车间为副处级二级单位，党组织关系隶属公司党委，在册员工 205 人，共有党员 72 人。共有处级领导 2 人：阎永伟任供排水车间主仼，张洪敏任党支部书记、工会主席。

供排水车间是大连石化分公司系统动力配套和污水处理的基层车间，

供水系统分为海水系统（设计能力 $6.5\times10^4m^3/h$）、循环水系统（设计能力 $4.82\times10^4m^3/h$，含 4 座水场 8 套独立的供水装置）、淡水系统（高位水场，蓄水量 $6500m^3$）；排水系统分为含油污水系统、雨排水系统（含三级防控系统）、假定净水系统、直排净水系统、生活水系统；污水处理系统包括污水一期（设计能力 $300m^3/h$）、污水二期（设计能力 $1000m^3/h$），以及其他辅助单元（一、二、三提升站、VOC 单元、废油回收单元、收油船、吸污车等）。

2014 年 2 月，大连石化分公司决定：闫萍任供排水车间主任（副处级）；解聘阎永伟的供排水车间主任职务。

2016 年 2 月，大连石化分公司决定：解聘闫萍的供排水车间主任职务。

2016 年 3 月，大连石化分公司决定：韩政任供排水车间主任。

2017 年 12 月，大连石化分公司党委决定：韩政任供排水车间党支部书记、工会主席；免去张洪敏的供排水车间党支部书记、工会主席职务，退居二线。

2018 年 4 月，大连石化分公司党委决定：蒋磊任供排水车间党支部书记、工会主席（副处级）；免去韩政的供排水车间党支部书记、工会主席职务。

截至 2018 年 12 月，供排水车间在册员工 197 人，共有党员 72 人。下设办公室、海水装置、循环水装置、污水装置、综合班。共有处级领导 2 人：韩政任供排水车间主任，蒋磊任党支部书记、工会主席。

## 一、供排水车间领导名录（2014.1—2018.12）

**主　　任**　阎永伟（正处级，2014.1—2）[①]
　　　　　　闫　萍（女，2014.2—2016.2）[②]
　　　　　　韩　政（2016.3—2018.12）
**副 主 任**　翟玉光（2014.1—2016.2）
　　　　　　闫　萍（女，2014.1—2）
　　　　　　韩　政（2014.1—2016.2；主持工作，2016.2—3）

① 2014 年 2 月，阎永伟调任有机合成厂党委书记、工会主席。
② 2016 年 2 月，闫萍调任机动设备处副处长。

赵　斌（2014.1—2018.12）
王荣海（2014.1—2018.12）
马　鑫（2014.8—2016.3）
蒋　磊（2016.2—2018.4）
崔增蛟（副科级，2018.4—.12）

**安全总监**　翟玉光（兼任，2014.1—2016.2）
蒋　磊（兼任，2016.2—2018.4）

**二、供排水车间党支部领导名录（2014.1—2018.12）**

**书　　记**　张洪敏（2014.1—2017.12）
韩　政（2017.12—2018.4）
蒋　磊（2018.4—12）

**三、供排水车间工会领导名录（2014.1—2018.12）**

**主　　席**　张洪敏（2014.1—2017.12）
韩　政（2017.12—2018.4）
蒋　磊（2018.4—12）

## 第二十三节　机务车间（2014.1—2018.12）

1990 年 2 月，将原油车间机务部分划出，成立机务车间。

2014 年 1 月，机务车间为副处级二级单位，党组织关系隶属公司党委，在册员工 112 人，共有党员 37 人。共有处级领导 2 人：陈胜利任机务车间主任，黄丽丽任党支部书记。

机务车间成立于 1990 年 3 月，承担公司成品油陆运工作。车间核心业务是：铁路调车作业、成品油铁路装车出厂和原材料进厂卸车等工作。专用铁路线长约 11 千米，共有 3 辆调车机车，8 座装卸车栈桥，1 套油气回收装置。装车产品包括 3 号喷气燃料、石脑油、脱蜡油、汽油、糠醛抽出油、柴油、纯苯、二甲苯等，卸车产品包括甲醇、乙醇等，设计年产品出厂能力为 162 万吨左右。

2014年2月，大连石化分公司党委决定：陈胜利任机务车间党支部书记（副处级）；免去黄丽丽机务车间党支部书记职务。

2015年1月，大连石化分公司党委决定：郝拥军任机务车间党支部书记、工会主席（副处级）；免去陈胜利的机务车间党支部书记职务。

2016年2月，大连石化分公司决定：刘振举任机务车间主任；解聘陈胜利的机务车间主任职务。

截至2018年12月，机务车间在册员工98人，共有党员36人。共有处级领导2人：刘振举任机务车间主任，郝拥军任副主任、党支部书记、工会主席。

### 一、机务车间领导名录（2014.1—2018.12）

**主　　任**　陈胜利（2014.1—2016.2）[①]
　　　　　　刘振举（2016.2—2018.12）
**副 主 任**　郝拥军（2014.1—2018.12）
　　　　　　王振勇（2014.1—2018.12）
**安全总监**　曲福斌（2014.1—2018.12）

### 二、机务车间党支部领导名录（2014.1—2018.12）

**书　　记**　黄丽丽（2014.1—2）[②]
　　　　　　陈胜利（2014.2—2015.1）
　　　　　　郝拥军（2015.1—2018.12）

### 三、机务车间工会领导名录（2014.1—2018.12）

**主　　席**　郝拥军（2015.1—2018.12）

## 第二十四节　供电车间（2014.1—2018.12）

2009年11月，大连石化分公司决定，成立供电车间，将机动设备处管辖的220千伏变电所电力调度业务、热电联合车间管辖的总变和电气主

① 2016年2月，陈胜利调任石油储运公司副经理（主持工作）。
② 2014年2月，黄丽丽调任信访（维护稳定）工作办公室副主任。

控、建筑安装工程总公司电气公司管辖的新区 66 千伏、有机合成 66 千伏、二空压 35 千伏、三催化 35 千伏、350 万吨重油催化 35 千伏变电所成建制划入供电车间。

2014 年 1 月，供电车间为副处级二级单位，党组织关系隶属公司党委，在册员工 155 人，共有党员 42 人。共有处级领导 1 人：于波任供电车间主任、党支部书记。

负责全公司供电系统的电气运行工作，全年发、供电能力约 15 亿千瓦时，为公司生产装置提供平稳可靠的电力供应。共管辖 220kV 变电所 1 座、66kV 变电所 9 座、35kV 变电所 4 座、自备电厂 2 座、6kV 配电室 45 座、380V 配电室 85 座。

2015 年 1 月，大连石化分公司决定：王茂君任供电车间主任；解聘于波的供电车间主任职务，退居二线。大连石化分公司党委决定：王茂君任供电车间党支部书记；免去于波的供电车间党支部书记职务，退居二线。

2016 年 4 月，大连石化分公司党委决定：姜斌任供电车间党支部书记；免去王茂君的供电车间党支部书记职务。

截至 2018 年 12 月，供电车间在册员工 143 人，共有党员 45 名。共有处级领导 2 人：王茂君任供电车间主任，姜斌任副主任、党支部书记。

## 一、供电车间领导名录（2014.1—2018.12）

**主　　任**　于　波（2014.1—2015.1）
　　　　　　王茂君（2015.1—2018.12）
**副 主 任**　金京哲（朝鲜族，2014.1—2018.12）
　　　　　　王茂君（2014.1—2015.1）
　　　　　　王　镔（2014.1—8）
　　　　　　尹　东（2014.1—2018.12）
　　　　　　姜　斌（副处级，2016.4—2018.12）
**安全总监**　赵大勇（2014.1—2018.12）
**运行主任**　蔡　楠（2016.4—2018.12）

## 二、供电车间党支部领导名录（2014.1—2018.12）

**书　　记**　于　波（2014.1—2015.1）

王茂君（2015.1—2016.4）

姜　斌（2016.4—2018.12）

**三、供电车间工会领导名录（2014.1—2018.12）**

**主　　席**　金京哲（2015.1—2018.12）

## 第二十五节　港务车间（2014.1—2018.12）

2002 年 1 月，港务公司从石化服务总公司划出，行政隶属大连石油化工公司；2009 年 11 月，港务公司更名为港务车间。

2014 年 1 月，港务车间为副处级二级单位，党组织关系隶属公司党委，在册员工 145 人，共有党员 42 人。共有处级领导 2 人：苗华军任港务车间主任，王承峰任党支部书记。

港务车间担负着公司部分原油及产品的装卸任务和海上靠岸船只的加水、补充给养、接送船员及围油栏作业等服务项目。有油码头五座，拥有 5000 ～ 100000 吨级泊位 15 个，可接卸原油、丙烯、苯、甲醇及装运汽油、柴油、航煤、石脑油、润滑油、液体石蜡、液化气等 50 多种石化产品，年吞吐能力 2377 万吨，是东北地区吞吐量最大的油气专用港，也是我国重要的油品出口港。

2015 年 1 月，大连石化分公司决定：王承峰任港务车间主任；解聘苗华军的港务车间主任职务。

截至 2018 年 12 月，港务车间在册员工 149 人，共有党员 44 人。共有处级领导 1 人：王承峰任港务车间主任、党支部书记。

**一、港务车间领导名录（2014.1—2018.12）**

**主　　任**　苗华军（2014.1—2015.1）①

王承峰（满族，2015.1—2018.12）

**副 主 任**　孔庆波（2014.1—2018.12）

于新帅（副科级，2014.8—2018.12）

---

① 2015 年 1 月，苗华军调任质量环保检测中心（质量检验部）副主任。

**安 全 总 监**　刘方义（2014.1—2018.12）

**二、港务车间党支部领导名录（2014.1—2018.12）**

**书　　　记**　王承峰（2014.1—2018.12）

**三、港务车间工会领导名录（2014.1—2018.12）**

**主　　　席**　孔庆波（2015.1—2018.12）

## 第二十六节　消防支队（2014.1—2018.12）

消防支队的前身是石油七厂消防队；1991 年 3 月，消防队更名为消防大队；2006 年 3 月，成立消防支队，将大连石油化工公司管理的大连石油化工公司消防大队，整体整合到大连石化分公司管理。

2014 年 1 月，消防支队为副处级二级单位，党组织关系隶属公司党委，在册员工 173 人，共有党员 91 人，下设科（室）4 个：气防站、装备科、战训科、综合管理科。共有处级领导 2 人：李广明任消防支队支队长、安全总监，姚剑飞任党总支书记。

消防支队是公司区域内的火灾扑救和气防应急抢险的执行部门，协助公司消防专业管理。掌握企业主要生产、储运过程的火灾特点，负责灭火战术、消防应急预案的制定及日常演练。每天安排人员在厂区内对施工动火作业现场进行巡查，对消防措施落实不到位有权制止与考核。根据现场监护需求，安排消防车辆和人员进行现场监护。负责消防稳高压系统的使用管理，负责系统使用情况的监督检查，承担公共部分的消防井、消防栓、消防炮等固定消防设施的检查和保养，负责对各单位属地范围内的固定消防设施的完好性监督检查。协助做好岗位员工消防设施使用培训。负责灭火器采购计划的编制及技术协议签订。维护好消防车辆，保证车辆随时处于完好状态。负责消防道路占用审批。负责气防器具检定、维护（维修）。协助做好气防器具使用培训。负责移动应急通信车辆日常维修、保养和使用管理，接受调度指令。

2014 年 8 月，大连石化分公司决定，成立储备库消防站，为正科级建制。

2014 年 8 月，大连石化分公司党委决定，成立消防支队储备库消防站党支部。

2015 年 1 月，大连石化分公司决定：于庆任消防支队安全总监；解聘李广明的消防支队安全总监职务。

2018 年 11 月，大连石化分公司决定：姚剑飞任消防支队支队长（正处级），肖应军任消防支队副支队长（正处级）；解聘李广明的消防支队支队长职务。

截至 2018 年 12 月，消防支队在册员工 165 人，共有党员 91 人。下设科（室）5 个：气防站、装备科、战训科、综合管理科、储备库消防站。共有处级领导 1 人：姚剑飞任消防支队支队长、党总支书记、一支部书记。

## 一、消防支队领导名录（2014.1—2018.12）

**支　队　长**　李广明（2014.1—2018.11）[①]

姚剑飞（2018.11—12）

**副支队长**　于　庆（2014.1—2018.12）

肖应军（2018.11—12）

**安全总监**　李广明（兼任，2014.1—2015.1）

于　庆（兼任，2015.1—2018.12）

## 二、消防支队党总支领导名录（2014.1—2018.12）

**书　　记**　姚剑飞（2014.1—2018.12）

## 三、下设科（室）

### （一）气防站领导名录（2014.1—2018.12）

**站　　长**　李焕朝（2014.1—2016.2）

**副 站 长**　孙　军（2016.2—2018.12）

### （二）装备科领导名录（2014.1—2018.12）

**科　　长**　尹国燕（2014.1—2017.12）

姚剑飞（兼任，2017.12—2018.12）

### （三）战训科领导名录（2014.1—2018.12）

**科　　长**　陈玉勇（副科级，2014.1—2016.4；2016.4—2018.12）

① 2018 年 11 月，李广明调任保卫处（武装部、信访维稳办）党支部书记。

**值班队长**　程　刚（2014.8—2018.12）

崔智广（2014.8—2018.12）

潘　辉（2014.8—2018.12）

**（四）综合管理科领导名录**（2014.1—2018.12）

**科　　长**　杨　波（2014.1—2018.4）

**（五）储备库消防站领导名录**（2014.8—2018.12）

**站　　长**　吴　忠（副科级，2014.8—2018.12）

**副 站 长**　孙　宏（2014.8—2018.12）

**党支部书记**　吴　忠（2014.8—2018.12）

**（六）所属党支部领导名录**（2014.8—2018.12）

1. 第一党支部领导名录

**书　　记**　姚剑飞（兼任，2014.1—2018.12）

2. 第二党支部领导名录

**书　　记**　韩福连（2014.1—2018.12）

## 第二十七节　离退休管理中心（2014.1—2018.12）

1988 年 4 月，大连石油化工公司决定，成立离退休职工管理处，由原退休办公室和离休干部办公室组成；2000 年 1 月，离退休职工管理处改为离退休管理中心。

2014 年 1 月，离退休管理中心为正处级二级单位，党组织关系隶属公司党委，在册员工 32 人，共有党员 13 人。共有领导 3 人：高旭光任离退休管理中心主任、党总支书记，高虹、聂成钧任副主任。

离退休管理中心是公司离退休（内退）职工管理和服务的主责部门。落实离退休职工的政治待遇和生活待遇，维护离退休职工的合法权益。向离退休职工宣传党的方针、政策、国家法律和法令，进行时事政策教育。组织好离退休职工的政治学习、文件传阅、参加有关会议。做好企业文化的宣传工作。

组织离退休职工参加一些力所能及的社会公益活动，继续发挥离退休职工作用。及时表扬、宣传离退休职工的好人好事。组织开展离退休职工兴趣协会活动，组织离退休职工参加有利于身体健康文化娱乐活动。做好教育青少年下一代的教育工作，处理关心下一代协会的日常工作。关心离退休职工的身体、学习和生活状况，组织体检，进行家访和慰问，接待来信来访，会同有关部门解决他们的实际问题，协助家属做好丧葬和善后处理。负责离退休党支部建设，做好离退休干部党员管理工作。负责离退休职工过渡年金和各种生活补贴的发放工作。统一管理和掌握使用离退休职工的活动经费。负责离退休职工活动室的管理工作。

2014 年 2 月，大连石化分公司决定：谷荣宽任离退休管理中心副主任；解聘高虹的离退休管理中心副主任职务，退居二线。大连石化分公司党委决定：张成旭任离退休管理中心党总支书记（正处级）；免去高旭光的离退休管理中心党总支书记职务。

2015 年 1 月，大连石化分公司决定：张成旭任离退休管理中心主任；解聘高旭光的离退休管理中心主任职务，解聘聂成钧的离退休管理中心副主任职务，退居二线。大连石化分公司党委决定：谷荣宽任离退休管理中心工会主席。

2016 年 2 月，大连石化分公司决定：王世敏任离退休管理中心副主任（正处级）；解聘谷荣宽的离退休管理中心副主任职务。大连石化分公司党委决定：王世敏任离退休管理中心党总支书记、工会主席。免去张成旭的离退休管理中心党总支书记职务，免去谷荣宽的离退休管理中心工会主席职务。

截至2018年12月，离退休管理中心在册员工38人，共有在职党员8人。共有领导 2 人：张成旭任离退休管理中心主任，王世敏任副主任、党总支书记、工会主席。

## 一、离退休管理中心领导名录（2014.1—2018.12）

**主　　任**　高旭光（2014.1—2015.1）
　　　　　　张成旭（2015.1—2018.12）

**副 主 任**　高　虹（女，2014.1—2）
　　　　　　聂成钧（2014.1—2015.1）

谷荣宽（2014.2—2016.2）①

王世敏（正处级，2016.2—2018.12）

**二、离退休管理中心党总支领导名录**（2014.1—2018.12）

**书　　记**　高旭光（2014.1—2）

张成旭（2014.2—2016.2）

王世敏（2016.2—2018.12）

**三、离退休管理中心工会领导名录**（2014.1—2018.12）

**主　　席**　谷荣宽（2015.1—2016.2）

王世敏（2016.2—2018.12）

## 第二十八节　矿区服务事业部（2014.1—2018.12）

2007 年 7 月，根据集团公司矿区服务系统改革实施意见的精神，大连石化分公司决定，成立大连石化矿区服务事业部，原石化服务总公司、物业管理公司业务及人员成建制划入矿区服务事业部。

2014 年 1 月，矿区服务事业部为正处级二级单位，党组织关系隶属公司党委，在册员工 604 人，共有党员 175 人，机关内设部（室）6 个：综合管理办公室、党群工作部、矿区财务部、安全环保部、工程设备部、运行管理部；下设基层单位 10 个：七星房屋开发公司、房产管理中心、维修服务中心、供气供暖中心、绿化服务中心、物资处理中心、保洁中心、印刷中心、石化公寓、餐饮服务中心。共有领导 5 人：张德斌任矿区服务事业部部长，宋仕运、迟晓斌任副部长，康志晶任安全总监，吴克宁任党委书记、纪委书记、工会主席。共有领导 5 人：张德斌任矿区服务事业部部长，宋仕运、迟晓斌任副部长，康志晶任安全总监，吴克宁任党委书记、纪委书记、工会主席。

矿区服务事业部是公司员工就餐、绿化、印刷、生活区物业、公寓等服

① 2016 年 2 月，谷荣宽调任第二联合车间党总支副书记、工会主席。

务与管理的主责部门。贯彻落实国家、省市及集团公司、股份公司有关住房制度改革、物业管理、公用服务事业、社会公益服务等方面的法律、法规和方针、政策，制定公司内部相关管理制度、办法，并组织实施。组织编制矿区服务业务中长期发展规划和年度工作计划，经审批后组织实施。负责矿区服务系统相关业务的全面归口管理。包括内部各类计划下达、实施及监督检查；质量、安全、环保、设备、计量、工程施工及党建、群团等管理工作；对内部各部室及下属单位的工作进行监督检查与考核。负责矿区服务系统质量、健康、安全与环境管理体系的策划及运行管理。负责规范矿区服务系统核算管理办法和工作流程，健全完善矿区服务业务价格管理体系，组织编制矿区服务业务年度预（决）算，及预算经审定、批复后的组织实施。负责建立健全矿区服务系统配套管理制度，划分内部部门职责，规范内部管理流程。承担大连石化分公司住房改革领导小组办公室和大连石化分公司绿化委员会办公室职责。负责公司绿化建设、改造、养护管理。负责公司非生产性用房及其配套设施（包括矿区服务事业部及下属单位的办公及开展相关业务所需的厂房、楼房，住宅小区的房屋，纳入矿区服务事业部核算管理的文体中心、离退休中心、保卫处等办公用房，公司统一安排矿区负责管理的其他非生产性用房；下同）产权产籍管理，包括房屋的维修、租赁，房屋使用情况的监督检查、房屋鉴定及新建非生产性用房施工许可证、《竣工验收鉴定书》办理等工作。负责居民区用水缴费管理；负责 42# 库区域供水设施管理，包括巡检、查漏，提出、实施检维修计划；参与 42# 库区域用水管理的监督检查，配合做好总表、分表计量；负责涉及街道相关部门工作的协调。负责厂内垃圾场管理，包括组织清理等。负责办理废旧设备设施出厂手续、押车、过磅等业务。接受公司相关业务职能部门的业务指导、专业管理与监督。领导七星房屋开发公司工作。

2015 年 1 月，大连石化分公司决定，调整矿区服务事业部部分机构，撤销党群工作部建制，业务和人员划入综合管理办公室。将七星房屋开发公司人员划入综合管理办公室，其建制待现有业务清理完毕后自动撤销。撤销印刷中心建制，业务及人员并入综合管理办公室。将房产管理中心、维修服务中心合并成立物业管理中心。将绿化服务中心、保洁服务中心、物资处理中心合并成立绿化保洁中心。供气供暖中心更名为供暖中心。矿区服务事业部机关部室及下属单位机构规格均为正科级。

2015 年 1 月，大连石化分公司党委决定，将矿区服务事业部房产管理中心党支部和维修服务中心党支部合并，成立物业管理中心党支部；将矿区服务事业部保洁服务中心党支部、绿化服务中心党支部、物资处理中心党支部合并，成立绿化保洁中心党支部。

2016 年 2 月，大连石化分公司决定：于梅任矿区服务事业部副部长；解聘宋仕运的矿区服务事业部副部长职务，退居二线。大连石化分公司党委决定：张伟奎任矿区服务事业部党委书记、纪委书记、工会主席（正处级）；免去吴克宁的矿区服务事业部党委书记、纪委书记、工会主席职务，退居二线。

截至 2018 年 12 月，矿区服务事业部在册员工 614 人，共有党员 126 人，机关内设 5 个部（室）：综合管理办公室、矿区财务部、安全环保部、工程设备部、运行管理部；下设 5 个基层单位：物业管理中心、供暖中心、绿化保洁中心、石化公寓、餐饮服务中心。含托管单位：保卫处（武装部、信访维稳办）、离退休管理中心、新闻中心、文体中心、机关车队。共有领导 5 人：张德斌任矿区服务事业部部长，迟晓斌、于梅任副部长，康志晶任安全总监，张伟奎任党委书记、纪委书记、工会主席。

## 一、矿区服务事业部领导名录（2014.1—2018.12）

**主　　任**　张德斌（2014.1—2018.12）

**副 主 任**　宋仕运（2014.1—2016.2）

迟晓斌（正处级，2014.1—2018.12）

于　梅（女，2016.2—2018.12）

**安全总监**　康志晶（2014.1—2018.12）

## 二、矿区服务事业部党委、纪委领导名录（2014.1—2018.12）

**党委书记**　吴克宁（2014.1—2016.2）

张伟奎（2016.2—2018.12）

**纪委书记**　吴克宁（2014.1—2016.2）

张伟奎（2016.2—2018.12）

## 三、矿区服务事业部工会领导名录（2014.1—2018.12）

**主　　席**　吴克宁（2014.1—2016.2）

张伟奎（2016.2—2018.12）

## 四、机关部门

### （一）综合管理办公室领导名录（2014.1—2018.12）

主　　任　王志纯（副处级，2014.1—2018.12）
副 主 任　陈占胜（正科级，2015.1—2016.2）
　　　　　朱泽鹏（2016.4—2018.12）

### （二）党群工作部领导名录（2014.1—2015.1）

部　　长　田　华（满族，副处级，2014.1—2015.1）

### （三）矿区财务部领导名录（2014.1—2018.12）

部　　长　王晓光（兼任，副处级，2014.1—2016.2）
　　　　　于文诚（2016.4—2018.12）
副 部 长　于文诚（2014.1—2016.4）
　　　　　张宏杰（2014.8—2018.12）

### （四）安全环保部领导名录（2014.1—2018.12）

部　　长　康志晶（副处级，2014.1—2015.1）
　　　　　张　军（副处级，2015.1—2018.12）
副 部 长　孙德军（2014.1—2018.12）
　　　　　曾　丹（2014.1—2017.2）

### （五）工程设备部领导名录（2014.1—2018.12）

部　　长　贾　利（副处级，2014.1—4）
　　　　　怀淑媛（女，2015.1—2018.12）
副 部 长　董显斌（2014.1—2015.1）
　　　　　怀淑媛（女，2014.1—2015.1）
　　　　　吴丙成（2015.1—2018.12）

### （六）运行管理部领导名录（2014.1—2018.12）

部　　长　张　军（副处级，2014.1—2015.1）
　　　　　杨喜富（2015.1—2018.12）
副 部 长　刘百红（正科级，2014.1—2018.12）
　　　　　邹照琦（2014.1—4）

**（七）机关党支部领导名录**（2014.1—2018.12）

**书　　　记**　田　华（满族，副处级，2014.1—2015.1）
王志纯（副处级，2016.10—2018.12）

## 五、基层单位

### （一）房产管理中心、维修服务中心—物业管理中心（2014.1—2018.12）

1. 房产管理中心领导名录（2014.1—2015.1）

**主　　　任**　陈兴海（2014.1—2015.1）
**副　主　任**　吴丙成（2014.1—2015.1）
**安全总监**　刘宏军（2014.1—2015.1）
**党支部书记**　刘宏军（2014.1—2015.1）

2. 维修服务中心领导名录（2014.1—2015.1）

**主　　　任**　王　刚（2014.8—2015.1）
**副　主　任**　王　刚（2014.1—8）
**党支部书记**　王　刚（2014.8—2015.1）

3. 物业管理中心领导名录（2015.1—2018.12）

**主　　　任**　陈兴海（2015.1—2017.12）
王　刚（2017.12—2018.12）
**副　主　任**　王　刚（2015.1—2017.12）
**安全总监**　陈兴海（2015.1—2017.12）
王　刚（2017.12—2018.12）
**党支部书记**　宁晓明（2015.1—2016.2）
陈兴海（2016.4—2017.12）
王　刚（2017.12—2018.12）

### （二）供气供暖中心—供暖中心领导名录（2014.1—2018.12）

**主　　　任**　杨喜富（2014.1—2015.1）
李　强（2015.1—2017.11）
**副　主　任**　李　强（2014.1—2015.1）
朱恩明（2014.1—2018.12）
**安全总监**　李　强（2014.1—2017.11）
**党支部书记**　李　强（2014.1—2017.11）

### （三）绿化服务中心、保洁服务中心、物资处理中心—绿化保洁中心（2014.1—2018.12）

1. 绿化服务中心领导名录（2014.1—2015.1）

**主　　任**　宁晓明（2014.1—2015.1）

**党支部书记**　（空缺）

2. 保洁服务中心领导名录（2014.1—2015.1）

**主　　任**　李文彬（2014.1—2015.1）

**安全总监**　（空缺）

**党支部书记**　（空缺）

3. 物资处理中心领导名录（2014.1—2015.1）

**主　　任**　程繁金（2014.1—2015.1）

**党支部书记**　程繁金（2014.1—2015.1）

4. 绿化保洁中心领导名录（2015.1—2018.12）

**主　　任**　李文彬（2015.1—2016.2）

孟红兵（2016.4—2018.12）

**安全总监**　李文彬（2015.1—2016.2）

孟红兵（2016.4—2018.12）

**党支部书记**　刘宏军（2015.1—2018.12）

### （四）印刷中心领导名录（2014.1—2015.1）

**主　　任**　陈占胜（2014.1—2015.1）

**党支部书记**　陈占胜（2014.1—2015.1）

### （五）石化公寓领导名录（2014.1—2018.12）

**经　　理**　李吉秋（女，2014.1—2018.12）

**安全总监**　李长江（2014.1—2015.1）

李吉秋（女，2015.1—2018.12）

**党支部书记**　李长江（2014.1—2015.1）

李福田（2015.1—2018.12）

### （六）七星房屋开发公司领导名录（2014.1—2018.11）

**经　　理**　张德斌（兼任，2014.1—2018.11）

**副 经 理**　牟善跃（2014.1—2016.2）

### （七）餐饮服务中心领导名录（2014.1—2018.12）

**主　　　任**　尹成君（副处级，2014.1—2015.1）
　　　　　　　于　梅（女，兼任，副处级，2015.1—2018.12）
**副　主　任**　丛　芳（女，2015.1—2018.12）
　　　　　　　徐　红（女，2016.4—2018.12）
**安全总监**　李福田（2014.1—2015.1）
　　　　　　　于　梅（兼任，2015.1—2018.12）
**党支部书记**　程繁金（2015.1—2016.2）
　　　　　　　于　梅（2016.4—2018.12）
**党支部副书记**　李福田（2014.1—2015.1）

## 第二十九节　保卫处（武装部）—保卫处（武装部、信访维稳办）（2014.1—2018.12）

### 一、保卫处（武装部）（2014.1—2016.9）

保卫处（武装部）的前身是石油七厂保卫科，1984 年 5 月，中国石油化工总公司决定成立保卫处；1985 年 2 月，大连市公安局决定，保卫处改为大连市公安局石油公安处；2000 年 2 月，公安处更名为保卫处（武装部）；2003 年 12 月，保卫处（武装部）更名为保卫部（武装部）；2007 年 3 月，大连石化公司（上市）和大连石油化工公司（未上市）进行重组整合，保留大连石油化工公司保卫（武装）部；2008 年 1 月，保卫部与武装部分立设置，设立保卫处、武装部；2013 年 5 月，保卫处与武装部合并，成立保卫处（武装部）。

2014 年 1 月，保卫处（武装部）机构规格为正处级，党组织关系隶属公司党委，在册员工 225 人，其中保安队 201 人，共有党员 74 人，内设科（室）3 个：综合办公室、生产保卫科、治安管理科；下设附属机构 1 个：保安队。共有领导 4 人：王杰任保卫处（武装部）处长（部长），栾天任副处长（副部长），李明坤任副处长，肖应军任党支部书记。

保卫处（武装部）列入矿区服务事业部管理。负责公司社会管理综合治理工作，制定和组织落实公司内部各项治安保卫和综合治理工作计划和工作制度，对计划和制度的执行情况进行监督检查。负责生产保卫工作。追查破坏事故和破坏嫌疑事故。搞好爆炸、剧毒、放射性等危险物品的押运、储存、使用的内部审批与管理工作。负责政治保卫工作。负责申请出国探亲和定居人员的政审；公司接待的外宾和首长在厂期间的安全保卫。负责公司国家安全小组的日常工作。负责治安防范检查工作。落实防火、防盗抢、防爆炸、防破坏和防诈骗、防窃密等治安防范措施，组织公司级治安防范检查，指导、监督基层治安防范检查工作和隐患整改。负责治安管理工作。组织落实各项措施。组织开展对企业内有轻微违法行为人员的帮教。对企业内部发生的刑事、治安、政治案件进行现场勘查、侦查，打击、处理违法犯罪分子；协助公安机关查处发生在企业的重特大刑事案件和治安案件。负责保安和巡逻工作。负责物资出厂的归口管理工作。对各有关部门物资出厂管理业务进行指导与监督、检查。查处物资非法出厂案件。负责外来人员的归口管理。负责外来人员的治安管理教育、进厂手续的办理、签订责任状、签证及日常治安管理。协助公安机关做好反恐防恐工作。负责外来车辆入厂手续的办理，负责公司厂区及厂前区交通秩序的维护、疏导及交通违章行为的处理，负责公司停车场管理工作。负责厂区主干道路面质量状况的巡检及维修需求的提出（道路施工相关作业票开具、占道施工管理及路面恢复作业按相关规定执行）。负责抓好民兵、预备役人员的政治教育；负责民兵、预备役军事训练，完成上级军事部门交给的任务；负责组织民兵预备役战备值勤。负责民兵、预备役统计上报工作。负责征兵宣传教育，完成征兵任务。负责人防工程、防空警报器的维护管理，抓好人民防空工作及人防工程开发利用。负责预备役装备、器材的管理维护。负责战时组织民兵、预备役人员参军、参战，完成兵员动员任务。负责优抚和拥军优属工作，处理公司拥军优属共建领导小组的日常工作。围绕公司生产经营，组织开展相关活动。负责搞好国防教育，管护好国防教育基地。

2014 年 12 月，大连石化分公司决定：李金平任保卫处副处长。大连石化分公司党委决定：李金平任武装部副部长。

2015 年 1 月，大连石化分公司决定：尹成君任保卫处副处长；解聘栾天的保卫处副处长职务，退居二线。大连石化分公司党委决定：尹成君任武装部副部长；免去栾天的武装部副部长职务。

2016 年 2 月，大连石化分公司决定：肖应军任保卫处处长；解聘王杰的保卫处处长职务，解聘李金平的保卫处副处长职务，退居二线。大连石化分公司党委决定：肖应军任武装部部长；免去王杰的武装部部长职务，免去李金平的武装部副部长职务。

2016 年 9 月，大连石化分公司决定，将信访（维护稳定）工作办公室与保卫处（武装部）合并成立保卫处（武装部、信访维稳办），列二级单位，机构规格正处级；其内部机构设置为：综合办公室、生产保卫科、治安管理科、保安队，均为正科级建制。

2016 年 9 月，大连石化分公司党委决定，信访（维护稳定）工作办公室党支部与保卫处（武装部）党支部合并，成立保卫处（武装部、信访维稳办）党支部；免去肖应军的保卫处（武装部）党支部书记、工会主席职务。

### （一）保卫处（武装部）领导名录（2014.1—2016.9）

1. 保卫处（2014.1—2016.9）

**处　　长**　王　杰（2014.1—2016.2）
　　　　　　肖应军（2016.2—9）
**副 处 长**　栾　天（2014.1—2015.1）
　　　　　　李明坤（2014.1—2016.9）
　　　　　　李金平（2014.12—2016.2）
　　　　　　尹成君（2015.1—2016.9）

2. 武装部（2014.1—2016.9）

**部　　长**　王　杰（2014.1—2016.2）
　　　　　　肖应军（2016.2—9）
**副 部 长**　栾　天（2014.1—2015.1）
　　　　　　李金平（2014.12—2016.2）
　　　　　　尹成君（2015.1—2016.9）

### （二）保卫处（武装部）党支部领导名录（2014.1—2016.9）

**书　　记**　肖应军（2014.1—2016.9）

**（三）保卫处（武装部）工会领导名录（2014.1—2016.9）**

**主　　席**　肖应军（2015.1—2016.9）

**（四）内设科室**

1. 综合办公室领导名录（2014.1—2016.9）

**主　　任**　张武岭（2014.1—016.9）

2. 生产保卫科领导名录（2014.1—2016.9）

**科　　长**　谭大成（2014.1—2016.9）

3. 治安管理科领导名录（2014.1—2016.9）

**科　　长**　柳玉光（2014.1—2016.9）

**（五）附属保安队领导名录（2014.1—2016.9）**

**队　　长**　李明坤（兼任，2014.1—2016.9）

**副 队 长**　刘吉华（2014.1—2015.1）

薛有德（2014.1—2015.1）

姜玉杰（2015.1—2016.9）

**党支部书记**　贾光伟（2014.1—2）

## 二、保卫处（武装部、信访维稳办）（2016.9—2018.12）

2016年9月，大连石化分公司决定，将信访（维护稳定）工作办公室与保卫处（武装部）合并成立保卫处（武装部、信访维稳办），列二级单位，机构规格正处级；其内部机构设置为：综合办公室、生产保卫科、治安管理科、保安队，均为正科级建制。保卫处（武装部、信访维稳办）列入矿区服务事业部管理，列入矿区服务事业部编制。

负责公司社会治安综合治理工作，制定和组织落实公司内部各项治安保卫和综合治理工作计划和工作制度，对计划和制度的执行情况进行监督检查。负责生产保卫工作。追查破坏事故和破坏嫌疑事故。搞好爆炸、剧毒、放射性等危险物品的押运、储存、使用的内部审批与管理工作。负责政治保卫工作。负责申请出国探亲和定居人员的政审；公司接待的外宾和首长在厂期间的安全保卫。负责公司国家安全小组的日常工作。负责治安防范检查工作。落实防火、防盗抢、防爆炸、防破坏和防诈骗、防窃密等治安防范措施，组织公司级治安防范检查，指导、监督基层治安防范检查工作和隐患整改。负责治安管理工作。组织落实各项措施。组织开展对企业内有轻微违法行为人员的帮教。对企业内部发生的刑事、治安、政治案件进行现场勘查、侦查，打击、处理违法犯罪分子；协助公安机关查处发生在企业的重特大刑事案件和治安案件。负责保安和巡逻工作。负责物资出厂的归口管理工作。对各有关部门物资出厂管理业务进行指导与监督、检查。查处物资非法出厂案件。负责外来人员的归口管理。负责外来人员的治安管理教育、进厂手续的办理、签订责任状、签证及日常治安管理。协助公安机关做好反恐防恐工作。负责外来车辆入厂手续的办理。负责公司厂区及厂前区交通秩序的维护、疏导及交通违章行为的处理。负责公司停车场管理工作。负责厂区主干道路面质量状况的巡检及维修需求的提出（道路施工相关作业票开具、占道施工管理及路面恢复作业按相关规定执行）。负责抓好民兵、预备役人员的政治教育。负责民兵、预备役军事训练，完成上级军事部门交给的任务。负责组织民兵预备役战备值勤。负责民兵、预备役统计上报工作。负责征兵宣传教育，完成征兵任务。负责人防工程、防空警报器的维护管理，抓好人民防空工作及人防工程开发利用。负责预备役装备、器材的管理维护。负责战时组织民兵、预备役人员参军、参战，完成兵员动员任务。负责优抚和拥军优属工作，处理公司拥军优属共建领导小组的日常工作。负责搞好国防教育，管护好国防教育基地。负责贯彻落实国家、省市及集团公司、股份公司维护稳定工作方面的方针、政策。负责研究、制订公司维护稳定工作的规划、计划，并组织实施。负责维护稳定日常工作。收集、掌握公司下属各单位稳定工作动态，归口上报重大问题和重大情况；跟踪并监督重要稳定工作；对群众反映的问题进行汇总、分析，并协同有关部门做好答复和解释工作，排查不稳定因素。

负责信访工作。归口办理和接待群众来信及来访，承办、催办上级交办和转办的信访事项或案件；掌握信访信息，及时向领导汇报重要的动态和信访问题；组织开展对集体上访和群体性事件的防范、处置工作。负责制订完善公司稳定工作应急预案，指导各单位落实各级稳定工作应急预案。负责掌握公司精简下放人员的情况，做好生活补助金的统计发放工作。

2016 年 9 月，大连石化分公司党委决定，信访（维护稳定）工作办公室党支部与保卫处（武装部）党支部合并，成立保卫处（武装部、信访维稳办）党支部；宋清发任保卫处（武装部、信访维稳办）党支部书记、工会主席、武装部副部长（正处级）。

2016 年 10 月 12 日，大连石化分公司党委决定：撤销保安队党支部，党员转入保卫处（武装部、信访维稳办）党支部。

2017 年 12 月，大连石化分公司决定：解聘尹成君的保卫处副处长职务，退居二线。大连石化分公司党委决定：免去尹成君的武装部副部长职务。

2018 年 8 月，大连石化分公司决定：解聘宋清发的信访维稳办主任职务，退居二线。大连石化分公司党委决定：免去宋清发的保卫处党支部书记、工会主席、武装部副部长职务。

2018 年 11 月，大连石化分公司决定：田华任保卫处处长、信访维稳办主任；解聘肖应军的保卫处处长职务；解聘李明坤的保卫处副处长职务，保留副处级待遇，退居二线。大连石化分公司党委决定：田华任武装部部长，李广明任保卫处（武装部、信访维稳办）党支部书记（正处级）；免去肖应军的武装部部长职务。

截至 2018 年 12 月，保卫处（武装部、信访维稳办）在册员工 192 人，其中保安队 170 人，共有党员 70 人，内设科（室）3 个：综合办公室、生产保卫科、治安管理科。设附属机构 1 个：保安队。保卫处（武装部、信访维稳办）列入矿区服务事业部管理，是公司治安保卫、交通秩序管理，公司民兵、预备役、征兵、人防、国防教育、拥军优抚管理，公司维护稳定和信访管理的主责部门。负责公司维护稳定工作领导小组办公室日常工作。共有领导 3 人：田华任保卫处（武装部、信访维稳办）处长（部长）、主任，黄丽丽任副处长、副主任，李广明任保卫处（武装部）党支部书记。

**（一）保卫处（武装部、信访维稳办）领导名录**（2016.9—2018.12）

1. 保卫处（2016.9—2018.12）

**处　　长**　肖应军（2016.9—2018.11）[①]

　　　　　　田　华（2018.11—12）

**副 处 长**　李明坤（2016.9—2018.11）

　　　　　　尹成君（2016.9—2017.12）

① 2018 年 11 月，肖应军调任消防支队副支队长（正处级）。

2. 武装部（2016.9—2018.12）

**部　　长**　肖应军（2016.9—2018.11）

田　华（2018.11—12）

**副 部 长**　宋清发（2016.9—2018.8）

尹成君（2016.9—2017.12）

3. 信访维稳办（2016.9—2018.12）

**主　　任**　宋清发（2016.9—2018.8）

田　华（2018.11—12）

**副 主 任**　肖应军（2016.9—2018.11）

黄丽丽（女，2016.9—2018.12）

### （二）保卫处（武装部、信访维稳办）党支部领导名录（2016.9—2018.12）

**书　　记**　宋清发（2016.9—2018.8）

李广明（2018.11—12）

### （三）保卫处（武装部、信访维稳办）工会领导名录（2016.9—2018.12）

**主　　席**　宋清发（2016.9—2018.8）

### （四）内设科（室）

1. 综合办公室领导名录（2016.9—2018.12）

**主　　任**　张武岭（2016.9—2018.12）

2. 生产保卫科领导名录（2016.9—2018.12）

**科　　长**　谭大成（2016.9—2018.4）

3. 治安管理科领导名录（2016.9—2018.12）

**科　　长**　柳玉光（2016.9—2018.12）

### （五）附属保安队领导名录（2016.9—2018.12）

**队　　长**　李明坤（兼任，2016.9—2018.4）

杨　波（2018.4—12）

**副 队 长**　姜玉杰（2016.9—2018.12）

**党支部书记**　（空缺）

## 第三十节　大项目前期办公室
## （2014.1—2018.12）

2013 年 5 月，大连石化分公司决定，成立大项目前期办公室，主要负责大连石化分公司长兴岛炼化项目规划与筹建工作。

2014 年 1 月，大项目前期办公室行政级别为正处级，在册员工 19 人，共有党员 13 人。共有领导 3 人：李炜任大项目前期办公室主任，高春山、邹浩洋任副主任。

主要负责大连石化分公司长兴岛炼化项目规划与筹建工作。下设 4 个管理组：技术管理组，负责确定项目工艺总流程技术方案、装置总体设计、基础设计及施工图设计的管理工作；负责项目新建装置新技术、新工艺等管理工作；工程管理组，负责组织策划项目工程建设总体部署、现场临时设施布置、地基处理及建筑安装工程施工等管理工作；系统工程组，负责项目水、电、汽、污水、固废等配套建设的公用工程相关管理工作；综合管理组，负责项目论证、总体进度计划控制、招投标、合同管理工作；负责项目各种资料的报送、归档等综合性管理工作。

2014 年 8 月，大连石化分公司党委决定，成立大项目前期办公室党支部；高春山任大项目前期办公室党支部书记（正处级）。

2014 年 12 月，大连石化分公司决定：高春山任大连石化分公司总经理助理，仍担任大项目前期办公室副主任。

2015 年 7 月，大连石化分公司决定：解聘高春山兼任的大项目前期办公室副主任职务。大连石化分公司党委决定：免去高春山的大项目前期办公室党支部书记职务。

2016 年 2 月，大连石化分公司决定：张野任大项目前期办公室副主任（正处级）。大连石化分公司党委决定：邹浩洋任大项目前期办公室党支部书记。

2017 年 12 月，大连石化分公司决定：解聘邹浩洋的大项目前期办公室副主任职务，退居二线。大连石化分公司党委决定：张野任大项目前期办公室党支部书记、工会主席（正处级）；免去邹浩洋的大项目前期办公室党支部书记、工会主席职务，退居二线。

截至2018年12月，大项目前期办公室在册员工16人，共有党员14人。下设管理组4个：技术管理组、工程管理组、系统工程组、综合管理组。共有领导2人：李炜任大项目前期办公室主任，张野任副主任、党支部书记、工会主席。

## 一、大项目前期办公室领导名录（2014.1—2018.12）

**主　　　　任**　李　炜（兼任，2014.1—2018.12）

**副　主　任**　高春山（正处级，2014.1—12；兼任，2014.12—2015.7）

邹浩洋（正处级，2014.1—2017.12）

张　野（满族，正处级，2016.2—2018.12）

## 二、大项目前期办公室党支部领导名录（2014.8—2018.12）

**书　　　　记**　高春山（正处级，2014.8—2015.7）

邹浩洋（正处级，2016.2—2017.12）

张　野（满族，2017.12—2018.12）

## 三、大项目前期办公室工会领导名录（2014.1—2018.12）

**主　　　　席**　邹浩洋（正处级，2015.1—2017.12）

张　野（满族，2017.12—2018.12）

## 四、管理组

### （一）技术管理组领导名录（2014.1—2018.12）

**常减压专业负责人**　李　光（副处级，2014.4—2018.12）

**连续重整专业负责人**　王万彤（满族，2014.4—2016.4）

**加氢专业负责人**　于天水（副科级，2014.4—2017.8）

**催化裂化专业负责人**　谢圣利（副科级，2014.4—2016.4）

**芳烃专业负责人**　胡云峰（副科级，2014.4—2016.4）

**硫磺回收专业负责人**　贠世海（副科级，2014.4—2016.4）

**气分烷基化专业负责人**　焦大勇（副科级，2014.4—2016.4）

**组　　　长**　初广明（2014.4—2016.2）

**副　组　长**　黄　宁（正科级，2014.4—2016.4）

**副　组　长**　程　驰（正科级，2014.4—2016.4）

**（二）工程管理组领导名录**（2014.1—2018.12）

**组　　　长**　贾　利（副处级，2014.4—2018.12）

**（三）综合管理组领导名录**（2014.1—2018.12）

**组　　　长**　蒋冠杰（副科级，2014.4—2018.12）

**环保专业负责人**　白　云（副科级，2014.4—2016.4）

## 第三十一节　物资仓储中心（2015.1—2018.12）

2015 年 1 月，大连石化分公司决定，成立物资仓储中心，为正处级二级单位，将物资采购管理部的物资验收、物资仓储管理、部分综合管理等相关业务及人员从物资采购管理部划入物资仓储中心，物资仓储中心下设：库房管理科、验收科和综合管理科，均为正科级建制。共有领导 3 人：阎永伟任物资仓储中心主任，隋大为任副主任、党支部书记、工会主席，姜子晔任副主任。

2015 年 1 月，大连石化分公司党委决定：成立物资仓储中心党支部。

2016 年 2 月，大连石化分公司决定：隋大为任物资仓储中心主任；解聘阎永伟的物资仓储中心主任职务，退居二线。大连石化分公司党委决定：李文库任物资仓储中心党支部书记、工会主席（正处级）；免去隋大为的物资仓储中心党支部书记、工会主席职务。

物资仓储中心是公司采购物资验收、保管、发放的主责部门。负责采购物资验收管理。负责查验到货物资数量、规格尺寸及质量；负责组织相关部门参加物资验收；负责组织出厂前检验；负责组织编制到货物资验收报告；负责收集、整理相关验收资料并归档。负责采购物资（含应急物资）入库、保管、保养、出库及退库管理。负责组织到库物资接卸；负责库存化工原材料及低值易耗品配送；负责仓储物资保管、日常检查及定期盘点；负责物资出、入库手续办理等。负责代储代销物资储存、保管及出入库信息、台账的管理，定期将出入库信息转报物资采购管理部。负责按公司下达的仓库储备定额计划合理控制各类物资库存量；负责库存报废物资的处置管理。

截至 2018 年 12 月，物资仓储中心在册员工 58 人，共有党员 26 人。下设科（室）3 个：综合管理科、验收科、库房管理科。共有领导 3 人：隋大为任物资仓储中心主任，姜子晔任副主任，李文库任党支部书记、工会主席。

**一、物资仓储中心领导名录（2015.1—2018.12）**

**主　　任**　阎永伟（2015.1—2016.2）

隋大为（2016.2—2018.12）

**副 主 任**　隋大为（2015.1—2016.2）

姜子晔（2015.1—2018.12）

**二、物资仓储中心党支部领导名录（2015.1—2018.12）**

**书　　记**　隋大为（2015.1—2016.2）

李文库（2016.2—2018.12）

**三、物资仓储中心工会领导名录（2014.1—2018.12）**

**主　　席**　隋大为（2015.1—2016.2）

李文库（2016.2—2018.12）

**四、下设科（室）**

**（一）综合管理科领导名录（2015.1—2018.12）**

**科　　长**　刘利勇（2015.1—2）

王正立（2015.2—2018.12）

**（二）验收科领导名录（2015.1—2018.12）**

**科　　长**　姜子晔（兼任，2015.1—2018.12）

**（三）库房管理科领导名录（2015.1—2018.12）**

**科　　长**　徐忠林（2015.1—2017.12）

姜子晔（兼任，2017.12—2018.12）

# 第五章　组织人事大事纪要

## 二〇一四年

### 一　月

**2014 年 1 月 29 日**　按照公司《技师、高级技师管理办法》的规定，经全面考核，大连石化分公司决定：聘任文道余等 181 名同志为技师、高级技师。【大连石化人字〔2014〕24 号】

**2014 年 1 月 29 日**　大连石化分公司印发《中国石油大连石化公司 2014 年培训工作计划》，强化“谁主管，谁培训”“抓工作，必须抓培训”的意识，抓好属地培训和专业培训；围绕公司 2014 年生产经营三个阶段的重点工作，服务生产需要，抓好针对性培训；围绕人才培养目标，服务于公司发展需要，抓好三支队伍培训；不断完善培训体系建设，完善培训保障激励机制，落实培训职责，保障公司、基层单位二级培训执行有力。【大连石化人字〔2014〕25 号】

**2014 年 1 月 29 日**　大连石化分公司印发《下拨二级单位培训经费使用额度实施细则》，支持、鼓励二级单位培训自主管理，下拨部分培训经费，由属地单位使用管理。【大连石化人函〔2014〕4 号】

### 二　月

**2014 年 2 月 7 日**　为全面提高员工队伍基本素质，提升基层班组建设水平，着力构建基层建设的长效机制，奠定公司发展的坚实基础，大连石化分公司决定深入开展“五型”班组达标创建活动，印发《深入开展“五型”班组达标创建活动方案》。【大连石化人字〔2014〕27 号】

**2014 年 2 月 8 日**　大连石化分公司决定，将科技管理处更名为生产技术处，撤销其下设的润滑油质量升级项目筹备组建制。安全生产监督办公室更名为安全环保监督中心，调整为安全环保处副处级附属机构。撤销工会下设的生产保障部和生活保障部建制。将生产新区更名为第一联合车间。整合原第一联合车间、第五联合车间，整合后命名为第二联合车间，为正处级二级单位，下设：生产技术科、综合管理科、催化装置、加氢装置，均为正科级建制。整合原第二联合车间、第三联合车间，整合后命名为第三联合车间，为正处级二级单位，下设：生产技术科、综合管理科、蒸馏装置、酮苯装置、精制装置、625 装置，均为正科级建制。第四联合车间调整为正处级二级单位，下设：生产技术科、综合管理科、催化装置、气分装置、烷基化装置、汽油加氢装置，均为正科级建制。【大连石化人字〔2014〕29 号】

**2014 年 2 月 10 日**　大连石化分公司党委决定，成立第一联合车间党总支，撤销原生产新区党总支。成立第二联合车间党总支，撤销原第一联合车间、第五联合车间党支部。成立第三联合车间党总支，撤销原第二联合车间、第三联合车间党支部。成立第四联合车间党总支，撤销原第四联合车间党支部。【大连石化委发〔2014〕4 号】

**2014 年 2 月 10 日**　大连石化分公司决定：聘任张家栋为规划计划处副处长；曲钢为财务处副处长；何明川为生产运行处处长；石功军为生产运行处副处长兼生产调度中心主任；丛继功为安全环保处处长；李同昌为安全环保处安全环保监督中心主任（正处级）；李景华为安全环保处安全环保监督中心副主任（副处级）；刁望升为生产技术处副处长；宋清发为信访（维护稳定）工作办公室主任（正处级）；黄丽丽为信访（维护稳定）工作办公室副主任（副处级）；刘建为信息管理部部长（正处级）；邓微为工程预决算部副部长（副处级）；李鸿刚为物资采购管理部部长（正处级）；马宁圣为物资采购管理部副部长（正处级）；刘洪林为物资采购管理部副部长（副处级）；姚成斌为质量环保检测中心（质量检验部）副主任（副处级）；唐士兵为第一联合车间主任（副处级）；李凤岭为第一联合车间副主任（副处级）；吴伟阳为第一联合车间副主任（副处级）；张世德为第一联合车间副主任（副处级）；葛春英为第一联合车间安全总监（副处级）；王剑为第二联合车间主任（副处级）；隋景涛为第二联合车间副主任（副处级）；吴隆庆为第二联合车间副主任（正科级）；王忠为第二联合车间副主任（正科级）；蒋磊为第二联合车间副主任（正科级）；邹本泽为第三联合车间主任

（副处级）；刘文喜为第三联合车间副主任（副处级）；徐绍学为第三联合车间副主任（正科级）；史刚为第三联合车间副主任（正科级）；韩友铭为第三联合车间副主任（正科级）；李伯华为第四联合车间主任（副处级）；史运贞为第四联合车间副主任（正科级）；张琦岩为第四联合车间副主任（正科级）；祁兴国为第四联合车间副主任（正科级）；闫萍为供排水车间主任（副处级）；谷荣宽为离退休管理中心副主任（副处级）；宋顺奎为建筑安装工程总公司经理（正处级）；宁传文为建筑安装工程总公司副经理兼总工程师（副处级）。程驰调大项目前期办公室工作，保留原级别待遇。解聘张家栋、曲钢、何明川、石功军、丛继功、李同昌、李景华、刁望升、宋清发、刘建、邓微、李鸿刚、马宁圣、姚成斌、唐士兵、李凤岭、吴伟阳、葛春英、王剑、隋景涛、王忠、蒋磊、邹本泽、徐绍学、史刚、韩友铭、李伯华、史运贞、张琦岩、祁兴国、闫萍、阎永伟、段毅、梁华、程驰原任职务。由于年龄原因，解聘高虹、贾光伟、曲恩志原任职务，退居二线。由于年龄原因，焦晓炜、吕志强按退居二线干部管理。【大连石化人字〔2014〕30号】

**2014年2月10日** 大连石化分公司决定：王德贵为矿区服务事业部副处级领导干部；于龙钢为安全环保处安全环保监督中心副处级领导干部。【大连石化人字〔2014〕31号】

**2014年2月10日** 大连石化分公司党委决定：何明川为生产运行处党支部书记（正处级）；李同昌为安全环保处党支部书记（正处级）；孙艾奇为工会副主席（副处级）；李秉文为工会副主席（副处级）；宋清发为信访（维护稳定）工作办公室党支部书记（正处级）；梁华为信息管理部党支部书记（正处级）；马宁圣为物资采购管理部党总支书记（正处级）；丛长安为质量环保检测中心（质量检验部）党支部书记（正处级）；唐士兵为第一联合车间党总支书记、工会主席（副处级）；张世德为第一联合车间党总支副书记（副处级）；王剑为第二联合车间党总支书记、工会主席（副处级）；吴隆庆为第二联合车间党总支副书记（正科级）；邹本泽为第三联合车间党总支书记、工会主席（副处级）；刘文喜为第三联合车间党总支副书记（副处级）；段毅为第四联合车间党总支书记、工会主席（副处级）；姜子晔为热电联合车间党支部书记（副处级）；李振华为气体车间党支部书记（副处级）；邹昌利为空分车间党支部书记（副处级）；陈胜利为机务车间党支部书记（副处级）；张成旭为离退休管理中心党总支书记（正处级）；阎永伟为有机合成厂党委书记、工会主席（正处级）；免去丛继功、李同昌、孙艾奇、李秉文、李鸿刚、张成旭、丛长安、高旭光、张世德、黄丽丽、刘洪林、刘文喜、谷荣宽、吴隆庆原任职务。由于年龄原因，免去刘勇、门启毅、刘洪敖、程勋杰、卢明海、贾光伟原任职务，退居二线。【大连石化委发〔2014〕5号】

**2014年2月11日**　大连石化分公司决定，自2014年3月1日起，将科协相关人员调整到生产技术处。

## 三　月

**2014年3月10日**　大连石化分公司决定，审计处成立综合管理科，为正科级建制。建筑安装工程总公司检修车间成立吊运队，为正科级建制。【大连石化人字〔2014〕41号】

**2014年3月11日**　大连石化分公司党委印发《二〇一四年党委工作要点》，指导各单位贯彻落实2014年党建工作。【大连石化委发〔2014〕7号】

**2014年3月27日**　大连石化分公司决定，将有机合成厂塑编厂更名为塑编车间，并将运输部业务纳入塑编车间进行统一管理。为适应运输营运需要，对外继续保留“大连石油化工公司有机合成厂运输部”名称。【大连石化人字〔2014〕54号】

## 四　月

**2014年4月10日**　根据集团公司《关于中国石油思想政治保障体系建设的意见》及《关于开展基层党支部“六个一”创建工作的实施意见》要求，结合公司实际，大连石化分公司党委印发《大连石化公司进一步深化基层党支部（党组织）“六个一”创建工作实施方案》。【大连石化委发〔2014〕8号】

**2014年4月15日**　为进一步加强基层党建工作，充分发挥基层党组织政治核心作用、战斗堡垒作用和共产党员的先锋模范作用，大连石化分公司党委印发《基层党建工作管理规定》。【大连石化委发〔2014〕17号】

2014 **年** 4 **月** 17 **日**　大连石化分公司党委决定，撤销安全环保监督中心党支部，党员转入安全环保处党支部。撤销有机合成厂运输部党支部，党员转入塑编车间党支部。【大连石化委发〔2014〕18 号】

2014 **年** 4 **月** 22 **日**　大连石化分公司党委下发关于开展“严格管理、遵章守纪”大讨论的通知，引导干部员工提高对严格管理、遵章守纪重要性的认识，增强主人翁责任感和遵章守纪自觉性，转变作风，提高素质，夯实管理基础，打赢安全生产翻身仗。【大连石化委发〔2014〕19 号】

2014 **年** 4 **月** 24 **日**　大连石化分公司下发通知，修改《智能一卡通系统使用管理办法》。【大连石化人函〔2014〕86 号】

## 五　月

2014 **年** 5 **月** 9 **日**　为使领导干部选拔任用规范化、制度化，不断健全和完善选人用人机制；为全面、公正、客观、科学地考核评价公司各级领导班子和领导干部，完善激励约束机制，大连石化分公司印发《领导干部选拔任用管理规定》《领导班子和领导干部考核评价暂行办法》。【大连石化人字〔2014〕73 号】

2014 **年** 5 **月** 13 **日**　为加强公司各级领导班子建设，进一步发挥领导班子整体功能，提高领导干部整体素质，巩固和扩大党的群众路线教育实践活动成果，根据中组部和国资委联合下发的《关于在国有企业开展“四好”领导班子创建活动的意见》要求，大连石化分公司制定《大连石化公司进一步深化“四好”领导班子创建工作实施方案》。【大连石化人字〔2014〕75 号】

2014 **年** 5 **月** 16 **日**　根据集团公司《关于印发〈中国石油天然气集团公司专业技术职务任职资格评审工作管理规定〉的通知》（中油人事〔2008〕367 号）和《关于 2013 年度职称评审工作安排的通知》（人事〔2013〕392 号），经集团公司高级专业技术职务评审委员会和公司高、中、初级专业技术职务评审委员会评审，参加国家专业技术资格考试合格，大中专毕业生转正定级，各级职改部门审核，李炜等 315 名同志分别取得高、中、初级专业技术职务任职资格。【大连石化人字〔2014〕77 号】

## 六　月

**2014 年 6 月 19 日**　大连石化分公司决定，纪委（监察处）增设信访案件室，为正科级建制；将现综合办公室更名为党风建设室。规划计划处增设综合管理科，为正科级建制。生产技术处撤销先控管理中心建制，所属人员在生产技术处内部从事相应的技术管理工作。机动设备处增设动力科，为正科级建制。负责公司动力系统专业管理。按"人随业务走"的原则，将现生产技术处从事动力管理的装置工艺工程师一并划入动力科。撤销七星监理公司建制，注销法人资格，所属人员划归工程质量监督站管理。原七星监理公司已开展的业务及后续相关事宜由工程质量监督站继续完成。撤销有机合成厂财务部建制。有机合成厂财务核算业务由财务处负责，所属人员划归财务处管理。撤销有机合成厂生产经营部建制。将液氧销售业务划归营销调运部，岗位人员随业务调入营销调运部。原生产经营部其余人员由有机合成厂在机关内部调整。将添加剂厂生产设备科与安全环保科合并成为生产技术科，为正科级建制。将添加剂厂生产一车间和动力车间合并成为生产车间，为正科级建制。【大连石化人字〔2014〕79 号】

**2014 年 6 月 19 日**　根据大连石化分公司《关于做好管理和专业技术职务聘任工作的通知》（大石化人字〔2003〕184 号）和《大连石化分公司专业技术、一般管理岗位岗级设置标准》规定，结合各单位聘任意见，大连石化分公司决定聘任张玲等 81 名同志相应管理和专业技术职务。【大连石化人字〔2014〕80 号】

## 七　月

**2014 年 7 月 6 日**　大连石化分公司职业技能鉴定中心获得由国家人力资源和社会保障部颁发的职业技能鉴定机构质量管理体系认证证书，成为中国石油第 51 家通过国家级体系认证的职业技能鉴定机构。

**2014 年 7 月 14 日**　为落实好教育实践活动整改方案，根据集团公司《关于深化整改工作有关问题的意见》（群组办〔2014〕3 号），大连石化分公司党委下发关于深化党的群众路线教育实践活动整改工作的通知。【大连石化委发〔2014〕21 号】

**2014 年 7 月 22 日**　大连石化分公司修改《员工工作时间与假别管理规定》《薪酬管理规定》。【大连石化人函〔2014〕104 号】

**2014 年 7 月 24 日**　股份公司决定：巩立志退休。【石油人事〔2014〕191 号】

## 八　月

**2014 年 8 月 4 日**　根据集团公司对五类股权进行清理的要求，大连石化分公司将培训中心股权划转给中国石油工程建设公司大连设计分公司。

**2014 年 8 月 6 日**　大连石化分公司党委决定：成立大项目前期办公室党支部。【大连石化委发〔2014〕23 号】

**2014 年 8 月 8 日**　大连石化分公司决定：聘任王利为规划计划处处长；姚海东为企管法规处副处长；褚为民为企管法规处副处长；邹玉华为企业文化处副处长；邹浩洋为大项目前期办公室副主任（正处级）；程旭东为营销调运部部长（正处级）；郭勇为营销调运部副部长（副处级）；唐士兵为营销调运部副部长（副处级）；宁传文为物资采购管理部副部长（副处级）；曲逵为建筑安装工程总公司副经理兼总工程师（副处级）；王国彤为第一联合车间主任（正处级）；张志宏为第一联合车间副主任（副处级）；王剑为第二联合车间主任（正处级）；吴隆庆为第二联合车间副主任（副处级）；邹本泽为第三联合车间主任（正处级）；徐绍学为第三联合车间副主任（副处级）；史刚为第三联合车间副主任（副处级）；韩友铭为第三联合车间副主任（副处级）；史运贞为第四联合车间副主任（副处级）；张琦岩为第四联合车间副主任（副处级）；刘振举为储运车间主任（副处级）；刘勇为储运车间副主任（正科级）；马鑫为供排水车间副主任（正科级）；于新帅为港务车间副主任（副科级）。解聘王利、邹玉华、邹浩洋、程旭东、郭勇、唐士兵、宁传文、曲逵、王国彤、刘文喜、马鑫原任职务。【大连石化人字〔2014〕108 号】

**2014 年 8 月 8 日**　大连石化分公司党委决定：任命王利为规划计划处党支部书记（正处级）；邹玉华为党委宣传部副部长（副处级）；韩丹为公司团委书记（副处级）；高春山为大项目前期办公室党支部书记（正处级）；程旭东为营销调运部党支部书记（正处级）；王世敏为石油储运公司党总支

书记、工会主席（正处级）；王国彤为第一联合车间党总支书记、工会主席（正处级）；吴隆庆为第二联合车间党总支副书记、工会主席（副处级）；刘文喜为第三联合车间党总支书记、工会主席（正处级）；段毅为第四联合车间党总支书记、工会主席（正处级）。免去王利、韩丹、王世敏、吴隆庆、刘文喜、邹浩洋、唐士兵、王剑、邹本泽原任职务。【大连石化委发〔2014〕24号】

**2014年8月28日**　大连石化分公司决定，机动设备处成立工艺设备科、转动设备科和仪表设备科，均为正科级建制；综合科更名为综合管理科。安全环保处撤销HSE教育科。消防支队成立储备库消防站，为正科级建制。【大连石化人字〔2014〕113号】

**2014年8月28日**　大连石化分公司党委决定，成立消防支队储备库消防站党支部、建筑安装工程总公司储备库保运车间党支部。将添加剂厂生产一车间党支部和动力车间党支部合并，成立生产车间党支部。撤销无损检测中心党支部、七星监理公司党支部，党员转入工程质量监督站党支部。【大连石化委发〔2014〕26号】

## 九　月

**2014年9月19日**　大连石化分公司对《薪酬管理规定》部分内容进行修改。【大连石化人函〔2014〕112号】

**2014年9月22日**　为进一步巩固党的群众路线教育活动成果，深入贯彻落实五届二次职代会精神，大连石化分公司党委决定召开各级党组织领导班子专题民主生活会，开展批评与自我批评，促进作风建设，提高担当意识，增进团结协作，发挥领导班子整体功能和“火车头”作用。【大连石化委发〔2014〕27号】

## 十 一 月

**2014年11月5日**　集团公司汽（煤、柴）油加氢装置操作工职业技能竞赛，大连石化分公司代表队获团体优秀组织奖，参赛选手获2枚铜牌。

**2014年11月27日**　为深入学习贯彻党的十八届四中全会精神，全面推进依法治企工作，按照集团公司党组的要求，大连石化分公司下发关于深

入学习贯彻党的十八届四中全会精神的通知。【大连石化委发〔2014〕29号】

### 十 二 月

**2014年12月3日**　大连石化分公司党委下发关于开好2014年度公司党委民主生活会征求意见座谈会的通知，以综合管理现场办公会的形式，由公司领导班子成员主持召开征求意见座谈会，征集对领导班子及其成员坚持原则、敢于担当、遵守党的纪律等方面的意见，对公司工作的意见和建议，以及各单位明年工作中需要公司帮助解决的困难和问题。【大连石化委发〔2014〕30号】

**2014年12月11日**　大连石化分公司决定：聘任马端祝、左洪波、高春山为大连石化分公司总经理助理，王永长为副总工程师，丛继功为安全副总监。【大连石化人字〔2014〕155号】

**2014年12月11日**　大连石化分公司决定，撤销培训中心建制。【大连石化人字〔2014〕153号】

**2014年12月11日**　大连石化分公司党委决定，撤销培训中心党支部。【大连石化委发〔2014〕31号】

**2014年12月11日**　大连石化分公司决定：聘任李金平为保卫处副处长。解聘郭北尧、孟繁有、李金平原任职务。【大连石化人字〔2014〕154号】

**2014年12月11日**　大连石化分公司党委决定：任命郭北尧为公司机关党委书记（正处级）；孟繁有为建筑安装工程总公司党委书记、纪委书记、工会主席（正处级）；李金平为武装部副部长（副处级）。免去孟繁有原任职务。免去宋顺奎建筑安装工程总公司党委书记、纪委书记、工会主席职务。【大连石化委发〔2014〕32号】

**本年**　大连石化分公司在册员工人数6612人。

## 二〇一五年

### 一　月

**2015年1月6日**　大连石化分公司党委下发《关于对教育实践活动整

改落实情况进行“回头看”的通知》，要求各级党组织对照教育实践活动中查摆出的问题特别是群众反映强烈的突出问题，对照“两方案一计划”（即整改方案、专项整治方案和制度建设计划），对照2014年度领导班子民主生活会查摆的问题，对整改落实的进展、效果和存在问题进行全面、深入的“回头看”。【大连石化委发〔2015〕1号】

**2015年1月7日** 大连石化分公司党委决定：明确公司机关党委人员组成，党委书记郭北尧、组织委员潘洪江、宣传委员王卫、纪检委员王建、群工委员孙艾奇、维稳委员黄丽丽、青工委员韩丹。【大连石化委发〔2015〕2号】

**2015年1月15日** 大连石化分公司决定，规划计划处成立土地管理办公室，正科级建制。工程预决算部成立价格定额科，正科级建制。成立物资仓储中心，为公司正处级二级单位。将物资采购管理部的物资验收、物资仓储管理、部分综合管理等相关业务及人员从物资采购管理部划入物资仓储中心。物资仓储中心下设：库房管理科、验收科和综合管理科，均为正科级建制。撤销物资采购管理部验收科、物资仓储中心建制。撤销销售公司建制，将销售公司业务（含大连经济技术开发区星航石化产品销售中心）及人员划入营销调运部。撤销化工产品销售中心建制，业务和人员划入销售科。营销调运部下设：销售科、调运科、综合管理科、发油站、联营中心，均为正科级建制。撤销建筑安装公司七星建安公司建制，注销其法人资格，现有人员由建筑安装工程总公司内部分流安置。检修车间更名为检修一车间，抢修车间更名为检修二车间。成立工装车间，正科级建制。撤销检修车间吊运队建制，业务及人员划入工装车间。撤销矿区服务事业部党群工作部建制，业务和人员划入综合管理办公室。将七星房屋开发公司人员划入综合管理办公室，其建制待现有业务清理完毕后自动撤销。撤销印刷中心建制，业务及人员并入综合管理办公室。将房产管理中心、维修服务中心合并成立物业管理中心。将绿化服务中心、保洁服务中心、物资处理中心合并成立绿化保洁中心。供气供暖中心更名为供暖中心。矿区服务事业部机关部室及下属单位机构规格均为正科级。【大连石化人字〔2015〕9号】

**2015年1月15日** 大连石化分公司党委决定，撤销销售公司党支部、建筑安装工程总公司七星建安公司党支部。成立物资仓储中心党支部、建筑安装工程总公司工装车间党支部。将矿区服务事业部房产管理中心党支部和维修服务中心党支部合并，成立物业管理中心党支部；将矿区服务事业部保洁服务中心党支部、绿化服务中心党支部、物资处理中心党支部合并，成立绿化保洁中心党支部。

**2015 年 1 月 15 日**　大连石化分公司决定：聘任林晓峰为生产技术处副处长；尹成君为保卫处副处长；王文峰为营销调运部副部长（副处级）；邓微为工程预决算部部长（正处级）；张世德为物资采购管理部副部长（副处级）；阎永伟为物资仓储中心主任（正处级）；隋大为为物资仓储中心副主任（正处级）；姜子晔为物资仓储中心副主任（副处级）；王盟为工程管理部副部长（副处级）；李建刚为工程质量监督站副站长（副处级）；苗华军为质量环保检测中心（质量检验部）副主任（正处级）；毕忠兴为计量中心（计量管理部）副主任（正科级）；张成旭为离退休管理中心主任（正处级）；张志宏为第一联合车间安全总监（副处级）；范云亮为第一联合车间副主任（副处级）；姜伟为第一联合车间副主任（副处级）；李伯华为第四联合车间主任（正处级）；葛春英为热电联合车间主任（副处级）；周才江为储运车间副主任（副科级）；王虎为空分车间副主任（副处级）；王茂君为供电车间主任（副处级）；王承峰为港务车间主任（副处级）；于庆为消防支队安全总监（副处级）；张军为矿区服务事业部安全环保部部长（副处级）；于梅为矿区服务事业部餐饮服务中心主任（副处级）。解聘林晓峰、尹成君、王文峰、邓微、张世德、隋大为、姜子晔、王盟、李建刚、姜伟、葛春英、王虎、王茂君、张军、于梅、苗华军原任行政职务。解聘李广明消防支队安全总监职务。解聘康志晶矿区服务事业部安全环保部部长职务。由于年龄原因，解聘王庆伟、高旭光、栾天、刘洪林、于波、聂成钧原任行政职务，退居二线。由于年龄原因，辛陟阗、王德贵按退居二线干部管理。【大连石化人字〔2015〕10 号】

**2015 年 1 月 15 日**　大连石化分公司党委决定：潘洪江为人事处（党委组织部）组织员（副处级）；刘东为生产运行处党支部书记（正处级）；阎雪峰为生产技术处党支部书记（正处级）；尹成君为武装部副部长（副处级）；隋大为为物资仓储中心党支部书记（正处级）；苗华军为质量环保检测中心（质量检验部）党支部书记（正处级）；田华为有机合成厂党委副书

记、纪委书记、工会主席（副处级）；王国岩为热电联合车间党支部书记（副处级）；文继明为储运车间党支部书记（副处级）；王虎为空分车间党支部书记（副处级）；郝拥军为机务车间党支部书记（副处级）；王茂君为供电车间党支部书记（副处级）。免去王永长、何明川、阎永伟、王文峰、田华、姜子晔、刘振举、邹昌利、陈胜利、张世德、王盟原任党群职务。由于年龄原因，免去栾天、丛长安、于波原任党群职务，退居二线。【大连石化委发〔2015〕6号】

**2015年1月23日**　大连石化分公司决定：唐士兵兼任营销调运部安全总监。【大连石化人字〔2015〕19号】

**2015年1月23日**　大连石化分公司党委下发《关于表彰2014年度优秀“四好”领导班子的决定》，授予第三联合车间领导班子、有机合成厂领导班子、储运车间领导班子、质量环保检测中心领导班子、供排水车间领导班子2014年度优秀“四好”领导班子荣誉称号。【大连石化委发〔2015〕7号】

**2015年1月30日**　大连石化分公司决定：对公司部分领导班子成员分工进行调整，副总经理、党委委员郭强负责经营、企管、法律、矿区、离退休工作，分管企管法规处、营销调运部、矿区服务事业部、添加剂厂、离退休管理中心。副总经理、安全总监、党委委员马强负责安全、环保、保卫、武装、工程、计量工作，分管安全环保处、保卫处（武装部）、工程管理部、工程质量监督站、消防支队、计量中心（计量管理部）。副总经理、党委委员景玉忠负责生产、计划、机动工作，分管生产运行处、机动设备处、建筑安装工程总公司。【大连石化人字〔2015〕23号】

## 二　月

**2015年2月10日**　大连石化分公司党委印发《二〇一五年党委工作要点》，指导各单位贯彻落实2015年党建工作。【大连石化委发〔2015〕10号】

**2015年2月11日**　根据公司经营管理和未来发展对人才的需求，围绕2015年重点工作，大连石化分公司印发《2015年培训工作计划》。【大连石化人字〔2015〕27号】

**2015年2月11日**　大连石化分公司对《领导干部选拔任用管理规定》进行修改，进一步完善选人用人机制。【大连石化人函〔2015〕9号】

## 三　月

2015 年 3 月 10 日　大连石化分公司党委决定：增补左洪波、张熠蔚为中共中国石油大连石化分公司纪律检查委员会委员。【大连石化委发〔2015〕12 号】

2015 年 3 月 25 日　经职业技能鉴定中心鉴定考核通过，集团公司职业技能鉴定指导中心审批，金太文等 54 名同志分别取得技师、高级技师职业资格。【大连石化人字〔2015〕35 号】

2015 年 3 月 25 日　按照《技师、高级技师管理办法》，经全面考核，大连石化分公司决定聘任金太文等 54 名同志为技师、高级技师。【大连石化人字〔2015〕36 号】

## 五　月

2015 年 5 月 5 日　大连石化分公司党委决定：刘栋同志为公司新闻发言人。【大连石化委发〔2015〕16 号】

2015 年 5 月 19 日　为深入开展创先争优活动，促进各级党组织和广大党员在生产经营中有效发挥战斗堡垒和先锋模范作用，大连石化分公司党委决定在“七一”前开展“三先两优”评选活动。【大连石化委发〔2015〕17 号】

2015 年 5 月 28 日　根据中央精神和集团公司党组部署，大连石化分公司党委印发《大连石化公司“三严三实”专题教育实施方案》，持续深入推进党的思想政治建设和作风建设。【大连石化委发〔2015〕18 号】

2015 年 5 月 29 日　根据集团公司《关于印发〈中国石油天然气集团公司专业技术职务任职资格评审工作管理规定〉的通知》（中油人事〔2008〕367 号）和《关于 2014 年度职称评审工作安排的通知》（人事〔2014〕269 号）精神，经集团公司高级专业技术职务评审委员会和公司高、中、初级专业技术职务评审委员会评审，参加国家专业技术资格考试合格，大中专毕业生转正定级，各级职改部门审核，李晓明等 253 名同志分别取得高、中、初级专业技术职务任职资格。【大连石化人字〔2015〕69 号】

## 六　月

**2015 年 6 月 25 日**　为贯彻落实公司五届三次职代会精神，加强公司技术、技能人才队伍建设，搭建员工成长成才双通道，增强企业核心竞争力，根据《关于开展 2015 年度技术及技能专家评聘工作的通知》（大连石化人字〔2015〕49 号）要求，经公司专家评审委员会评审通过，决定聘任屈清洲、张涛等同志为技术、技能专家。【大连石化人字〔2015〕88 号】

**2015 年 6 月 25 日**　大连石化分公司党委授予有机合成厂党委、第三联合车间党总支、供排水车间党支部、质量环保检测中心党支部、建筑安装工程总公司机修车间党支部、矿区服务事业部餐饮服务中心党支部先进党组织称号。授予建筑安装工程总公司仪表车间第一党小组等 29 个党小组先进党小组称号。【大连石化委发〔2015〕20 号】

**2015 年 6 月 25 日**　大连石化分公司党委吴克宁、田华、刘文喜、张洪敏、刘喜安、刘有胜优秀党务工作者称号。授予梁廷军等 137 名同志优秀共产党员称号。【大连石化委发〔2015〕21 号】

## 七　月

**2015 年 7 月 1 日**　根据《关于做好管理和专业技术职务聘任工作的通知》（大石化人字〔2003〕184 号）和《大连石化分公司专业技术、一般管理岗位岗级设置标准》规定，结合各单位聘任意见，决定聘任任佳等 53 名同志相应管理和专业技术职务。【大连石化人字〔2015〕90 号】

**2015 年 7 月 9 日**　为加强员工岗位管理，大连石化分公司对《员工奖惩管理规定》《薪酬管理规定》进行修改。【大连石化人函〔2015〕37 号】

**2015 年 7 月 17 日**　集团公司第五巡视组由组长杨侠带领，对大连石化分公司进行专项巡视工作。通过巡视，巡视组对公司党组织建设、干部选拔任用等人事工作提出了整改意见。

**2015 年 7 月 21 日**　按照集团公司整改工作的总体部署，对照中央巡视提出的主要问题，严肃自查自改，大连石化分公司党委印发《大连石化公司中央巡视反馈问题整改方案》。【大连石化委发〔2015〕24 号】

## 八 月

2015 年 8 月 1 日 为规范员工教育培训工作，持续提升员工岗位履职能力，提高员工队伍素质，依据国家相关法律、法规以及集团公司有关规定，大连石化分公司制定《员工教育培训管理规定》。【大连石化人字〔2015〕109 号】

2015 年 8 月 26 日 为进一步加强领导干部作风建设，结合大连石化分公司实际，对《中国石油大连石化公司关于改进工作作风、密切联系群众的若干规定》进行了修订。【大连石化委发〔2015〕28 号】

2015 年 8 月 31 日 为认真做好中央专项巡视反馈及公司自查党的建设问题整改落实工作，按照《大连石化公司中央巡视反馈问题整改方案》（大连石化委发〔2015〕24 号）统一部署，大连石化分公司党委印发《大连石化公司加强党的建设专项工作方案》。【大连石化委发〔2015〕29 号】

## 九 月

2015 年 9 月 26 日 集团公司党组决定：李善春同志任大连石化分公司工会主席，刘栋同志任大连石化分公司纪委书记。【中油党组〔2015〕168 号】

2015 年 9 月 26 日 股份公司决定：免去刘栋的大连石化分公司副总经理职务。【石油任〔2015〕260 号】

2015 年 9 月 26 日 左洪波调锦西石化分公司工作。

## 十 月

2015 年 10 月 14 日 集团公司催化裂化装置操作工职业技能竞赛，大连石化分公司 2 人获得银牌，1 人获得优秀选手。

2015 年 10 月 25 日 大连石化分公司决定调整公司领导班子成员分工：总经理、党委副书记段良伟负责公司行政全面工作，分管总经理办公室、人事处、监察处、审计处。党委书记、副总经理、工会主席李善春负责公司党委全面工作，分管党委办公室、党委组织部、企业文化处（党委宣传部）、工会、团委。纪委书记、党委委员刘栋负责纪检、信访工作，协助管理效能监察工作，分管纪委、信访（维护稳定）工作办公室，协助分管监察处。总会计师、党委委员韩圣福负责财务、内控、工程预决算、采购工作，协助管理审计工作。分管财务处、工程预决算部、物资采购管理部、物资仓储中心、内控办公室，协助分管审计处。副总经理、党委委员郭强负责经营、企管、法律、矿区、离退休工作，分管企管法规处、营销调运部、矿区服务事业部、离退休管理中心、添加剂厂。副总经理、安全总监、党委委员马强负责安全、环保、保卫、武装、工程、计量工作，分管安全环保处、保卫处（武装部）、工程管理部、工程质量监督站、消防支队、计量中心（计量管理部）、石油储运公司。副总经理、党委委员李炜负责技术、科研、质量、科协、规划、信息、大项目工作，分管生产技术处、规划计划处、信息管理部、质量环保检测中心（质量检验部）、大项目前期办公室。副总经理、党委委员景玉忠负责生产、计划、机动设备工作，分管生产运行处、机动设备处、建筑安装工程总公司。【大连石化人字〔2015〕129号】

**2015年10月25日**　大连石化分公司对公司总经理助理、副总工程师和安全副总监工作分工，总经理助理杨毅协助副总经理景玉忠分管机动设备工作；总经理助理时岩协助副总经理郭强分管矿区工作；总经理助理马端祝兼任总经理（党委）办公室主任；副总工程师王永长兼任生产技术处处长；安全副总监丛继功兼任安全环保处处长。【大连石化人字〔2015〕130号】

## 十一月

**2015年11月18日**　为贯彻落实全面从严治党要求，进一步加强对党员的教育、管理和监督，根据《中国共产党党章》和《中共中央组织部关于建立民主评议党员制度的意见》的有关规定，大连石化分公司党委下发《关于做好2015年度民主评议党员工作的通知》。【大连石化委发〔2015〕31号】

**2015年11月18日**　为深入贯彻落实全面从严治党要求，进一步加强党员管理，大连石化分公司党委印发《党员目标管理办法》。【大连石化委发〔2015〕32号】

## 十二月

**2015年12月15日**　大连石化分公司党委下发《关于开好“三严三实”专题民主生活会的通知》，决定召开以践行“三严三实”，深入推进作风建设为主题的领导班子年度专题民主生活会。

**2015 年 12 月 22 日**　大连石化分公司决定，撤销中国石油大连石油化工公司北京办事处建制，其原有资产及债权债务由中国石油大连石油化工公司承接。【大连石化人字〔2015〕1 号】

**本年**　大连石化分公司在册员工人数 6447 人。

## 二〇一六年

### 二　月

**2016 年 2 月 23 日**　大连石化分公司决定：聘任孙敏为总经理办公室副主任（副处级）；关雪梅为人事处副处长（主持工作）；晏永权为机动设备处副处长（主持工作）；闫萍为机动设备处副处长；孙忠利为机动设备处电力总监（副处级）；关海若为生产技术处副处长；林蔚为企业文化处副处长（主持工作）；肖应军为保卫处处长；李峰为工程预决算部副部长（副处级）；张野为大项目前期办公室副主任（正处级）；陈胜利为石油储运公司副经理（副处级，主持工作）；邹本泽为添加剂厂厂长（正处级）；隋大为为物资仓储中心主任（正处级）；任顺年为有机合成厂副厂长（副处级，主持工作）；刁望升为第三联合车间副主任（副处级，主持工作）；范云亮为储运车间主任（副处级）；韩政为供排水车间副主任（正科级，主持工作）；蒋磊为供排水车间副主任、安全总监（正科级）；刘振举为机务车间主任（副处级）；张本钊为建筑安装工程总公司副经理（副处级）；李英龙为建筑安装工程总公司仪表车间副主任（正科级，主持工作）；于梅为矿区服务事业部副部长（副处级）；王世敏为离退休管理中心副主任（正处级）。解聘孙敏、闫萍、孙忠利、关海若、林蔚、李峰、张野、陈胜利、邹本泽、隋大为、刁望升、范云亮、蒋磊、刘振举、张本钊、李英龙、宋伟、冯学良、李文库、张伟奎、谷荣宽原任行政职务。解聘王晓光矿区服务事业部财务部部长职务。由于年龄原因，解聘王杰、阎永伟、宋仕运、苗华军、刘瑞善、王忠义、李景华、李金平、牟善跃、李卫星、于春林、翟玉光、李焕朝、陈占胜、曾丹、李文彬、李丽原任行政职务，退居二线。由于年龄原因，于兆进、马朝钢按

退居二线干部管理。【大连石化人字〔2016〕26号】

**2016年2月23日**　大连石化分公司党委决定：任命宋伟为工会副主席、党支部书记（正处级）；孙敏为党委办公室副主任（副处级）；关雪梅为人事处（党委组织部）党支部副书记（副处级）；刘学忱为技能鉴定中心党支部书记（副处级）；晏永权为机动设备处党支部副书记（副处级）；林蔚为党委宣传部副部长、企业文化处（党委宣传部）党支部副书记（副处级）；肖应军为武装部部长（正处级）；刘建为信息管理部党支部书记、工会主席（正处级）；邹浩洋为大项目前期办公室党支部书记（正处级）；冯学良为石油储运公司党总支书记、工会主席（正处级）；李文库为物资仓储中心党支部书记、工会主席（正处级）；姚成斌为质量环保检测中心党支部副书记、工会主席（副处级）；姜伟为第一联合车间工会主席（副处级）；谷荣宽为第二联合车间党总支副书记、工会主席（副处级）；张伟奎为矿区服务事业部党委书记、纪委书记、工会主席（正处级）；王世敏为离退休管理中心党总支书记、工会主席。免去宋伟、孙敏、张野、王世敏、隋大为、范云亮、吴隆庆、张成旭、谷荣宽原任党群职务。由于年龄原因，免去刘汉杰、王杰、吴克宁、梁华、苗华军、刘瑞善、李金平、李卫星、郑博军、姜俊霞、王殿琪、楚界斌、宁晓明、程繁金原任党群职务，退居二线。【大连石化委发〔2016〕5号】

## 三　月

**2016年3月21日**　大连石化分公司决定：聘任金鑫为营销调运部副部长（副处级）；陈胜利为石油储运公司经理（正处级）；马鑫为石油储运公司副经理（副处级）；李英龙为建筑安装工程总公司仪表车间主任（副处级）；李铁为质量环保检测中心副主任（副处级）；任顺年为有机合成厂厂长（正处级）；王钧为有机合成厂副厂长（副处级）；周晶为有机合成厂副厂长（副处级）；祁兴国为第四联合车间副主任（副处级）；韩政为供排水车间主任（副处级）。解聘金鑫、陈胜利、马鑫、李英龙、李铁、任顺年、韩政、王文峰原任行政职务。【大连石化人字〔2016〕38号】

**2016年3月21日**　大连石化分公司党委决定：任命王文峰为营销调运部党支部书记（正处级）；田华为有机合成厂党委书记（正处级）；谷荣宽

为第二联合车间党总支书记（正处级）。免去程旭东营销调运部党支部书记职务、田华有机合成厂党委副书记职务、谷荣宽第二联合车间党总支副书记职务。【大连石化委发〔2016〕9号】

**2016年3月31日** 大连石油化工公司决定，撤销大连石油化工公司旅顺养老院建制，其原有资产及债权债务由中国石油大连石油化工公司承接。【大连石油化工人字〔2016〕4号】

## 四 月

**2016年4月5日** 大连石化分公司决定，安全环保处撤销防火科建制，其原有业务及人员划入安全环保监督中心。工程管理部撤销工程计划科建制，其原有业务及人员划入综合科。信息管理部规范其内部机构设置为：综合管理科、通讯室、计算机室、网络室（中国石油大连区域网络中心），均为正科级建制。其内部原有科室随之撤销。【大连石化人字〔2016〕43号】

**2016年4月17日** 大连石化分公司党委下发了《关于印发大连石化公司开展“学党章 党规、学系列讲话，做合格党员”学习教育实施方案>的通知》。成立了“两学一做”学习教育领导小组，在公司内网设置“两学一做”学习教育专题，召开专题工作布置会，下发了实施方案，将“六个规定动作”细化为16项措施，编制了公司领导“两学一做”任务清单，督促各级党组织建立“两学一做”学习教育任务清单及书记、党组织委员责任清单。

**2016年4月29日** 大连石化分公司决定：聘任姜斌为供电车间副主任（副处级）。【大连石化人字〔2016〕62号】

**2016年4月29日** 大连石化分公司党委决定：任命孙景新为建筑安装工程总公司检修二车间党支部书记（副处级）；姜斌为供电车间党支部书记（副处级）。免去宋振龙、王茂君原任党群职务。【大连石化委发〔2016〕18号】

**2016年4月30日** 大连石油化工公司决定：聘任任顺年为大连石油化工公司有机合成厂厂长，为该厂法定代表人。解聘张伟奎大连石油化工公司有机合成厂厂长职务，不再担任该厂法定代表人。【大连石油化工人字〔2016〕6号】

## 六　月

**2016 年 6 月 29 日**　大连石化分公司决定：聘任孟繁有为总经理办公室主任（正处级）。因工作调动，解聘马端祝原任行政职务。【大连石化人字〔2016〕89 号】

**2016 年 6 月 29 日**　大连石化分公司党委决定：任命孟繁有为党委办公室主任、总经理（党委）办公室党支部书记（正处级）；宋顺奎为建筑安装工程总公司党委书记、纪委书记、工会主席（正处级）；免去孟繁有原任党群职务。因工作调动，免去马端祝原任党群职务。【大连石化委发〔2016〕22 号】

## 七　月

**2016 年 7 月 25 日**　大连国家石油储备基地有限责任公司决定：任命马强为大连国家石油储备基地有限公司总经理。【国储连〔2016〕3 号】

**2016 年 7 月 25 日**　大连国家石油储备基地有限责任公司决定：聘任陈胜利为大连国家石油储备基地有限责任公司常务副总经理；丛恕文、马鑫为大连国家石油储备基地有限责任公司副总经理。【国储连〔2016〕4 号】

## 八　月

**2016 年 8 月 8 日**　中共大连石化分公司第二次代表大会在公司文化宫召开，200 名党员代表和 30 名列席代表参加会议。会议选举产生中共大连石化分公司第二届委员会，李善春为党委书记，段良伟为党委副书记。选举产生中共大连石化分公司第二届纪律检查委员会，刘栋为纪委书记，吴鹏翔为纪委副书记。

**2016 年 8 月 28 日**　经辽宁省纪委常委会讨论，并经辽宁省委批准，辽宁省纪委决定：给予冷胜军开除党籍处分。【辽纪〔2016〕377 号】

## 九　月

**2016 年 9 月 13 日**　因参与辽宁省拉票贿选案，全国人大常务委员会宣布冷胜军第十二届全国人大代表当选无效。

**2016 年 9 月 18 日**　大连石化分公司决定，将信访（维护稳定）工作办公室与保卫处（武装部）合并，成立保卫处（武装部、信访维稳办）。质量环保检测中心（质量检验部）与计量中心（计量管理部）合并，成立质检计量中心，为公司下属正处级二级单位。撤销工程质量监督站建制，原石油天然气大连石化工程质量监督站业务由工程预决算部承接，原工程质量监督站内部工程质量监督室业务及人员成建制划归工程预决算部管理。【大连石化人字〔2016〕99 号】

**2016 年 9 月 18 日**　大连石化分公司党委决定，将信访（维护稳定）工作办公室党支部与保卫处（武装部）党支部合并，成立保卫处（武装部、信访维稳办）党支部。质量环保检测中心（质量检验部）党支部与计量中心（计量管理部）党支部合并，成立质检计量中心党总支。撤销物资采购管理部党总支，成立物资采购管理部党支部。撤销工程质量监督站党支部，党员随建制分别转入建筑安装工程总公司党委和工程预决算部党支部。【大连石化委发〔2016〕31 号】

**2016 年 9 月 18 日**　大连石化分公司调整部分领导班子成员分工：纪委书记、党委委员刘栋负责纪检、信访、保卫、武装工作，协助管理合规管理监察工作，分管纪委、保卫处（武装部、信访维稳办），协助分管监察处。总会计师、党委委员韩圣福负责财务、内控、工程预决算、工程质量监督、采购工作，协助管理审计工作，分管财务处、工程预决算部、物资采购管理部、物资仓储中心、内控办公室，协助分管审计处。副总经理、安全总监、党委委员马强负责安全、环保、工程、质量检测、计量工作，分管安全环保处、工程管理部、消防支队、质检计量中心、石油储运公司。副总经理、党委委员李炜负责技术、质量、科研、科协、规划、信息、大项目工作，分管生产技术处、规划计划处、信息管理部、大项目前期办公室。【大连石化人字〔2016〕100 号】

**2016 年 9 月 18 日**　大连石化分公司决定：聘任何明川为公司总经理助理；姜伟为人事处副处长；晏永权为机动设备处处长；史运贞为机动设备处副处长；张琦岩为安全环保处副处长；于勇为安全环保监督中心副主任（副处级）；林蔚为企业文化处处长；张浩宇为企业文化处副处长；宋清发为信访维稳办主任（正处级）；肖应军为信访维稳办副主任（正处级）；黄丽丽

为保卫处副处长、信访维稳办副主任；金国顺为工程预决算部副部长（副处级）；李建刚为工程预决算部副部长（副处级）；兰丽秋为质检计量中心主任（正处级）；姚成斌为质检计量中心副主任（副处级）；杨忠为质检计量中心副主任（副处级）；段凤琳为质检计量中心副主任、安全总监（副处级）；姜波为质检计量中心副主任（副处级）；李铁为质检计量中心副主任（副处级）；王忠为第二联合车间副主任、安全总监（副处级）。解聘姜伟、晏永权、史运贞、张琦岩、于勇、林蔚、张浩宇、宋清发、黄丽丽、金国顺、李建刚、兰丽秋、姚成斌、杨忠、段凤琳、李铁、王忠、张群杰原任行政职务。解聘姜占铭HSE体系推进办公室主任职务。解聘项忠维工程质量监督站站长职务，安排从事一般管理岗位工作。【大连石化人字〔2016〕101号】

**2016年9月18日** 大连石化分公司党委决定：任命姜伟为党委组织部副部长（副处级）；晏永权为机动设备处党支部书记（正处级）；林蔚为党委宣传部部长、企业文化处（党委宣传部）党支部书记（正处级）；张浩宇为党委宣传部副部长（副处级）；宋清发为保卫处（武装部、信访维稳办）党支部书记、工会主席、武装部副部长（正处级）；马宁圣为物资采购管理部党支部书记（正处级）；张群杰为建筑安装工程总公司党委书记、纪委书记、工会主席（正处级）；姚成斌为质检计量中心党总支副书记、工会主席（副处级）。免去姜伟、晏永权、林蔚、宋清发、宋顺奎、姚成斌、姜波、金国顺原任党群职务。免去肖应军保卫处（武装部）党支部书记、工会主席职务。免去马宁圣物资采购管理部党总支书记职务。免去项忠维工程质量监督站党支部书记职务。【大连石化委发〔2016〕32号】

**2016年9月27日** 大连石化分公司决定：聘任刁望升为第三联合车间主任（正处级）；祁兴国为第四联合车间安全总监（副处级）；迟春雨为第四联合车间副主任（副处级）；毕才平为第四联合车间副主任（副处级）。解聘刁望升、迟春雨、崔宏斌原任行政职务。【大连石化人字〔2016〕103号】

**2016年9月27日** 大连石化分公司党委决定：任命崔宏斌为第一联合车间党总支书记、工会主席（正处级）。免去王国彤原任党群职务。【大连石化委发〔2016〕35号】

**2016年9月30日** 按照辽宁省纪委给予大连石化分公司冷胜军开除公

职处分的建议，股份公司决定：给予大连石化分公司冷胜军行政开除处分。【石油监〔2016〕245 号】

## 十　月

**2016 年 10 月 12 日**　大连石化分公司党委撤销机关车队党支部，党员转入总经理（党委）办公室党支部。撤销保安队党支部，党员转入保卫处（武装部、信访维稳办）党支部。撤销发油站党支部，党员转入营销调运部党支部。撤销添加剂厂机关党支部，党员由添加剂厂党总支直接管理。【大连石化委发〔2016〕36 号】

**2016 年 10 月 14 日**　大连石化分公司党委下发了《关于开展基层党组织换届选举工作的通知》，明确了指导思想、组织领导、范围对象、组织指数、工作程序、工作要求等。

## 十 一 月

**2016 年 11 月 17 日**　大连石化分公司质检计量中心高级工程师吴良英当选中共辽宁省第十二届党代表。

**2016 年 11 月 18 日**　大连石化分公司决定：聘任关雪梅为人事处处长，解聘其原任行政职务。【大连石化人字〔2016〕124 号】

**2016 年 11 月 18 日**　大连石化分公司党委决定：任命命关雪梅为党委组织部部长、人事处（党委组织部）党支部书记（正处级），免去其原任党群职务。【大连石化委发〔2016〕40 号】

**本年**　大连石化分公司在册员工人数 6324 人。

# 二〇一七年

## 三　月

**2017 年 3 月 13 日**　进行集中停工大检修，历时 3 个月完成检修项目 15590 项（其中技措项目 149 项，设备改造项目 72 项），更换催化剂 2281 吨，全面整治了长期制约装置平稳优化运行的瓶颈问题，完成了一系列隐患治理、环保减排、优化增效、节能降耗等技改技措项目。

## 四　月

**2017 年 4 月 10 日**　集团公司党组决定：庞晓东同志任大连石化分公司党委委员、党委副书记。免去段良伟同志的大连石化分公司党委副书记、委员职务。【中油党组〔2017〕53 号】

**2017 年 4 月 10 日**　股份公司决定：庞晓东任大连石化分公司总经理。免去段良伟的大连石化分公司总经理职务。【石油任〔2017〕57 号】

**2017 年 4 月 10 日**　集团公司决定：庞晓东任大连石油化工公司经理。免去段良伟的大连石油化工公司经理职务。庞晓东任中国石油驻大连地区企业协调组组长。段良伟不再担任中国石油驻大连地区企业协调组组长。【中油任〔2017〕143 号】【中油人事〔2017〕139 号】

## 五　月

**2017 年 5 月 2 日**　大连石化分公司调整班子成员分工：总经理、党委副书记庞晓东负责公司行政全面工作，分管总经理办公室、人事处、监察处、审计处。党委书记、副总经理、工会主席李善春负责公司党委全面工作，分管党委办公室、党委组织部、企业文化处（党委宣传部）、工会、团委。纪委书记、党委委员刘栋负责纪检、信访、保卫、武装工作，协助负责合规管理监察工作，分管纪委、保卫处（武装部、信访维稳办），协助分管监察处。总会计师、党委委员韩圣福负责财务、内控、工程预决算、工程质量监督、采购工作，协助负责审计工作，分管财务处、工程预决算部、物资采购管理部、物资仓储中心、内控办公室，协助分管审计处。副总经理、党委委员郭强负责经营、企管、法律、矿区、离退休工作，分管企管法规处、营销调运部、矿区服务事业部、离退休管理中心、添加剂厂。副总经理、安全总监、党委委员马强负责安全、环保、工程、质量检测、计量工作，分管安全环保处、工程管理部、消防支队、质检计量中心、石油储运公司。副总经理、党委委员李炜负责技术、质量、科研、科协、规划、信息、大项目工作，分管生产技术处、规划计划处、信息管理部、大项目前期办公室。副总经理、党委委员景玉忠负责生产、计划、机动设备工作，分管生产运行处、

机动设备处、建筑安装工程总公司。【大连石化人字〔2017〕39号】

## 九　月

**2017年9月1日**　大连石化分公司决定：聘任李伯华为第二联合车间主任（正处级）；刘文喜为第三联合车间代理主任（正处级）；段毅为第四联合车间代理主任（正处级）。解聘李伯华、王剑原任行政职务。【大连石化人字〔2017〕60号】

## 十　月

**2017年10月24日**　大连石化分公司决定：聘任张志宏为第三联合车间副主任（副处级，主持工作）；祁兴国为第四联合车间副主任（副处级，主持工作）。解聘刘文喜第三联合车间代理主任职务；解聘段毅第四联合车间代理主任职务；解聘张志宏、祁兴国原任行政职务。【大连石化人字〔2017〕84号】

## 十 一 月

**2017年11月3日**　集团公司批复同意大连石油化工公司改制为一人有限公司，名称为大连石油化工有限公司，中国石油天然气集团公司持股100%，公司设执行董事1人、监事1人。大连石油添加剂厂更名为大连石油添加剂有限公司，建筑安装工程总公司更名为建筑安装工程有限公司。【中油企管〔2017〕448号】

**2017年11月27日**　集团公司决定：庞晓东任大连石油化工有限公司执行董事、总经理。【中油任〔2017〕506号】

**2017年11月27日**　集团公司决定：委派门卓明为大连石油化工有限公司监事。【中油任〔2017〕506号】【人事函〔2017〕244号】

## 十 二 月

**2017年12月20日**　大连石化分公司决定：聘任王国彤为公司总经理助理；丛继功兼任安全环保处安全环保监督中心主任；王卫为企业文化处新闻中心主任（副处级）；王晨为建筑安装工程有限公司机修车间副主任（正

科级，主持工作）；王瑛璐为建筑安装工程有限公司检修一车间副主任（正科级，主持工作）；姚成斌为质检计量中心主任（正处级）；李铁为质检计量中心安全总监（副处级）；周晶为有机合成厂安全总监（副处级）；李大林为气体车间副主任（副科级）。解聘姚成斌、王晨、王瑛璐原任行政职务。由于年龄原因，解聘李同昌、邹玉华、朱爱华、邹浩洋、许诚华、周金波、兰丽秋、段凤林、匡鹤、曲淑云、尹成君、金国顺原任行政职务，退居二线。由于年龄原因，于龙钢按退居二线干部管理。【大连石化人字〔2017〕100号】

**2017年12月20日**　大连石化分公司党委决定：任命关雪梅为公司机关党委书记（正处级）；丛继功为安全环保处党支部书记（正处级）；姜启超为工程管理部党支部书记、工会主席（正处级）；张野为大项目前期办公室党支部书记、工会主席（正处级）；宋振龙为建筑安装工程有限公司检修二车间党支部书记（副处级）；周景生为气体车间工会主席（正科级）；韩政为供排水车间党支部书记、工会主席（副处级）。由于年龄原因，免去郭北尧、李同昌、张绪斌、邹浩洋、周金波、孙景新、曲淑云、张洪敏、邹玉华、尹成君原任党群职务，退居二线。【大连石化委发〔2017〕57号】

**2017年12月26日**　大连石化分公司决定：聘任王晨为建筑安装工程有限公司机修车间主任（副处级），解聘其原任行政职务。【大连石化人字〔2017〕102号】

**本年**　大连石化分公司在册员工人数6149人。

## 二〇一八年

### 三　月

**2018年3月26日**　大连石化分公司决定：聘任吴伟阳为机动设备处副处长（主持工作）；程旭东为安全环保处处长兼任安全环保监督中心主任；王文峰为营销调运部部长（正处级）。解聘吴伟阳、程旭东原任行政职务。解聘晏永权、丛继功原任行政职务，调大项目前期办公室工作，保留正科级待遇。王剑调生产技术处工作，保留正科级待遇。【大连石化人字〔2018〕

48号】

**2018年3月26日**　大连石化分公司党委决定：吴伟阳为机动设备处党支部副书记（副处级）；程旭东为安全环保处党支部书记（正处级）。免去晏永权、丛继功原任党群职务。【大连石化委发〔2018〕17号】

## 四　月

**2018年4月3日**　经研究并商得中共辽宁省委同意，集团公司党组决定：赵纯同志任大连石化分公司党委委员、纪委书记。免去刘栋同志的大连石化分公司党委委员、纪委书记职务；免去韩圣福同志的大连石化分公司党委委员职务。【中油党组〔2018〕45号】

**2018年4月3日**　经研究并商得中共辽宁省委同意，股份公司决定：免去韩圣福的总会计师职务，另有任用。【石油任〔2018〕95号】

**2018年4月3日**　集团公司党组纪律检查组决定：给予马强同志撤销党内职务处分。【中油纪检〔2018〕8号】

**2018年4月3日**　股份公司决定：给予马强行政撤职处分，撤销其副总经理、安全总监职务，降至副处级。【石油监〔2018〕76号】

**2018年4月16日**　大连石化分公司决定：聘任吴隆庆为安全环保监督中心安全专员（副处级）；韩友铭为安全环保监督中心安全专员（副处级）；丛恕文为安全环保监督中心安全专员（副处级）；于子策为营销调运部副部长（副处级）；史刚为石油储运公司副经理、安全总监（副处级）；庞庆广为有机合成厂副厂长（副处级）；潘洋为第一联合车间副主任、安全总监（副处级）；刘剑峰为第一联合车间副主任（正科级）；胡瑞为第二联合车间副主任（副处级）；张志宏为第三联合车间主任（正处级）；卞辑为第三联合车间副主任（副处级）；刘超为第三联合车间副主任（副处级）；祁兴国为第四联合车间主任（正处级）；赵继昌为第四联合车间副主任、安全总监（正科级）；王斌为储运车间安全总监（正科级）；王栋为储运车间副主任（正科级）；崔增蛟为供排水车间副主任（副科级）。解聘吴隆庆、韩友铭、丛恕文、于子策、史刚、胡瑞、张志宏、刘超、祁兴国原任行政职务。解聘蒋磊供排水车间副主任职务。解聘李峰、黄宝晖原任行政职务，按一般管理人员管理。【大连石化人字〔2018〕61号】

**2018年4月16日**　大连石化分公司党委决定：任命蒋磊为供排水车间党支部书记、工会主席（副处级）。免去韩政原任党群职务。【大连石化委发〔2018〕25号】

**2018年4月26日**　集团公司党组第七巡视组对大连石化分公司党委开展巡视工作，对学习贯彻习近平新时代中国特色社会主义思想情况、贯彻落实党章和党的十九大精神情况、落实意识形态工作责任制情况、选人用人和基层党组织建设情况、执行中央八项规定精神和整治“四风”情况、党规党纪执行情况、“三重一大”决策制度执行情况、领导干部廉洁自律和整治员工群众身边腐败问题情况，以及上一轮巡视整改落实等情况进行了重点巡视。

## 六　月

**2018年6月8日**　大连国家石油储备基地有限责任公司决定：任命何明川为大连国家石油储备基地有限公司总经理。【国储连〔2018〕3号】

## 七　月

**2018年7月17日**　经研究并商得中共辽宁省委同意，集团公司党组决定：王永长、朱文军、门卓明同志任大连石化分公司党委委员。【中油党组〔2018〕111号】

**2018年7月17日**　经研究并商得中共辽宁省委同意，股份公司决定：王永长任大连石化分公司副总经理；朱文军任大连石化分公司安全总监；门卓明任大连石化分公司总会计师。【石油任〔2018〕186号】

## 八　月

**2018年8月6日**　大连石化分公司决定：解聘宋清发的信访维稳办主任职务，退居二线。【大连石化人字〔2018〕111号】

**2018年8月6日**　大连石化分公司党委决定：免去宋清发的保卫处党支部书记、工会主席、武装部副部长职务，退居二线。【大连石化委发〔2018〕55号】

**2018年8月23日**　大连石化分公司决定：聘任姜占铭为公司总法律顾

问，按公司助理、副总师管理。【大连石化人字〔2018〕114号】

## 十　月

**2018年10月12日**　经研究并商得中共辽宁省委同意，集团公司党组决定：庞晓东同志任大连石化分公司党委书记。免去李善春同志的大连石化分公司党委书记、委员、工会主席职务，另有任用。【中油党组〔2018〕159号】

**2018年10月12日**　经研究并商得中共辽宁省委同意，股份公司决定：免去李善春的大连石化分公司副总经理职务，另有任用。【石油任〔2018〕261号】。

**2018年10月30日**　大连石化分公司决定：聘任曲钢为财务处处长；吴伟阳为机动设备处处长；李凤岭为生产技术处处长；甘彬彬为第一联合车间副主任（副处级）。解聘曲钢、吴伟阳、李凤岭原任行政职务。【大连石化人字〔2018〕139号】

**2018年10月30日**　大连石化分公司决定：任命曲钢为财务处党支部书记（正处级）；吴伟阳为机动设备处党支部书记（正处级）。免去吴伟阳原任党群职务。【大连石化委发〔2018〕67号】

## 十 一 月

**2018年11月26日**　大连石化分公司决定：田华为保卫处处长、信访维稳办主任；姚剑飞为消防支队支队长（正处级）；肖应军为消防支队副支队长（正处级）。解聘田华、肖应军、李广明原任行政职务。解聘李明坤原任行政职务，保留副处级待遇，退居二线。【大连石化人字〔2018〕148号】

**2018年11月26日**　大连石化分公司党委决定：聘任田华为武装部部长（正处级）；李广明为保卫处（武装部、信访维稳办）党支部书记（正处级）；任顺年为有机合成厂党委书记（正处级）；周晶为有机合成厂纪委书记、工会主席（副处级）。免去田华、肖应军原任党群职务。【大连石化委发〔2018〕71号】

**2018年11月**　大连石化分公司代表队在参加的第十届全国石油和化工行业职业技能竞赛中，共获得国家二类竞赛团体一等奖、团体二等奖各1

项，优秀组织奖 1 项；李秀云、张伟获得“全国石油和化工行业技术能手”称号，李阳获得全国催化裂化工职业技能竞赛铜牌。【大连石化人字〔2018〕147 号】

**本年**　大连石化分公司在册员工人数 5873 人。

# 第六章　附　　录

## 第一节　基本情况表

### 一、生产情况统计表

#### （一）大连石油化工有限公司生产情况统计表

| 项目＼年份 | 2014年 | 2015年 | 2016年 | 2017年 | 2018年 |
|---|---|---|---|---|---|
| 一、利税（万元） | 7785 | 9317 | 8554 | 11069 | 10453 |
| 二、固定资产原值（万元） | 71910 | 71562 | 69752 | 67598 | 67026 |
| 三、员工人数（人） | 1784 | 1718 | 1694 | 1598 | 1487 |

#### （二）大连石化分公司生产情况统计表

| 项目＼年份 | 2014年 | 2015年 | 2016年 | 2017年 | 2018年 |
|---|---|---|---|---|---|
| 一、工业总产值（亿元） | 796 | 655 | 703 | 512 | 815 |
| 二、利税（亿元） | 137 | 260 | 266 | 163 | 180 |
| 三、固定资产原值（亿元） | 223 | 225 | 227 | 230 | 230 |
| 四、原油加工量（万吨/年） | 1401 | 1638 | 1678 | 1308 | 1678 |
| 五、主要产品产量 | | | | | |
| 汽油（万吨） | 334 | 393 | 424 | 335 | 472 |
| 煤油（万吨） | 83 | 145 | 200 | 177 | 226 |
| 柴油（万吨） | 625 | 675 | 625 | 465 | 611 |
| 六、员工人数（人） | 4828 | 4729 | 4631 | 4551 | 4386 |

## 二、员工队伍情况表

单位：人

| 项　　目 | | 2014年 | 2015年 | 2016年 | 2017年 | 2018年 |
|---|---|---|---|---|---|---|
| 年末人数 | | 6612 | 6447 | 6325 | 6149 | 5873 |
| 其中：女员工 | | 1310 | 1223 | 1175 | 1124 | 1049 |
| 岗位分类 | 管理人员 | 1212 | 1193 | 1188 | 1128 | 1062 |
| | 专业技术人员 | 483 | 507 | 520 | 532 | 526 |
| | 操作服务人员 | 4825 | 4729 | 4603 | 4429 | 4193 |
| | 其他人员 | 92 | 18 | 14 | 60 | 82 |
| 文化结构 | 大专以上学历 | 3440 | 3404 | 3379 | 3334 | 3248 |
| | 中专、技校、高中 | 939 | 942 | 934 | 922 | 899 |
| | 初中以下 | 2233 | 2101 | 2012 | 1893 | 1726 |
| 年龄结构 | 30岁以下 | 985 | 933 | 873 | 814 | 736 |
| | 31～40岁 | 1191 | 1086 | 1008 | 937 | 878 |
| | 41～50岁 | 2999 | 2787 | 2624 | 2545 | 2486 |
| | 51岁以上 | 1437 | 1641 | 1820 | 1853 | 1773 |

## 三、组织机构设置情况统计表

单位：个

| 项目 | | 2014年 | 2015年 | 2016年 | 2017年 | 2018年 |
|---|---|---|---|---|---|---|
| 机关 | 处室 | 14 | 14 | 13 | 13 | 13 |
| | 科室 | 39 | 38 | 37 | 37 | 37 |
| 直属（基层） | | 6 | 6 | 5 | 5 | 5 |
| 二级单位 | | 25 | 22 | 21 | 21 | 21 |

# 第二节　党建情况表

## 一、中共大连石化分公司党员代表大会情况表

| 届次 | 召开时间 | 代表人数（人） | | 选举结果 | |
|---|---|---|---|---|---|
| | | 正式 | 列席 | 党委会（人） | 纪律检查委员会（人） |
| 第一届 | 2002.7 | 131 | 9 | 5 | 5 |
| 第二届 | 2016.8 | 192 | 30 | 8 | 5 |

## 二、中共大连石化分公司历届党组织和党员统计表

| 年份 | 二级党委数（个） | 党总支数（个） | 党支部数（个） | 党员人数（人） | | |
|---|---|---|---|---|---|---|
| | | | | 总数 | 正式党员数 | 新发展党员人数 |
| 2014 | 4 | 9 | 65 | 3702 | 3658 | 44 |
| 2015 | 4 | 9 | 61 | 3672 | 3630 | 42 |
| 2016 | 4 | 9 | 54 | 3585 | 3541 | 44 |
| 2017 | 3 | 3 | 83 | 3380 | 3351 | 29 |
| 2018 | 3 | 9 | 84 | 2835 | 2806 | 29 |

## 三、中共大连石化分公司历年表彰先进党组织、模范共产党员、优秀共产党员和优秀党务工作者统计表

| 年份 | 先进党委数（个） | 先进党总支数（个） | 先进党支部数（个） | 模范党员数（人） | 优秀党员数（人） | 优秀党务工作者（人） |
|---|---|---|---|---|---|---|
| 2015 | 1 | 0 | 5 | 0 | 137 | 6 |
| 2017 | 2 | 1 | 3 | 0 | 132 | 6 |

## 四、获得集团公司先进党组织名单

| 年份 | 荣誉称号 | 获奖单位 |
|---|---|---|
| 2014 | 集团公司先进党组织 | 建安抢修车间党支部 |
| 2016 | 集团公司先进党组织 | 建安公司 |

## 五、获得集团公司优秀共产党员、优秀党务工作者名单

| 年份 | 荣誉称号 | 姓名 | 单位 |
|---|---|---|---|
| 2014 | 优秀共产党员 | 晏永权 | 机动设备处 |
| 2014 | 优秀党务工作者 | 姚剑飞 | 消防支队 |
| 2016 | 优秀共产党员 | 文道余 | 第三联合车间 |
| 2016 | 优秀党务工作者 | 孟繁有 | 建安公司 |

# 第三节　组织机构及沿革图

### 机构沿革图例说明

1. 本图主要按编年记事的方式简要绘制组织机构的沿革变化，主要包括机构的成立、更名、合并、拆分、撤销、划转等事项。

2. 本图中机构沿革变化以“机构名称”中首字对应年份为时间节点。机构名称在一年中发生多次变更的，只显示最终名称。

3. 机构的延续用“⟶”符号表示；撤销用“⟶||”符号表示；合并用“⇉”符号表示；分设（分拆）用“⊏”符号表示。

4. 系统内的划入与划转，可以用“△”“▽”符号表示并在其后括号内标注具体去向。

5. 转化为机关部门、基层单位或二级单位用“◇”符号表示。

6. 由地方或系统外划入的，用“▲”符号表示，并在括号内直接表明来源；移交地方或划转系统外的，用“▼”符号表示，并在括号内直接标明去向。

7. 组织机构的改制用“△”符合表示。

8. 具体图例符号使用详见每页机构沿革图下的“图例说明”。

## 一、2014年1月组织机构图

## 二、2018年12月31日组织机构图

- 中国石油大连石化分公司
  - 机关职能部门（13）
    - 总经理（党委）办公室
    - 人事处（党委组织部、机关党委）
    - 规划计划处
    - 财务处
    - 生产运行处
    - 机动设备处
    - 安全环保处
    - 生产技术处
    - 审计处
    - 企管法规处（内控办公室）
    - 纪委（监察处）
    - 企业文化处（党委宣传部、记者站、团委）
    - 工会
  - 直属机构（5）
    - 工程管理部
    - 营销调运部
    - 物资采购管理部
    - 工程预决算部
    - 信息管理部
  - 二级单位（21）
    - 石油储运公司
    - 大连石油添加剂有限公司
    - 建筑安装工程有限公司
    - 质检计量中心
    - 物资仓储中心
    - 有机合成厂
    - 第一联合车间
    - 第二联合车间
    - 第三联合车间
    - 第四联合车间
    - 储运车间
    - 热电联合车间
    - 气体车间
    - 空分车间
    - 供排水车间
    - 机务车间
    - 供电车间
    - 港务车间
    - 消防支队
    - 离退休管理中心
    - 矿区服务事业部［含保卫处（武装部、信访维稳办）］

## 三、2014 年至 2018 年大连石化分公司组织机构沿革图

### （一）大连石化分公司机关部门沿革图

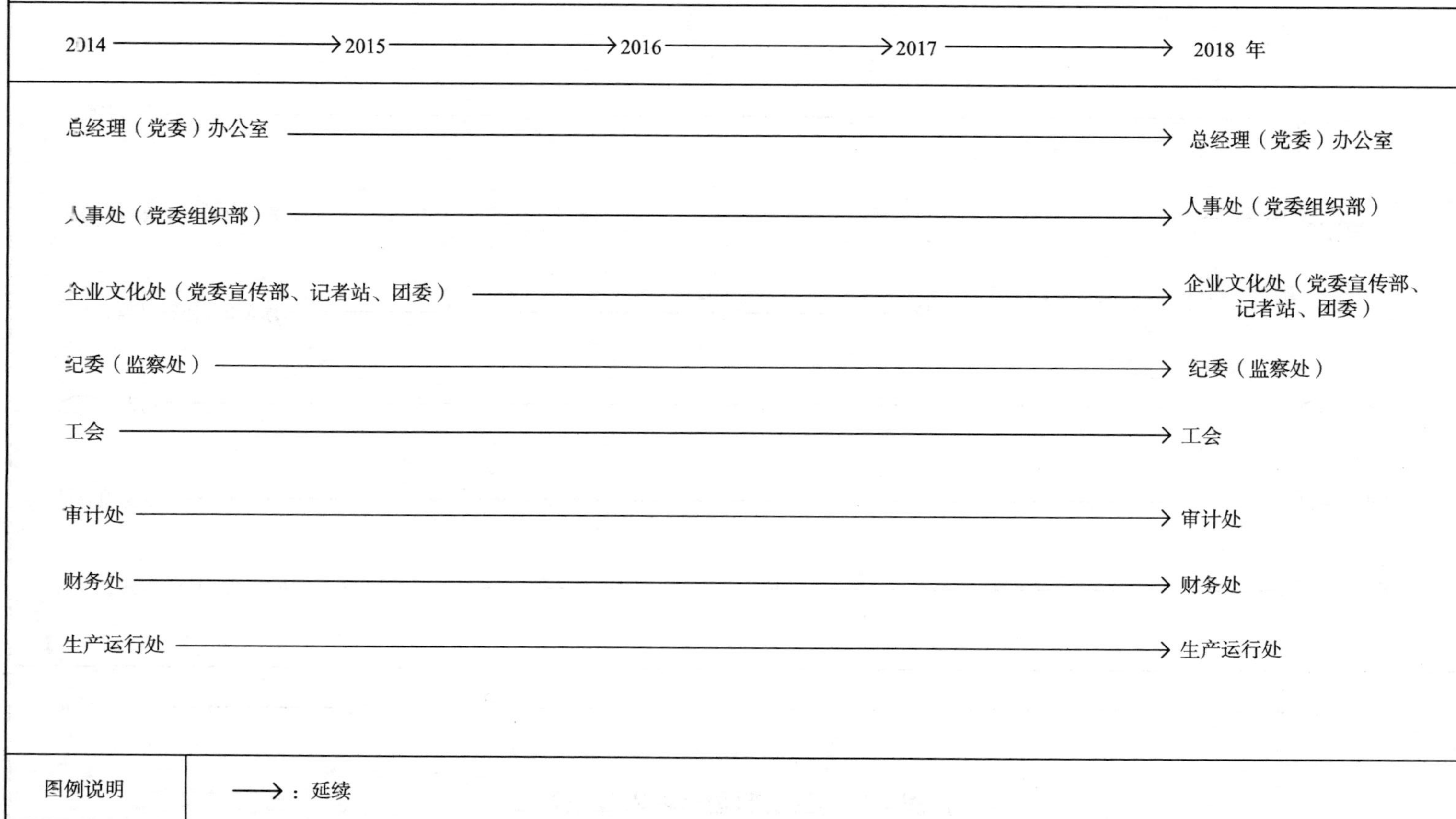


大连石化分公司机关部门沿革图（一）

## 大连石化分公司机关部门沿革图（二）

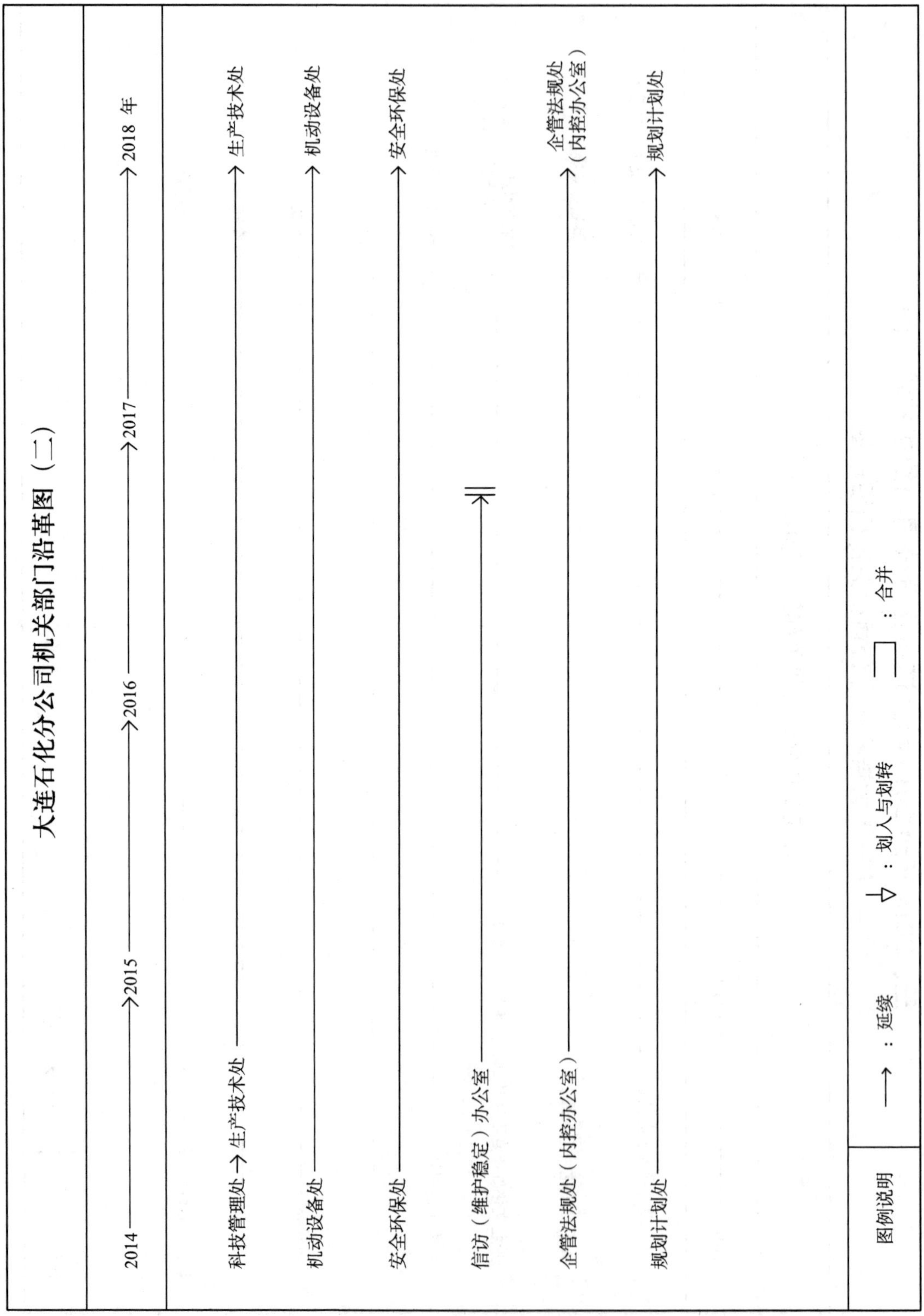

## （二）大连石化分公司直属单位沿革图

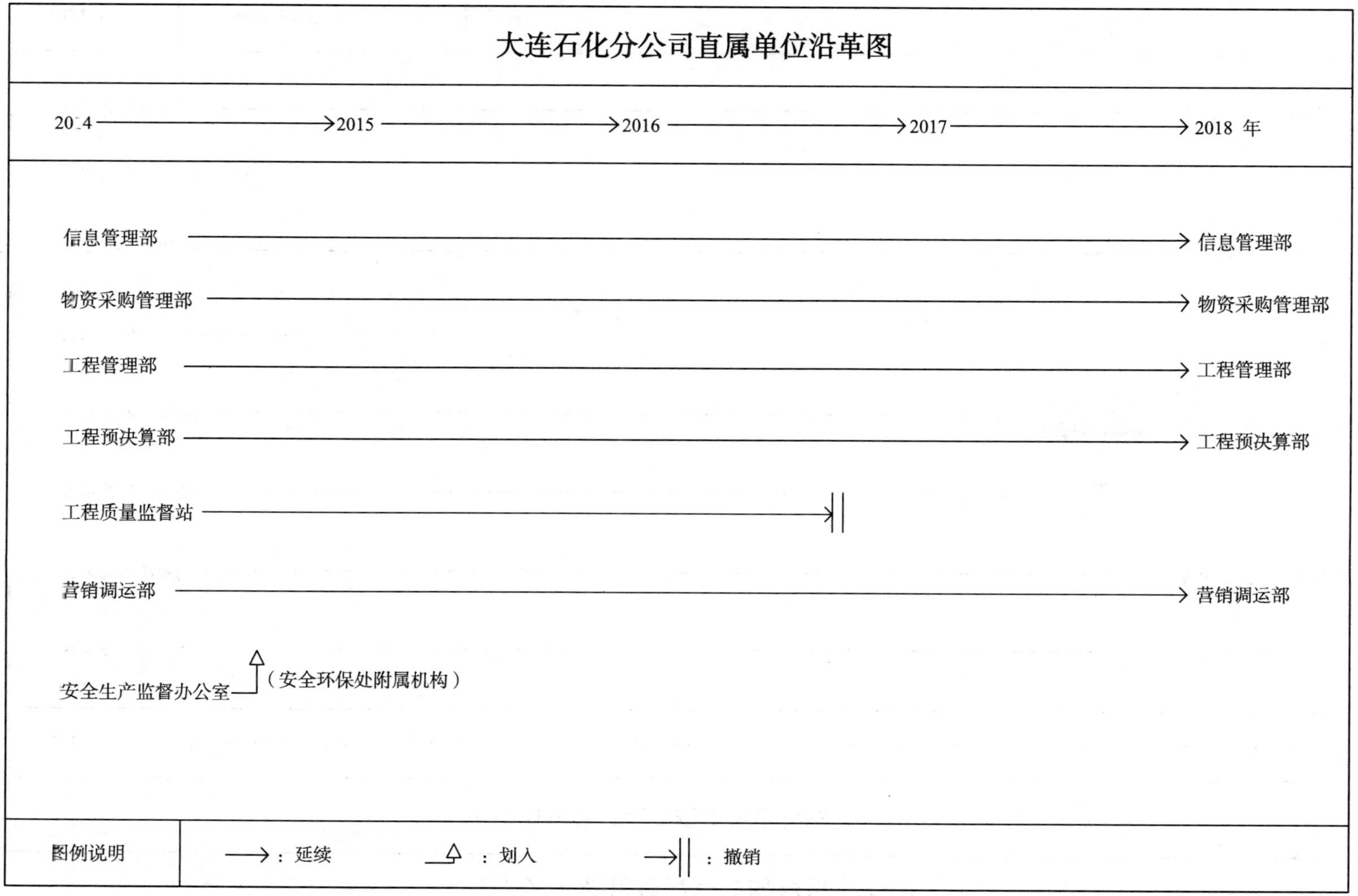

## （三）大连石化分公司二级单位沿革图

大连石化分公司二级单位沿革图（一）

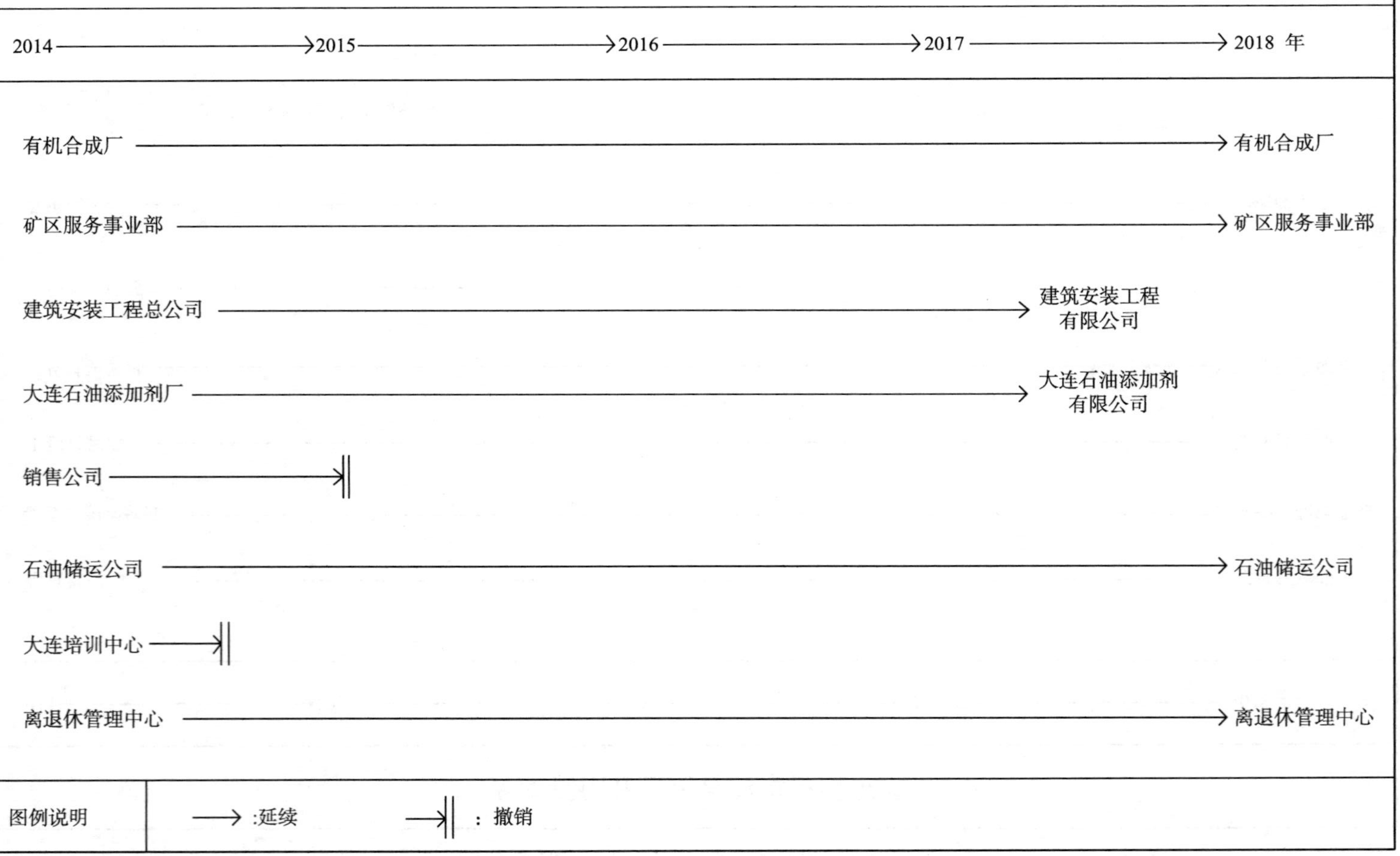

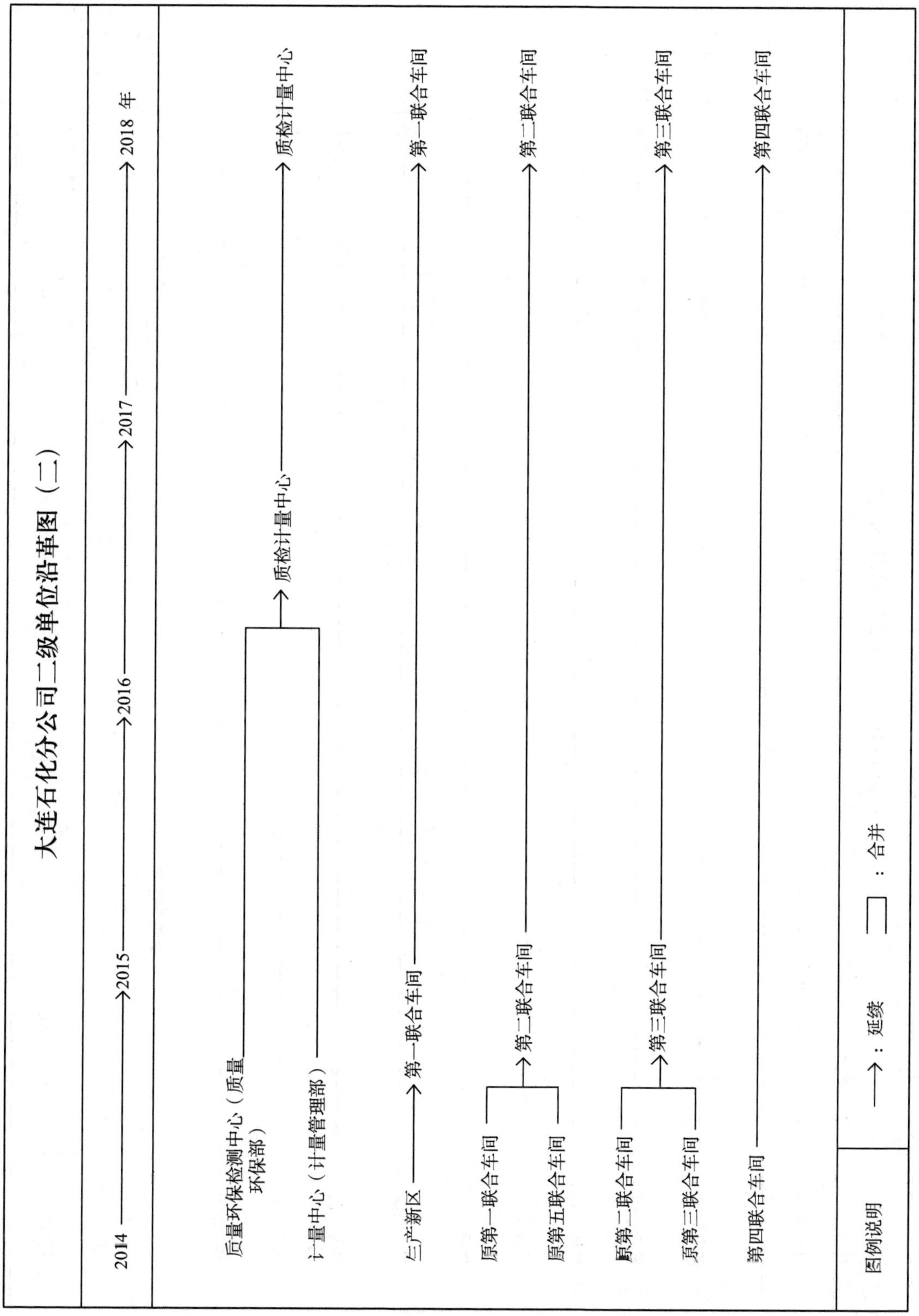
大连石化分公司二级单位沿革图（二）
2014
2015
2016
2017
2018 年
质量环保检测中心（质量环保部）
计量中心（计量管理部）
质检计量中心
质检计量中心
生产新区
第一联合车间
第一联合车间
原第一联合车间
原第五联合车间
第二联合车间
第二联合车间
原第二联合车间
原第三联合车间
第三联合车间
第三联合车间
第四联合车间
第四联合车间
图例说明
：延续
：合并

## 大连石化分公司二级单位沿革图（三）

2014 → 2015 → 2016 → 2017 → 2018 年

热电联合车间 → 热电联合车间

储运车间 → 储运车间

气体车间 → 气体车间

空分车间 → 空分车间

供排水车间 → 供排水车间

机务车间 → 机务车间

港务车间 → 港务车间

消防支队 → 消防支队

供电车间 → 供电车间

物资仓储中心 → 物资仓储中心

| 图例说明 | →：延续 |
|---|---|

# 第四节 专家名单

## 一、享受政府特殊津贴人员名单

| 获评年份 | 姓名 | 所在单位 |
|---|---|---|
| 2014 | 吴 宇 | 生产技术处 |
| 2016 | 苏战国 | 生产技术处 |
| 2018 | 张忠刚 | 建安公司 |

## 二、教授级高级职称人员名单

| 授予时间 | 姓名 | 职称 | 所在单位 |
|---|---|---|---|
| 2017 | 景玉忠 | 教授高级工程师 | 大连石化分公司 |
| | 闫 萍 | 教授高级工程师 | 机动设备处 |

## 三、集团公司高级技术专家人员名单

| 授予年份 | 姓名 | 专家名称 | 所在单位 |
|---|---|---|---|
| 2014 | 程 驰 | “石油炼制工艺”咨询岗位高级技术专家 | 第四联合车间 |
| | 苏战国 | “聚丙烯催化剂 PSP-01 工业应用与 BOPP 产品开发”项目产品开发岗位（工程）高级技术专家 | 生产技术处 |
| | 李嫣宁 | “大连石化公司十二五污染减排系统工程”项目环保技术岗位（工程）高级技术专家 | 安全环保处 |
| 2016 | 吴 宇 | 石油炼制专业领域石油炼制工艺专业岗位高级技术专家 | 生产技术处 |
| 2017 | 夏佳兴 | 石油炼制专业领域催化重整及芳烃工艺专业岗位高级技术专家 | 一联合车间 |

# 四、集团公司技能专家人员名单

| 获评年份 | 姓名 | 专家名称 | 所在单位 |
|---|---|---|---|
| 2015 | 隋广鑫 | 聚丙烯装置技能专家 | 有机合成厂 |
| | 曹善志 | 机泵维修钳工技能专家 | 建筑安装总公司机修车间 |
| | 刘丛堂 | 仪表安装技能专家 | 建筑安装总公司仪表车间 |
| | 荣　征 | 催化裂化装置技能专家 | 第二联合车间 |
| | 张守前 | 催化裂化装置技能专家 | 第四联合车间 |
| | 崔　健 | 酮苯脱蜡装置技能专家 | 第三联合车间 |
| 2018 | 隋广鑫 | 聚丙烯装置技能专家 | 有机合成厂 |
| | 刘丛堂 | 仪表安装技能专家 | 建筑安装工程有限公司仪表车间 |
| | 荣　征 | 催化裂化装置技能专家 | 第二联合车间 |
| | 张守前 | 催化裂化装置技能专家 | 第四联合车间 |
| | 崔　健 | 酮苯脱蜡装置技能专家 | 第三联合车间 |
| | 孙泳峰 | 仪表维修技能专家 | 建筑安装工程有限公司仪表车间 |
| | 张业涛 | 常减压蒸馏装置技能专家 | 第一联合车间 |

# 五、大连石化分公司技术专家

| 获评年份 | 姓名 | 专家名称 | 所在单位 |
|---|---|---|---|
| 2015 | 屈清洲 | 石油炼制（蒸馏）专业技术专家 | 生产技术处 |
| 2015 | 胡　瑞 | 石油炼制（催化）专业技术专家 | 生产技术处 |
| 2015 | 王　忠 | 石油炼制（催化）专业技术专家 | 第二联合车间 |
| 2015 | 夏佳兴 | 石油炼制（重整）专业技术专家 | 第一联合车间 |
| 2015 | 王　勇 | 石油炼制（加氢）专业技术专家 | 生产技术处 |
| 2015 | 刘宝柱 | 石油炼制（润滑油）专业技术专家 | 生产技术处 |
| 2015 | 苏战国 | 石油化工专业技术专家 | 生产技术处 |
| 2015 | 姚　庆 | 公用工程专业技术专家 | 生产技术处 |
| 2015 | 刘　强 | 机械（动设备）专业技术专家 | 机动设备处 |
| 2015 | 王瑞金 | 机械（动设备）专业技术专家 | 机动设备处 |
| 2015 | 张忠刚 | 机械（静设备）专业技术专家 | 建筑安装总公司检修车间 |

续表

| 获评年份 | 姓名 | 专家名称 | 所在单位 |
|---|---|---|---|
| 2015 | 刘寅方 | 机械（静设备）专业技术专家 | 机动设备处 |
| 2015 | 李卫东 | 机械（设备防腐）专业技术专家 | 机动设备处监测中心 |
| 2015 | 盛大伟 | 安全环保专业技术专家 | 第一联合车间 |
| 2015 | 王　欣 | 电气专业技术专 | 建筑安装总公司电气车间 |
| 2015 | 庄德奎 | 仪表自控专业技术专家 | 机动设备处 |
| 2015 | 李建华 | 检验分析专业技术专家 | 质量环保检测中心（质量检验部） |
| 2015 | 宋宣官 | 港工水务专业技术专家 | 大项目前期办公室 |
| 2016 | 董晓峰 | 石油炼制（硫磺）专业技术专家 | 第一联合车间 |
| 2016 | 黄　宁 | 石油炼制（制氢）专业技术专家 | 第一联合车间 |
| 2016 | 肖洪文 | 仪表自控专业技术专家 | 建筑安装总公司仪表车间 |
| 2017 | 谢圣利 | 石油炼制（催化）专业技术专家 | 第二联合车间 |
| 2017 | 潘　洋 | 石油炼制（重整）专业技术专家 | 第一联合车间 |
| 2017 | 潘琦琨 | 石油炼制（加氢）专业技术专家 | 第一联合车间 |
| 2017 | 颜世闯 | 油品调合专业技术专家 | 第四联合车间 |

## 六、公司技能专家

| 获评年份 | 姓名 | 专家名称 | 所在单位 |
|---|---|---|---|
| 2015 | 孙景祥 | 催化裂化装置技能专家 | 第二联合车间 |
| | 张洪波 | 常减压蒸馏装置技能专家 | 第三联合车间 |
| | 张业涛 | 常减压蒸馏装置技能专家 | 第一联合车间 |
| | 王国江 | 酮苯脱蜡装置技能专家 | 第三联合车间 |
| | 吴锁利 | 电焊工技能专家 | 建筑安装总公司检修二车间 |
| | 张建国 | 维修电工技能专家 | 建筑安装总公司电气车间 |
| | 王传铎 | 石油金属结构制作技能专家 | 建筑安装总公司检修一车间 |
| | 张海鹰 | 油品分析技能专家 | 质量环保检测中心 |
| | 孙泳峰 | 仪表维修工技能专家 | 建筑安装总公司仪表车间 |
| | 张志明 | 连续重整装置技能专家 | 第一联合车间 |

续表

| 获评年份 | 姓名 | 专家名称 | 所在单位 |
|---|---|---|---|
| 2015 | 梁雪松 | 油品储运调和技能专家 | 储运车间 |
| | 李维国 | 硫磺回收装置技能专家 | 第一联合车间 |
| | 马　涛 | 制氢装置技能专家 | 第一联合车间 |
| 2018 | 张洪波 | 常减压蒸馏装置技能专家 | 第三联合车间 |
| | 王国江 | 酮苯脱蜡装置技能专家 | 第三联合车间 |
| | 张建国 | 维修电工技能专家 | 建筑安装工程有限公司电气车间 |
| | 王传铎 | 石油金属结构制作技能专家 | 建筑安装工程有限公司检修一车间 |
| | 张志明 | 连续重整装置技能专家 | 第一联合车间 |
| | 梁雪松 | 油品储运调和技能专家 | 储运车间 |
| | 马　涛 | 制氢装置技能专家 | 第一联合车间 |

# 第五节　先进集体、先进个人名单

## 一、国家级、集团级、地方级荣誉称号名单

| 获评年份 | 荣誉称号 | 颁奖单位 |
|---|---|---|
| 2014 | 集团公司质量计量标准化先进企业 | 集团公司 |
| | 集团公司优秀质量技术机构 | 集团公司 |
| | 集团公司环境保护先进企业 | 集团公司 |
| | 大连市环境管理工作先进集体 | 大连市 |
| | 集团公司节能节水先进企业 | 集团公司 |
| 2015 | 集团公司规划计划工作先进单位 | 集团公司 |
| | 集团公司审计工作先进集体 | 集团公司 |

续表

| 获评年份 | 荣誉称号 | 颁奖单位 |
| --- | --- | --- |
| 2016 | 集团公司科技工作先进单位 | 集团公司 |
| | 集团公司信息化工作先进单位 | 集团公司 |
| | 集团公司“十二五”财税价格工作先进单位 | 集团公司 |
| | 集团公司“十三五”规划工作先进单位 | 集团公司 |
| | 集团公司物资采购管理先进单位 | 集团公司 |
| | 集团公司授权集中采购先进组长单位 | 集团公司 |
| | 全市密码安全保密工作先进单位 | 大连市 |
| 2017 | 集团公司环境保护先进企业 | 集团公司 |
| | 辽宁省环保诚信企业 | 辽宁省 |
| | 集团公司 2015—2017 年度“审计工作先进集体” | 集团公司 |
| | 集团公司组织史资料编纂工作先进单位 | 集团公司 |
| | 集团公司组织史资料优秀著作二等奖 | 集团公司 |
| | 集团公司企业年金工作先进单位 | 集团公司 |
| 2018 | 《大连石化报》获评第四届市企业“最佳报刊奖” | 大连市 |
| | 公司柴油质量升级项目（200 万吨 / 年柴油加氢装置）荣获石油优质工程金奖 | 石油天然气工程质量奖审定委员会和中国石油工程建设协会 |

## 二、其他集体荣誉目录

| 获评年份 | 荣誉称号 | 获奖单位 | 颁奖单位 |
| --- | --- | --- | --- |
| 2014 | 辽宁省工人先锋号 | 有机合成厂化三车间三班 | 辽宁省总工会 |
| | 大连市工人先锋号 | 第二联合车间三催化四班 | 大连市总工会 |
| | 集团公司节能节水先进基层单位 | 热电联合车间 | 集团公司 |
| | | 第二联合车间 | 集团公司 |

续表

| 获评年份 | 荣誉称号 | 获奖单位 | 颁奖单位 |
| --- | --- | --- | --- |
| 2015 | 集团公司先进集体 | 质量环保检测中心 | 集团公司 |
| | | 第三联合车间 | 集团公司 |
| | | 气体车间 | 集团公司 |
| | | 空分车间 | 集团公司 |
| | 大连市工人先锋号 | 第一联合车间制氢一班 | 大连市总工会 |
| | 集团公司财务工作先进集体 | 财务处 | 集团公司 |
| | 集团公司财务报告先进单位二等奖 | 财务处 | 集团公司 |
| 2016 | 全国模范职工小家 | 建筑安装工程总公司 | 中华全国总工会 |
| | 集团公司信息化工作先进单位 | 生产技术处 | 集团公司 |
| | 集团公司优秀审计项目三等奖 | 审计处 | 集团公司 |
| 2017 | 集团公司绿色基层队（站） | 热电联合车间热机装置 | 集团公司 |
| | 集团公司绿色车间（装置） | 有机合成厂 | 集团公司 |
| | 辽宁省先进团委 | 公司团委 | 共青团辽宁省委员会 |
| | 五优青年文明号 | 建安公司检修一车间 | 大连团市委 |
| | 大连市海上搜救“先进船舶” | 消防支队“石消 1 轮” | 大连市海上搜救中心 |
| 2018 | 全市企业专职消防队先进单位 | 消防支队 | 大连市 |

## 三、全国劳动模范名单

| 获评年份 | 荣誉称号 | 获奖者姓名 | 单　位 |
| --- | --- | --- | --- |
| 2015 | 全国劳动模范 | 吴锁利 | 建筑安装工程总公司检修二车间 |

## 四、集团公司劳动模范名单

| 获评年份 | 荣誉称号 | 获奖者姓名 | 单　位 |
| --- | --- | --- | --- |
| 2015 | 集团公司劳动模范 | 孟庆华 | 第一联合车间 |
| | | 郑平 | 第二联合车间 |
| | | 曹鸿昕 | 第三联合车间 |
| | | 李晓波 | 建筑安装工程总公司检修二车间 |
| | | 温国民 | 空分车间 |

## 五、辽宁省劳动模范、大连市特等劳动模范、大连市劳动模范、大连市五一劳动奖章人员名单

| 获评年份 | 荣誉称号 | 获奖者姓名 | 单　位 |
|---|---|---|---|
| 2014 | 大连市劳动模范 | 刘汉杰 | 大连石化分公司工会 |
| | | 李晓波 | 建筑安装工程总公司抢修车间 |
| | | 孟庆华 | 第一联合车间 |
| | | 卞　辑 | 第三联合车间 |
| | | 姜　凯 | 石油储运公司 |
| 2016 | 大连市五一劳动奖章 | 孙集斌 | 建筑安装工程总公司检一车间 |
| 2017 | 辽宁省劳动模范 | 葛春英 | 热电联合车间 |
| 2018 | 辽宁省五一劳动奖章 | 卞　辑 | 第三联合车间 |

## 六、获得国家级、集团级、地方级荣誉称号人员名单

| 获评年份 | 荣誉称号 | 获奖者姓名 | 单　位 |
|---|---|---|---|
| 2014 | 集团公司（汽、煤）柴油加氢装置操作工职业技能竞赛铜牌 | 高美乐 | 第一联合车间 |
| | | 方东兴 | 第二联合车间 |
| | 集团公司（汽、煤）柴油加氢装置操作工职业技能竞赛优胜选手 | 杨家彬 | 第一联合车间 |
| 2015 | 集团公司催化裂化装置操作工职业技能竞赛银牌 | 张雪鹏 | 第二联合车间 |
| | | 袁海东 | |
| | 集团公司催化裂化装置操作工职业技能竞赛优秀选手 | 洪海澎 | |
| 2017 | 全国石油和化工行业技术能手 | 刘云彬 | 供排水车间 |
| 2018 | 全国石油和化工行业技术能手 | 李秀云 | 质量环保检验中心 |
| | 全国石油和化工行业技术能手 | 张　伟 | 建安公司机修车间 |
| | 集团公司催化重整装置操作工职业技能竞赛铜牌 | 胡庆龙 | 第一联合车间 |
| | | 魏建军 | |
| | 集团公司设备员专业技能竞赛铜牌 | 葛　坤 | 第二联合车间 |
| | 集团公司安全员专业技能竞赛铜牌 | 魏　斌 | |
| | | 赵　哲 | |
| | 集团公司安全员专业技能竞赛团队项目铜牌 | 黄中辉 | 有机合成有限公司 |
| | | 迟　婷 | 供排水车间 |

## 第六节　组织机构沿革依据表

<table>
<tr><th>序号</th><th>文号</th><th>涉及部门名称</th><th>主要内容</th><th>时间</th></tr>
<tr><td rowspan="7">1</td><td rowspan="7">大连石化人字〔2014〕29号</td><td>生产技术处</td><td>科技管理处更名为生产技术处，撤销其下设的润滑油质量升级项目筹备组建制</td><td rowspan="7">2014.2.8</td></tr>
<tr><td>安全环保处</td><td>安全生产监督办公室更名为安全环保监督中心，调整为安全环保处副处级附属机构</td></tr>
<tr><td>工会</td><td>撤销工会下设的生产保障部和生活保障部建制</td></tr>
<tr><td>生产新区</td><td>将生产新区更名为第一联合车间</td></tr>
<tr><td>原第一联合车间<br>原第五联合车间</td><td>整合原第一联合车间、第五联合车间，整合后命名为第二联合车间，为正处级二级单位，下设：生产技术科、综合管理科、催化装置、加氢装置，均为正科级建制</td></tr>
<tr><td>原第二联合车间<br>原第三联合车间</td><td>整合原第二联合车间、第三联合车间，整合后命名为第三联合车间，为正处级二级单位，下设：生产技术科、综合管理科、蒸馏装置、酮苯装置、精制装置、625装置，均为正科级建制。</td></tr>
<tr><td>原第四联合车间</td><td>第四联合车间调整为正处级二级单位，下设：生产技术科、综合管理科、催化装置、气分装置、烷基化装置、汽油加氢装置，均为正科级建制。</td></tr>
<tr><td rowspan="4">2</td><td rowspan="4">大连石化委发〔2014〕4号</td><td>生产新区</td><td>成立第一联合车间党总支，撤销原生产新区党总支</td><td rowspan="4">2014.2.10</td></tr>
<tr><td>原第一联合车间<br>原第五联合车间</td><td>成立第二联合车间党总支，撤销原第一联合车间、第五联合车间党支部</td></tr>
<tr><td>原第二联合车间<br>原第三联合车间</td><td>成立第三联合车间党总支，撤销原第二联合车间、第三联合车间党支部</td></tr>
<tr><td>原第四联合车间</td><td>成立第四联合车间党总支，撤销原第四联合车间党支部</td></tr>
<tr><td rowspan="2">3</td><td rowspan="2">大连石化人字〔2014〕41号</td><td>审计处</td><td>审计处成立综合管理科，为正科级建制</td><td rowspan="2">2014.3.10</td></tr>
<tr><td>建筑安装工程总公司</td><td>建筑安装工程总公司检修车间成立吊运队，为正科级建制</td></tr>
</table>

续表

| 序号 | 文号 | 涉及部门名称 | 主要内容 | 时间 |
| --- | --- | --- | --- | --- |
| 4 | 大连石化人字〔2014〕54 号 | 有机合成厂 | 将塑编厂更名为塑编车间，并将运输部业务纳入塑编车间进行统一管理。为适应运输营运需要，对外继续保留“大连石油化工公司有机合成厂运输部”名称 | 2014.3.27 |
| 5 | 大连石化委发〔2014〕18 号 | 安全环保处 | 撤销安全环保监督中心党支部，党员转入安全环保处党支部 | 2014.4.17 |
| | | 有机合成厂 | 撤销有机合成厂运输部党支部，党员转入塑编车间党支部 | |
| 6 | 大连石化人字〔2014〕79 号 | 纪委（监察处） | 增设信访案件室，为正科级建制。将现综合办公室更名为党风建设室。 | 2014.6.19 |
| | | 规划计划处 | 增设综合管理科，为正科级建制 | |
| | | 生产技术处 | 撤销先控管理中心建制。所属人员在生产技术处内部从事相应的技术管理工作 | |
| | | 机动设备处 | 增设动力科，为正科级建制。负责公司动力系统专业管理。按“人随业务走”的原则，将现生产技术处从事动力管理的装置工艺工程师一并划入动力科 | |
| | | 七星监理公司 | 撤销七星监理公司建制，注销法人资格，所属人员划归工程质量监督站管理。原七星监理公司已开展的业务及后续相关事宜由工程质量监督站继续完成 | |
| | | 有机合成厂 | 撤销财务部建制。有机合成厂财务核算业务由财务处负责，所属人员划归财务处管理。撤销生产经营部建制。将液氧销售业务划归营销调运部，岗位人员随业务调入营销调运部。原生产经营部其余人员由有机合成厂在机关内部调整 | |
| | | 添加剂厂 | 将生产设备科与安全环保科合并成为生产技术科，为正科级建制。将生产一车间和动力车间合并成为生产车间，为正科级建制 | |
| 7 | 大连石化委发〔2014〕23 号 | 大项目前期办公室 | 成立大项目前期办公室党支部 | 2014.8.6 |
| 8 | 大连石化人字〔2014〕113 号 | 机动设备处 | 成立工艺设备科、转动设备科和仪表设备科，均为正科级建制。综合科更名为综合管理科 | 2014.8.28 |
| | | 安全环保处 | 撤销 HSE 教育科 | |
| | | 消防支队 | 成立储备库消防站，为正科级建制 | |

续表

| 序号 | 文号 | 涉及部门名称 | 主要内容 | 时间 |
| --- | --- | --- | --- | --- |
| 9 | 大连石化委发〔2014〕26号 | 消防支队<br>建筑安装工程总公司 | 成立消防支队储备库消防站党支部、建筑安装工程总公司储备库保运车间党支部 | 2014.8.28 |
| | | 添加剂厂 | 将添加剂厂生产一车间党支部和动力车间党支部合并，成立生产车间党支部 | |
| | | 无损检测中心<br>七星监理公司 | 撤销无损检测中心党支部、七星监理公司党支部，党员转入工程质量监督站党支部 | |
| 10 | 大连石化人字〔2014〕153号 | 培训中心 | 根据公司生产经营需要，经公司研究决定，撤销培训中心建制 | 2014.12.11 |
| 11 | 大连石化委发〔2014〕31号 | 培训中心 | 根据机构调整和实际工作需要，经公司党委研究决定，撤销培训中心党支部 | 2014.12.11 |
| 12 | 大连石化人字〔2015〕9号 | 规划计划处 | 成立土地管理办公室，正科级建制 | 2015.1.15 |
| | | 工程预决算部 | 成立价格定额科，正科级建制 | |
| | | 物资仓储中心 | 成立物资仓储中心，为公司正处级二级单位。将物资采购管理部的物资验收、物资仓储管理、部分综合管理等相关业务及人员从物资采购管理部划入物资仓储中心。物资仓储中心下设：库房管理科、验收科和综合管理科，均为正科级建制 | |
| | | 物资采购管理部 | 撤销物资采购管理部验收科、物资仓储中心建制 | |
| | | 销售公司 | 撤销销售公司建制，将销售公司业务（含大连经济技术开发区星航石化产品销售中心）及人员划入营销调运部 | |
| | | 营销调运部 | 撤销化工产品销售中心建制，业务和人员划入销售科。营销调运部下设：销售科、调运科、综合管理科、发油站、联营中心，均为正科级建制 | |
| | | 建筑安装工程总公司 | 撤销七星建安公司建制，注销其法人资格，现有人员由建筑安装工程总公司内部分流安置。检修车间更名为检修一车间，抢修车间更名为检修二车间。成立工装车间，正科级建制。撤销检修车间吊运队建制，业务及人员划入工装车间 | 2015.1.15 |
| | | 矿区服务事业部 | 撤销党群工作部建制，业务和人员划入综合管理办公室。将七星房屋开发公司人员划入综合管理办公室，其建制待现有业务清理完毕后自动撤销。撤销印刷中心建制，业务及人员并入综合管理办公室。将房产管理中心、维修服务中心合并成立物业管理中心。将绿化服务中心、保洁服务中心、物资处理中心合并成立绿化保洁中心。供气供暖中心更名为供暖中心。矿区服务事业部机关部室及下属单位机构规格均为正科级 | |

续表

| 序号 | 文号 | 涉及部门名称 | 主要内容 | 时间 |
|---|---|---|---|---|
| 13 | 大连石化委发〔2015〕5号 | 销售公司<br>七星建安公司 | 撤销销售公司党支部、建筑安装工程总公司七星建安公司党支部 | 2015.1.15 |
| | | 物资仓储中心 | 成立物资仓储中心党支部、建筑安装工程总公司工装车间党支部 | |
| | | 矿区服务事业部 | 将矿区服务事业部房产管理中心党支部和维修服务中心党支部合并，成立物业管理中心党支部。将矿区服务事业部保洁服务中心党支部、绿化服务中心党支部、物资处理中心党支部合并，成立绿化保洁中心党支部 | |
| 14 | 大连石化人字〔2015〕1号 | 驻京办 | 经2015年10月26日公司党政领导班子联系会审议通过，决定撤销中国石油大连石油化工公司北京办事处建制，其原有资产及债权债务由中国石油大连石油化工公司承接 | 2015.12.22 |
| 15 | 大连石化人字〔2016〕43号 | 安全环保处 | 撤销防火科建制，其原有业务及人员划入安全环保监督中心 | 2016.4.5 |
| | | 工程管理部 | 撤销工程计划科建制，其原有业务及人员划入综合科 | |
| | | 信息管理部 | 规范其内部机构设置：综合管理科、通讯室、计算机室、网络室（中国石油大连区域网络中心），均为正科级建制。其内部原有科室随之撤销 | |
| 16 | 大连石化人字〔2016〕99号 | 纪委（监察处） | 效能监察室和信访案件室分别更名为合规管理监察室、纪律审查室 | 2016.9.18 |
| | | 企业文化处<br>（党委宣传部） | 综合管理科更名为企业文化科 | |
| | | 物资采购管理部 | 综合管理科更名为综合计划科 | |
| | | 信访（维护稳定）工作办公室<br>保卫处（武装部） | 合并立保卫处（武装部、信访维稳办）<br>其内部机构设置：综合办公室、生产保卫科、治安管理科、保安队，均为正科级建制 | |
| | | 质量环保检测中心（质量检验部）<br>计量中心<br>（计量管理部） | 合并成立质检计量中心，为公司下属正处级二级单位<br>其内部机构设置：综合管理科（省石油产品质量监督检验第二中心）、技术科、检查科、计量管理科、贸易计量科、仪器设备科、油品分析室、化工分析室、环保水质监测室、原油评价室、计量检定站、新港原油计量站，均为正科级建制 | |
| | | HSE体系推进办公室<br>（企管法规处） | 撤销HSE体系推进办公室，HSE体系运行相关业务划归企管法规处（内控办公室）管理。原HSE体系推进办公室所属人员在公司内部重新安置 | |

续表

| 序号 | 文号 | 涉及部门名称 | 主要内容 | 时间 |
|---|---|---|---|---|
| 16 | 大连石化人字〔2016〕99号 | 工程质量监督站（工程预决算部、建安公司） | 撤销工程质量监督站建制，原石油天然气大连石化工程质量监督站业务由工程预决算部承接，原工程质量监督站内部工程质量监督室业务及人员成建制划归工程预决算部管理<br>原工程质量监督站内部无损检测中心更名为无损检测室，业务及人员成建制划归建筑安装工程总公司管理，为其质量技术部副科级附属机构 | 2016.9.18 |
| 17 | 大连石化委发〔2016〕31号 | 信访（维护稳定）工作办公室<br>保卫处（武装部） | 信访（维护稳定）工作办公室党支部与保卫处（武装部）党支部合并，成立保卫处（武装部、信访维稳办）党支部 | 2016.9.18 |
| | | 质量环保检测中心（质量检验部）<br>计量中心（计量管理部） | 质量环保检测中心（质量检验部）党支部与计量中心（计量管理部）党支部合并，成立质检计量中心党总支 | |
| | | 物资采购管理部 | 撤销物资采购管理部党总支，成立物资采购管理部党支部 | |
| | | 工程质量监督站（工程预决算部、建安公司） | 撤销工程质量监督站党支部，党员随建制分别转入建筑安装工程总公司党委和工程预决算部党支部 | |
| 18 | 大连石化委发〔2016〕36号 | 总经理（党委）办公室 | 撤销机关车队党支部，党员转入总经理（党委）办公室党支部 | 2016.10.12 |
| | | 保卫处（武装部、信访维稳办） | 撤销保安队党支部，党员转入保卫处（武装部、信访维稳办）党支部 | |
| | | 营销调运部 | 撤销发油站党支部，党员转入营销调运部党支部 | |
| | | 添加剂厂 | 撤销添加剂厂机关党支部，党员由添加剂厂党总支直接管理 | |
| 19 | 中油企管〔2017〕448号 | 大连石油化工公司 | 集团公司批复同意大连石油化工公司改制为一人有限公司，名称为大连石油化工有限公司，中国石油天然气集团公司持股100%，公司设执行董事1人、监事1人。大连石油添加剂厂更名为大连石油添加剂有限公司，建筑安装工程总公司更名为建筑安装工程有限公司 | 2017.11.3 |
| | | 大连石油添加剂厂 | | |
| | | 建筑安装工程总公司 | | |

# 第七节　领导名录信息简明表

## 一、公司行政领导班子成员

| 姓名 | 性别 | 民族 | 职务 | 任职时间 | 任职依据 | 免职时间 | 免职依据 |
|---|---|---|---|---|---|---|---|
| 段良伟 | 男 | 汉族 | 总经理 | 2013.7 | 石油任〔2013〕192号 | 2017.4 | 石油任〔2017〕57号 |
| 庞晓东 | 男 | 汉族 | 总经理 | 2017.4 | 石油任〔2017〕57号 | — | — |
| 刘　栋 | 男 | 汉族 | 副总经理 | 2007.3 | 石油任字〔2007〕55号 | 2015.9 | 石油任〔2015〕260号 |
| 郭　强 | 男 | 汉族 | 副总经理 | 2010.6 | 石油任〔2010〕133号 | — | — |
| 马　强 | 男 | 汉族 | 副总经理 | 2012.3 | 石油任〔2012〕58号 | 2018.4 | 石油监〔2018〕76号 |
| 李　炜 | 男 | 汉族 | 副总经理 | 2012.3 | 石油任〔2012〕58号 | — | — |
| 李善春 | 男 | 汉族 | 副总经理 | 2013.6 | 石油任〔2013〕176号 | 2018.10 | 石油任〔2018〕261号 |
| 景玉忠 | 男 | 汉族 | 副总经理 | 2013.7 | 石油任〔2013〕192号 | — | — |
| 王永长 | 男 | 汉族 | 副总经理 | 2018.7 | 石油任〔2018〕186号 | — | — |
| 韩圣福 | 男 | 汉族 | 总会计师 | 2007.3 | 石油任字〔2007〕55号 | 2018.4 | 石油任〔2018〕95号 |
| 马　强 | 男 | 汉族 | 安全总监（兼任） | 2012.3 | 石油任〔2012〕58号 | 2018.4 | 石油监〔2018〕76号 |
| 朱文军 | 男 | 汉族 | 安全总监 | 2018.7 | 石油任〔2018〕186号 | — | — |
| 门卓明 | 男 | 汉族 | 总会计师 | 2018.7 | 石油任〔2018〕186号 | — | — |
| 马平凡 | 男 | 汉族 | 正局级干部 | 2014.1 | — | — | — |

注：表中免职时间为“—”的表示本书编纂时间下限仍在任。

续表

| 姓名 | 性别 | 民族 | 职务 | 任职时间 | 任职依据 | 免职时间 | 免职依据 |
|---|---|---|---|---|---|---|---|
| 刘　栋 | 男 | 汉族 | 副局级干部 | 2018.4 | — | — | — |
| 杨　毅 | 男 | 汉族 | 总经理助理 | 2007.7 | 大连石化人字〔2007〕136号 | — | — |
| 时　岩 | 男 | 汉族 | 总经理助理 | 2008.11 | 大连石化人字〔2008〕236号 | — | — |
| 马端祝 | 男 | 汉族 | 总经理助理 | 2014.12 | 大连石化人字〔2014〕155号 | 2016.6 | 调走 |
| 左洪波 | 男 | 汉族 | 总经理助理 | 2014.12 | 大连石化人字〔2014〕155号 | 2015.9 | 调走 |
| 高春山 | 男 | 汉族 | 总经理助理 | 2014.12 | 大连石化人字〔2014〕155号 | 2015.7 | 调走 |
| 王永长 | 男 | 汉族 | 副总工程师 | 2014.12 | 大连石化人字〔2014〕155号 | 2018.7 | 石油任〔2018〕186号 |
| 何明川 | 男 | 汉族 | 总经理助理 | 2016.9 | 大连石化人字〔2016〕101号 | — | — |
| 王国彤 | 男 | 汉族 | 总经理助理 | 2017.12 | 大连石化人字〔2017〕100号 | — | — |
| 丛继功 | 男 | 汉族 | 安全副总监 | 2014.12 | 大连石化人字〔2014〕155号 | 2018.3 | 大连石化人字〔2018〕48号 |

## 二、公司党委、纪委、工会

| 姓名 | 性别 | 民族 | 职务 | 任职时间 | 任职依据 | 免职时间 | 免职依据 |
|---|---|---|---|---|---|---|---|
| 李善春 | 男 | 汉族 | 党委书记 | 2013.6 | 中油党组〔2013〕34号 | 2018.10 | 中油党组〔2018〕159号 |
| 庞晓东 | 男 | 汉族 | 党委书记 | 2018.10 | 中油党组〔2018〕159号 | — | — |
| 段良伟 | 男 | 汉族 | 党委副书记 | 2013.7 | 中油党组〔2013〕43号 | 2017.4 | 中油党组〔2017〕53号 |
| 巩立志 | 男 | 汉族 | 党委副书记 | 2007.3 | 中油党字〔2007〕9号 | 2014.7 | 退休 |
| 庞晓东 | 男 | 汉族 | 党委副书记 | 2017.4 | 中油党组〔2017〕53号 | 2018.10 | 中油党组〔2018〕159号 |

续表

| 姓名 | 性别 | 民族 | 职务 | 任职时间 | 任职依据 | 免职时间 | 免职依据 |
|---|---|---|---|---|---|---|---|
| 巩立志 | 男 | 汉族 | 党委委员 | 2007.3 | 中油党字〔2007〕9号 | 2014.7 | 退休 |
| 韩圣福 | 男 | 汉族 | 党委委员 | 2005.1 | 中油党字〔2005〕8号 | 2018.4 | 中油党组〔2018〕45号 |
| 刘　栋 | 男 | 汉族 | 党委委员 | 2007.3 | 中油党字〔2007〕9号 | 2018.4 | 中油党组〔2018〕45号 |
| 郭　强 | 男 | 汉族 | 党委委员 | 2010.6 | 中油党组〔2010〕52号 | — | — |
| 马　强 | 男 | 汉族 | 党委委员 | 2012.3 | 中油党组〔2012〕18号 | 2018.4 | 中油纪检〔2018〕8号 |
| 李　炜 | 男 | 汉族 | 党委委员 | 2012.3 | 中油党组〔2012〕18号 | — | — |
| 李善春 | 男 | 汉族 | 党委委员 | 2013.6 | 中油党组〔2013〕34号 | 2018.10 | 中油党组〔2018〕159号 |
| 段良伟 | 男 | 汉族 | 党委委员 | 2013.7 | 中油党组〔2013〕43号 | 2017.4 | 中油党组〔2017〕53号 |
| 景玉忠 | 男 | 汉族 | 党委委员 | 2013.7 | 中油党组〔2013〕43号 | — | — |
| 庞晓东 | 男 | 汉族 | 党委委员 | 2017.4 | 中油党组〔2017〕53号 | — | — |
| 赵　纯 | 男 | 汉族 | 党委委员 | 2018.4 | 中油党组〔2018〕45号 | — | — |
| 王永长 | 男 | 汉族 | 党委委员 | 2018.7 | 中油党组〔2018〕111号 | — | — |
| 朱文军 | 男 | 汉族 | 党委委员 | 2018.7 | 中油党组〔2018〕111号 | — | — |
| 门卓明 | 男 | 汉族 | 党委委员 | 2018.7 | 中油党组〔2018〕111号 | — | — |
| 巩立志 | 男 | 汉族 | 纪委书记 | 2010.6 | 中油党组〔2010〕52号 | 2014.7 | 退休 |
| 刘　栋 | 男 | 汉族 | 纪委书记 | 2015.9 | 中油党组〔2015〕168号 | 2018.4 | 中油党组〔2018〕45号 |

续表

| 姓名 | 性别 | 民族 | 职务 | 任职时间 | 任职依据 | 免职时间 | 免职依据 |
|---|---|---|---|---|---|---|---|
| 赵　纯 | 男 | 汉族 | 纪委书记 | 2018.4 | 中油党组〔2018〕45号 | — | — |
| 巩立志 | 男 | 汉族 | 工会主席 | 2010.6 | 中油党组〔2010〕52号 | 2014.7 | 退休 |
| 李善春 | 男 | 汉族 | 工会主席 | 2015.9 | 中油党组〔2015〕168号 | 2018.10 | 中油党组〔2018〕159号 |

# 三、公司机关部门

| 姓名 | 性别 | 民族 | 部门 | 职务 | 任职时间 | 任职依据 | 免职时间 | 免职依据 |
|---|---|---|---|---|---|---|---|---|
| 马端祝 | 男 | 汉族 | 总经理（党委）办公室 | 主任（兼任） | 2012.3 | 大连石化人字〔2012〕37号 | 2016.6 | 大连石化人字〔2016〕89号 |
| 孟繁有 | 男 | 汉族 | 总经理（党委）办公室 | 主任 | 2016.6 | 大连石化人字〔2016〕89号 | — | — |
| 马端祝 | 男 | 汉族 | 总经理（党委）办公室 | 书记 | 2012.3 | 大连石化委发〔2012〕6号 | 2016.6 | 大连石化委发〔2016〕22号 |
| 孟繁有 | 男 | 汉族 | 总经理（党委）办公室 | 书记 | 2016.6 | 大连石化委发〔2016〕22号 | — | — |
| 林　蔚 | 女 | 汉族 | 总经理（党委）办公室 | 副主任 | 2013.5 | 大连石化人字〔2013〕136号 | 2016. 2 | 大连石化人字〔2016〕26号 |
| 孙　敏 | 男 | 汉族 | 总经理（党委）办公室 | 副主任 | 2016.2 | 大连石化人字〔2016〕26号 | — | — |
| 左洪波 | 男 | 汉族 | 人事处（党委组织部、机关党委） | 部长（处长）（兼任） | 2009.4 | 大连石化人字〔2009〕84号 | 2015.9 | 调走 |
| 关雪梅 | 女 | 锡伯族 | 人事处（党委组织部、机关党委） | 部长（处长） | 2016.9 | 大连石化人字〔2016〕124号 | — | — |

续表

| 姓名 | 性别 | 民族 | 部门 | 职务 | 任职时间 | 任职依据 | 免职时间 | 免职依据 |
|---|---|---|---|---|---|---|---|---|
| 左洪波 | 男 | 汉族 | 人事处（党委组织部、机关党委） | 书记 | 2009.4 | 大连石化委发〔2009〕15号 | 2015.9 | 调走 |
| 关雪梅 | 女 | 锡伯族 | 人事处（党委组织部、机关党委） | 书记 | 2016.9 | 大连石化委发〔2016〕40 号 | — | — |
| 关雪梅 | 女 | 锡伯族 | 人事处（党委组织部、机关党委） | 副部长（副处长） | 2007.3 | 大连石化人字〔2007〕56号 | 2016.9 | 大连石化人字〔2016〕124号 |
| 于成滨 | 男 | 汉族 | 人事处（党委组织部、机关党委） | 副部长（副处长） | 2013.7 | 大连石化人字〔2013〕136号 | — | — |
| 姜　伟 | 男 | 汉族 | 人事处（党委组织部、机关党委） | 副部长（副处长） | 2016.9 | 大连石化人字〔2016〕101号 | — | — |
| 郭北尧 | 男 | 汉族 | 人事处（党委组织部、机关党委） | 机关党委书记 | 2014.12 | 大连石化委发〔2014〕32号 | 2017.12 | 大连石化委发〔2017〕57号 |
| 关雪梅 | 女 | 锡伯族 | 人事处（党委组织部、机关党委） | 机关党委书记 | 2017.12 | 大连石化委发〔2017〕57号 | — | — |
| 刘学忱 | 男 | 汉族 | 技能鉴定中心 | 主任 | 2009.5 | 大连石化人字〔2009〕100号 | — | — |
| 刘瑞善 | 男 | 汉族 | 技能鉴定中心 | 党支部书记 | 2009.5 | 大连石化委发〔2009〕18号 | 2016.2 | 大连石化委发〔2016〕5号 |
| 刘学忱 | 男 | 汉族 | 技能鉴定中心 | 党支部书记 | 2016.2 | 大连石化委发〔2016〕5号 | — | — |
| 邹浩洋 | 男 | 汉族 | 规划计划处 | 处长 | 2012.12 | 大连石化人字〔2012〕220号 | 2014.8 | 大连石化人字〔2014〕108号 |
| 王　利 | 男 | 汉族 | 规划计划处 | 处长 | 2014.8 | 大连石化人字〔2014〕108号 | — | — |

续表

| 姓名 | 性别 | 民族 | 部门 | 职务 | 任职时间 | 任职依据 | 免职时间 | 免职依据 |
|---|---|---|---|---|---|---|---|---|
| 邹浩洋 | 男 | 汉族 | 规划计划处 | 书记 | 2012.12 | 大连石化委发〔2012〕28号 | 2014.8 | 大连石化委发〔2014〕24号 |
| 王　利 | 男 | 汉族 | 规划计划处 | 书记 | 2014.8 | 大连石化委发〔2014〕24号 | — | — |
| 张家栋 | 男 | 汉族 | 规划计划处 | 副处长 | 2014.2 | 大连石化人字〔2014〕30号 | — | — |
| 门卓明 | 男 | 汉族 | 财务处 | 处长 | 2006.2 | 大连石化人字〔2006〕43号 | 2018.7 | 石油任〔2018〕186号 |
| 曲　钢 | 男 | 汉族 | 财务处 | 处长 | 2018.10 | 大连石化人字〔2018〕139号 | — | — |
| 门卓明 | 男 | 汉族 | 财务处 | 书记 | 2008.1 | 大连石化委发〔2008〕3号 | 2018.7 | 中油党组〔2018〕111号 |
| 曲　钢 | 男 | 汉族 | 财务处 | 书记 | 2018.10 | 大连石化委发〔2018〕67号 | — | — |
| 邓　微 | 女 | 汉族 | 财务处 | 副处长 | 2005.3 | 大连石化人字〔2005〕70号 | 2014.2 | 大连石化人字〔2014〕30号 |
| 王晓光 | 男 | 汉族 | 财务处 | 副处长 | 2007.3 | 大连石化人字〔2007〕56号 | — | — |
| 王忠义 | 男 | 汉族 | 财务处 | 副处长 | 2010.1 | 大连石化人字〔2010〕5号 | 2016.2 | 大连石化人字〔2016〕26号 |
| 曲　钢 | 男 | 汉族 | 财务处 | 副处长 | 2014.2 | 大连石化人字〔2014〕30号 | 2018.10 | 大连石化人字〔2018〕139号 |

续表

| 姓名 | 性别 | 民族 | 部门 | 职务 | 任职时间 | 任职依据 | 免职时间 | 免职依据 |
|---|---|---|---|---|---|---|---|---|
| 丛继功 | 男 | 汉族 | 生产运行处 | 处长 | 2012.9 | 大连石化人字〔2012〕145号 | 2014.2 | 大连石化人字〔2014〕30号 |
| 何明川 | 男 | 汉族 | 生产运行处 | 处长 | 2014.2 | 大连石化人字〔2014〕30号 | — | — |
| 丛继功 | 男 | 汉族 | 生产运行处 | 书记 | 2012.9 | 大连石化委发〔2012〕20号 | 2014.2 | 大连石化委发〔2014〕5号 |
| 何明川 | 男 | 汉族 | 生产运行处 | 书记 | 2014.2 | 大连石化委发〔2014〕5号 | 2015.1 | 大连石化委发〔2015〕6号 |
| 刘　东 | 男 | 汉族 | 生产运行处 | 书记 | 2015.1 | 大连石化委发〔2015〕6号 | — | — |
| 刘　东 | 男 | 汉族 | 生产运行处 | 副处长 | 2008.12 | 大连石化人字〔2008〕253号 | — | — |
| 何明川 | 男 | 汉族 | 生产运行处 | 副处长 | 2012.10 | 大连石化办字〔2012〕178号 | 2014.2 | 大连石化人字〔2014〕30号 |
| 石功军 | 男 | 汉族 | 生产运行处 | 副处长 | 2014.2 | 大连石化人字〔2014〕30号 | — | — |
| 何明川 | 男 | 汉族 | 生产运行处 | 生产调度中心主任 | 2012.10 | 大连石化人字〔2012〕178号 | 2014.2 | 大连石化人字〔2014〕30号 |
| 石功军 | 男 | 汉族 | 生产运行处 | 生产调度中心主任 | 2014.2 | 大连石化人字〔2014〕30号 | — | — |
| 刘　卫 | 男 | 汉族 | 生产运行处 | 原油管理中心主任 | 2012.10 | 大连石化人字〔2012〕178号 | — | — |
| 张　野 | 男 | 满族 | 机动设备处 | 处长 | 2012.12 | 大连石化人字〔2012〕220号 | 2016.2 | 大连石化人字〔2016〕26号 |

续表

| 姓名 | 性别 | 民族 | 部门 | 职务 | 任职时间 | 任职依据 | 免职时间 | 免职依据 |
|---|---|---|---|---|---|---|---|---|
| 晏永权 | 男 | 满族 | 机动设备处 | 处长 | 2016.2 | 大连石化人字〔2016〕26号 | 2018.3 | 大连石化人字〔2018〕48号 |
| 吴伟阳 | 男 | 汉族 | 机动设备处 | 处长 | 2018.10 | 大连石化人字〔2018〕139号 | — | — |
| 张　野 | 男 | 满族 | 机动设备处 | 书记 | 2012.12 | 大连石化委发〔2012〕28号 | 2016.2 | 大连石化委发〔2016〕5号 |
| 晏永权 | 男 | 满族 | 机动设备处 | 书记 | 2016.9 | 大连石化委发〔2016〕32号 | 2018.3 | 大连石化委发〔2018〕17号 |
| 吴伟阳 | 男 | 汉族 | 机动设备处 | 书记 | 2018.10 | 大连石化委发〔2018〕67号 | — | — |
| 吴伟阳 | 男 | 汉族 | 机动设备处 | 党支部副书记 | 2018.3 | 大连石化委发〔2018〕17号 | 2018.10 | 大连石化委发〔2018〕67号 |
| 吴伟阳 | 男 | 汉族 | 机动设备处 | 副处长（主持工作） | 2018.3 | 大连石化人字〔2018〕48号 | 2018.10 | 大连石化人字〔2018〕139号 |
| 岳　成 | 男 | 汉族 | 机动设备处 | 副处长 | 2009.5 | 大连石化人字〔2009〕98号 | — | — |
| 孙忠利 | 男 | 汉族 | 机动设备处 | 副处长 | 2011.3 | 大连石化人字〔2011〕43号 | 2016.2 | 大连石化人字〔2016〕26号 |
| 晏永权 | 男 | 满族 | 机动设备处 | 副处长 | 2013.7 | 大连石化人字〔2013〕136号 | 2016.9 | 大连石化委发〔2016〕32号 |
| 闫　萍 | 女 | 汉族 | 机动设备处 | 副处长 | 2016.2 | 大连石化人字〔2016〕26号 | — | — |
| 史运贞 | 男 | 汉族 | 机动设备处 | 副处长 | 2016.9 | 大连石化人字〔2016〕101号 | — | — |

续表

| 姓名 | 性别 | 民族 | 部门 | 职务 | 任职时间 | 任职依据 | 免职时间 | 免职依据 |
|---|---|---|---|---|---|---|---|---|
| 丛继功 | 男 | 汉族 | 安全环保处 | 处长（兼任） | 2014.2 | 大连石化人字〔2014〕30号 | 2018.3 | 大连石化人字〔2018〕48号 |
| 程旭东 | 男 | 汉族 | 安全环保处 | 处长 | 2018.3 | 大连石化人字〔2018〕48 号 | — | — |
| 李同昌 | 男 | 汉族 | 安全环保处 | 书记 | 2014.2 | 大连石化委发〔2014〕5号 | 2017.12 | 大连石化委发〔2017〕57号 |
| 丛继功 | 男 | 汉族 | 安全环保处 | 书记 | 2017.12 | 大连石化委发〔2017〕57号 | 2018.3 | 大连石化委发〔2018〕17号 |
| 程旭东 | 男 | 汉族 | 安全环保处 | 书记 | 2018.3 | 大连石化委发〔2018〕17 号 | — | — |
| 周　健 | 男 | 汉族 | 安全环保处 | 副处长 | 2010.6 | 大连石化人字〔2010〕73号 | — | — |
| 崔宏斌 | 男 | 汉族 | 安全环保处 | 副处长 | 2008.11 | 大连石化人字〔2008〕236号 | 2016.9 | 大连石化人字〔2016〕103号 |
| 张琦岩 | 男 | 汉族 | 安全环保处 | 副处长 | 2016.9 | 大连石化人字〔2016〕101号 | — | — |
| 李同昌 | 男 | 汉族 | 安全环保处 | 安全环保监督中心主任 | 2014.2 | 大连石化人字〔2014〕30号 | 2017.12 | 大连石化人字〔2017〕100号 |
| 丛继功 | 男 | 汉族 | 安全环保处 | 安全环保监督中心主任 | 2017.12 | 大连石化人字〔2017〕100号 | 2018.3 | 大连石化人字〔2018〕48号 |
| 程旭东 | 男 | 汉族 | 安全环保处 | 安全环保监督中心主任 | 2018.3 | 大连石化人字〔2018〕48 号 | — | — |
| 李景华 | 男 | 汉族 | 安全环保处 | 安全环保监督中心副主任 | 2014.2 | 大连石化人字〔2014〕30号 | 2016.2 | 大连石化人字〔2016〕26号 |

续表

| 姓名 | 性别 | 民族 | 部门 | 职务 | 任职时间 | 任职依据 | 免职时间 | 免职依据 |
|---|---|---|---|---|---|---|---|---|
| 于　勇 | 男 | 汉族 | 安全环保处 | 安全环保监督中心副主任 | 2016.9 | 大连石化人字〔2016〕101号 | — | — |
| 吴隆庆 | 男 | 汉族 | 安全环保处 | 安全环保监督中心安全专员 | 2018.4 | 大连石化人字〔2018〕61号 | — | — |
| 韩友铭 | 男 | 汉族 | 安全环保处 | 安全环保监督中心安全专员 | 2018.4 | 大连石化人字〔2018〕61号 | — | — |
| 丛恕文 | 男 | 汉族 | 安全环保处 | 安全环保监督中心安全专员 | 2018.4 | 大连石化人字〔2018〕61号 | — | — |
| 王永长 | 男 | 汉族 | 科技管理处 | 处长 | 2010.1 | 大连石化人字〔2010〕5号 | 2014.2 | 机构更名 |
| 王永长 | 男 | 汉族 | 科技管理处 | 书记 | 2008.10 | 大连石化委发〔2008〕25号 | 2014.2 | 机构更名 |
| 阎雪峰 | 男 | 汉族 | 科技管理处 | 副处长 | 2008.10 | 大连石化人字〔2008〕220号 | 2014.2 | 机构更名 |
| 张家栋 | 男 | 汉族 | 科技管理处 | 副处长 | 2012.7 | 大连石化人字〔2012〕131号 | 2014.2 | 大连石化人字〔2014〕30号 |
| 关海若 | 男 | 满族 | 科技管理处 | 技术总监 | 2011.12 | 大连石化人字〔2011〕168号 | 2014.2 | 机构更名 |
| 王永长 | 男 | 汉族 | 生产技术处 | 处长（兼任） | 2014.2 | 机构更名 | 2018.7 | 石油任〔2018〕186号 |
| 李凤岭 | 男 | 汉族 | 生产技术处 | 处长 | 2018.10 | 大连石化人字〔2018〕139号 | — | — |
| 王永长 | 男 | 汉族 | 生产技术处 | 书记 | 2014.2 | 机构更名 | 2015.1 | 大连石化委发〔2015〕6号 |

续表

| 姓名 | 性别 | 民族 | 部门 | 职务 | 任职时间 | 任职依据 | 免职时间 | 免职依据 |
|---|---|---|---|---|---|---|---|---|
| 阎雪峰 | 男 | 汉族 | 生产技术处 | 书记 | 2015.1 | 大连石化委发〔2015〕6号 | — | — |
| 阎雪峰 | 男 | 汉族 | 生产技术处 | 副处长 | 2014.2 | 机构更名 | — | — |
| 刁望升 | 男 | 汉族 | 生产技术处 | 副处长 | 2014.2 | 大连石化人字〔2014〕30号 | 2016.2 | 大连石化人字〔2016〕26号 |
| 林晓峰 | 男 | 汉族 | 生产技术处 | 副处长 | 2015.1 | 大连石化人字〔2015〕10号 | — | — |
| 关海若 | 男 | 满族 | 生产技术处 | 副处长 | 2016.2 | 大连石化人字〔2016〕26号 | — | — |
| 关海若 | 男 | 满族 | 生产技术处 | 技术总监 | 2014.2 | 机构更名 | 2016.2 | 大连石化人字〔2016〕26号 |
| 张熠蔚 | 女 | 汉族 | 审计处 | 处长 | 2008.1 | 大连石化人字〔2008〕13号 | — | — |
| 张熠蔚 | 女 | 汉族 | 审计处 | 书记 | 2008.1 | 大连石化委发〔2008〕3号 | — | — |
| 石泉田 | 男 | 汉族 | 审计处 | 副处长 | 2010.6 | 大连石化人字〔2010〕73号 | — | — |
| 姜占铭 | 男 | 汉族 | 企管法规处（内控办公室） | 处长 | 2012.10 | 大连石化办字〔2012〕178号 | — | — |
| 姜占铭 | 男 | 汉族 | 企管法规处（内控办公室） | 书记 | 2012.10 | 大连石化委发〔2012〕22号 | — | — |
| 邹玉华 | 女 | 汉族 | 企管法规处（内控办公室） | 副处长 | 2013.5 | 大连石化人字〔2013〕97号 | 2014.8 | 大连石化人字〔2014〕108号 |

续表

| 姓名 | 性别 | 民族 | 部门 | 职务 | 任职时间 | 任职依据 | 免职时间 | 免职依据 |
|---|---|---|---|---|---|---|---|---|
| 姚海东 | 男 | 汉族 | 企管法规处（内控办公室） | 副处长 | 2014.8 | 大连石化人字〔2014〕108号 | — | — |
| 褚为民 | 男 | 汉族 | 企管法规处（内控办公室） | 副处长 | 2014.8 | 大连石化人字〔2014〕108号 | — | — |
| 姜占铭 | 男 | 汉族 | HSE体系推进办公室 | 主任 | 2013.8 | 大连石化人字〔2013〕169号 | 2016.9 | 大连石化人字〔2016〕101号 |
| 于　勇 | 男 | 汉族 | HSE体系推进办公室 | 副主任 | 2013.7 | 大连石化人字〔2013〕169号 | 2016.9 | 大连石化人字〔2016〕101号 |
| 于　梅 | 女 | 汉族 | HSE体系推进办公室 | 副主任 | 2013.7 | 大连石化人字〔2013〕169号 | 2015.1 | 大连石化人字〔2015〕10号 |
| 吴鹏翔 | 男 | 汉族 | 纪委 | 纪委副书记 | 2012.12 | 大连石化委发〔2012〕28号 | — | — |
| 吴鹏翔 | 男 | 汉族 | 监察处 | 处长 | 2012.12 | 大连石化人字〔2012〕220号 | — | — |
| 吴鹏翔 | 男 | 汉族 | 纪委（监察处） | 书记 | 2012.12 | 大连石化委发〔2012〕28号 | — | — |
| 王　建 | 男 | 汉族 | 监察处 | 副处长 | 2012.12 | 大连石化人字〔2013〕97号 | — | — |
| 宋　伟 | 男 | 汉族 | 企业文化处（党委宣传部、记者站、团委） | 处长（部长） | 2012.12 | 大连石化人字〔2012〕220号 | 2016.2 | 大连石化委发〔2016〕5号 |
| 林　蔚 | 女 | 汉族 | 企业文化处（党委宣传部、记者站、团委） | 处长（部长） | 2016.9 | 大连石化人字〔2016〕101号 | — | — |

续表

| 姓名 | 性别 | 民族 | 部门 | 职务 | 任职时间 | 任职依据 | 免职时间 | 免职依据 |
|---|---|---|---|---|---|---|---|---|
| 宋　伟 | 男 | 汉族 | 企业文化处（党委宣传部、记者站、团委） | 书记 | 2012.12 | 大连石化委发〔2012〕28号 | 2016.2 | 大连石化委发〔2016〕5号 |
| 林　蔚 | 女 | 汉族 | 企业文化处（党委宣传部、记者站、团委） | 书记 | 2016.9 | 大连石化委发〔2016〕32号 | — | — |
| 孙　敏 | 男 | 汉族 | 企业文化处（党委宣传部、记者站、团委） | 副部长（副处长） | 2013.5 | 大连石化委发〔2013〕12号 | 2016.2 | 大连石化人字〔2016〕26号 |
| 邹玉华 | 女 | 汉族 | 企业文化处（党委宣传部、记者站、团委） | 副部长（副处长） | 2014.8 | 大连石化委发〔2014〕24号 | 2017.12 | 大连石化委发〔2017〕57号 |
| 林　蔚 | 女 | 汉族 | 企业文化处（党委宣传部、记者站、团委） | 副部长（副处长） | 2016.2 | 大连石化人字〔2016〕26号 | 2016.9 | 大连石化人字〔2016〕101号 |
| 张浩宇 | 男 | 汉族 | 企业文化处（党委宣传部、记者站、团委） | 副部长（副处长） | 2016.9 | 大连石化人字〔2016〕101号 | — | — |
| 朱爱华 | 男 | 汉族 | 企业文化处（党委宣传部、记者站、团委） | 新闻中心主任 | 2013.5 | 大连石化人字〔2013〕97号 | 2017.12 | 大连石化人字〔2017〕100号 |
| 王　卫 | 男 | 汉族 | 企业文化处（党委宣传部、记者站、团委） | 新闻中心主任 | 2017.12 | 大连石化人字〔2017〕100号 | — | — |
| 王　卫 | 男 | 汉族 | 企业文化处（党委宣传部、记者站、团委） | 记者站站长 | 2013.5 | 大连石化人字〔2013〕97号 | — | — |
| 韩　丹 | 男 | 苗族 | 企业文化处（党委宣传部、记者站、团委） | 团委书记 | 2014.8 | 大连石化委发〔2014〕24号 | — | — |
| 刘洪敖 | 男 | 汉族 | 科协 | 副主席 | 2014.1 | 大石化委发〔2004〕5号 | 2014. 2 | 大连石化委发〔2014〕5号 |
| 刘汉杰 | 男 | 汉族 | 工会 | 副主席 | 2008.1 | 大连石化委发〔2008〕3号 | 2016.2 | 大连石化委发〔2016〕5号 |

续表

| 姓名 | 性别 | 民族 | 部门 | 职务 | 任职时间 | 任职依据 | 免职时间 | 免职依据 |
|---|---|---|---|---|---|---|---|---|
| 宋　伟 | 男 | 汉族 | 工会 | 副主席 | 2016.2 | 大连石化委发〔2016〕5号 | — | — |
| 孙艾奇 | 男 | 汉族 | 工会 | 副主席 | 2014.2 | 大连石化委发〔2014〕5号 | — | — |
| 李秉文 | 男 | 汉族 | 工会 | 副主席 | 2014.2 | 大连石化委发〔2014〕5号 | — | — |
| 刘汉杰 | 男 | 汉族 | 工会 | 党支部书记 | 2003.12 | 大石化委发〔2003〕36号 | 2016.2 | 大连石化委发〔2016〕5号 |
| 宋　伟 | 男 | 汉族 | 工会 | 党支部书记 | 2016.2 | 大连石化委发〔2016〕5号 | — | — |
| 孙艾奇 | 男 | 汉族 | 工会 | 副部长 | 2007.3 | 大石化委发〔2007〕6号 | 2014.2 | 大连石化委发〔2014〕5号 |
| 李秉文 | 男 | 汉族 | 工会 | 副部长 | 2012.4 | 大连石化委发〔2012〕10号 | 2014.2 | 大连石化委发〔2014〕5号 |
| 宋清发 | 男 | 汉族 | 信访（维护稳定）工作办公室 | 主任 | 2014.2 | 大连石化人字〔2014〕30号 | 2016.9 | 大连石化人字〔2016〕101号 |
| 宋清发 | 男 | 汉族 | 信访（维护稳定）工作办公室 | 书记 | 2014.2 | 大连石化委发〔2014〕5号 | 2016.9 | 大连石化委发〔2016〕32号 |
| 宋清发 | 男 | 汉族 | 信访（维护稳定）工作办公室 | 副主任 | 2007.7 | 大连石化人字〔2007〕136号 | 2014.2 | 大连石化人字〔2014〕30号 |
| 黄丽丽 | 女 | 汉族 | 信访（维护稳定）工作办公室 | 副主任 | 2014.2 | 大连石化人字〔2014〕30号 | 2016.9 | 大连石化人字〔2016〕101号 |
| 王　杰 | 男 | 汉族 | 保卫处（武装部） | 处长（部长） | 2013.5 | 大连石化委发〔2013〕12号 | 2016. 2 | 大连石化人字〔2016〕26号 |

续表

| 姓名 | 性别 | 民族 | 部门 | 职务 | 任职时间 | 任职依据 | 免职时间 | 免职依据 |
|---|---|---|---|---|---|---|---|---|
| 肖应军 | 男 | 汉族 | 保卫处（武装部） | 处长（部长） | 2016.2 | 大连石化人字〔2016〕26号 | 2016.9 | 机构合并 |
| 肖应军 | 男 | 汉族 | 保卫处（武装部） | 书记 工会主席 | 2013.5 | 大连石化委发〔2013〕12号 | 2016.9 | 大连石化委发〔2016〕32号 |
| 栾　天 | 男 | 汉族 | 保卫处（武装部） | 副处长（副部长） | 2013.5 | 大连石化委发〔2013〕12号 | 2015.1 | 大连石化委发〔2015〕6号 |
| 李金平 | 男 | 汉族 | 保卫处（武装部） | 副处长（副部长） | 2014.12 | 大连石化委发〔2014〕32号 | 2016.2 | 大连石化人字〔2016〕26号 |
| 尹成君 | 男 | 汉族 | 保卫处（武装部） | 副处长（副部长） | 2015.1 | 大连石化委发〔2015〕6号 | 2016.9 | 机构合并 |
| 李明坤 | 男 | 汉族 | 保卫处（武装部） | 副处长 | 2010.4 | 大连石化人字〔2010〕61号 | 2016.9 | 机构合并 |
| 李明坤 | 男 | 汉族 | 保卫处（武装部） | 保安队队长（兼任） | 2010.4 | 大连石化人字〔2010〕61号 | 2016.9 | 机构合并 |
| 肖应军 | 男 | 汉族 | 保卫处（武装部、信访维稳办） | 处长 | 2016.2 | 大连石化人字〔2016〕26号 | 2018.11 | 大连石化人字〔2018〕148号 |
| 田　华 | 男 | 满族 | 保卫处（武装部、信访维稳办） | 处长 | 2018.11 | 大连石化人字〔2018〕148 号 | — | — |
| 肖应军 | 男 | 汉族 | 保卫处（武装部、信访维稳办） | 武装部部长 | 2016.2 | 大连石化委发〔2016〕5号 | 2018.11 | 大连石化委发〔2018〕71号 |
| 田　华 | 男 | 满族 | 保卫处（武装部、信访维稳办） | 武装部部长 | 2018.11 | 大连石化委发〔2018〕71 号 | — | — |
| 宋清发 | 男 | 汉族 | 保卫处（武装部、信访维稳办） | 书记 工会主席 | 2016.9 | 大连石化委发〔2016〕32号 | 2018.8 | 大连石化委发〔2018〕55号 |

续表

| 姓名 | 性别 | 民族 | 部门 | 职务 | 任职时间 | 任职依据 | 免职时间 | 免职依据 |
|---|---|---|---|---|---|---|---|---|
| 李广明 | 男 | 汉族 | 保卫处（武装部、信访维稳办） | 书记 | 2018.11 | 大连石化委发〔2018〕71 号 | — | — |
| 李明坤 | 男 | 汉族 | 保卫处（武装部、信访维稳办） | 副处长 | 2016.9 | 机构合并 | 2018.11 | 大连石化人字〔2018〕148号 |
| 尹成君 | 男 | 汉族 | 保卫处（武装部、信访维稳办） | 副处长 | 2016.9 | 机构合并 | 2017.12 | 大连石化人字〔2017〕100号 |
| 黄丽丽 | 女 | 汉族 | 保卫处（武装部、信访维稳办） | 副处长 | 2016.9 | 大连石化人字〔2016〕01号 | — | — |
| 宋清发 | 男 | 汉族 | 保卫处（武装部、信访维稳办） | 武装部副部长 | 2016.9 | 大连石化委发〔2016〕32号 | 2018.8 | 大连石化委发〔2018〕55号 |
| 尹成君 | 男 | 汉族 | 保卫处（武装部、信访维稳办） | 副部长 | 2016.9 | 机构合并 | 2017.12 | 大连石化委发〔2017〕57号 |
| 宋清发 | 男 | 汉族 | 信访维稳办 | 主任 | 2016.9 | 大连石化人字〔2016〕101号 | 2018.8 | 大连石化人字〔2018〕111号 |
| 田　华 | 男 | 满族 | 信访维稳办 | 主任 | 2018.11 | 大连石化人字〔2018〕148 号 | — | — |
| 肖应军 | 男 | 汉族 | 信访维稳办 | 副主任 | 2016.9 | 大连石化人字〔2016〕101号 | 2018.11 | 大连石化人字〔2018〕148号 |
| 黄丽丽 | 女 | 汉族 | 信访维稳办 | 副主任 | 2016.9 | 大连石化人字〔2016〕101号 | — | — |

# 四、公司直属单位

| 姓名 | 性别 | 民族 | 部门 | 职务 | 任职时间 | 任职依据 | 免职时间 | 免职依据 |
|---|---|---|---|---|---|---|---|---|
| 姜启超 | 男 | 汉族 | 工程管理部 | 部长 | 2010.1 | 大连石化人字〔2010〕5号 | — | — |
| 张绪斌 | 男 | 汉族 | 工程管理部 | 书记<br>工会主席 | 2010.1 | 大连石化委发〔2010〕3号 | 2017.12 | 大连石化委发〔2017〕57号 |
| 姜启超 | 男 | 汉族 | 工程管理部 | 书记<br>工会主席 | 2017.12 | 大连石化委发〔2017〕57号 | — | — |
| 程　治 | 男 | 汉族 | 工程管理部 | 副部长 | 2012.10 | 大连石化人字〔2012〕178号 | — | — |
| 王　盟 | 男 | 汉族 | 工程管理部 | 副部长 | 2015.1 | 大连石化人字〔2015〕10号 | — | — |
| 王　利 | 男 | 汉族 | 营销调运部 | 部长 | 2008.10 | 大连石化人字〔2008〕220号 | 2014.8 | 大连石化人字〔2014〕108号 |
| 程旭东 | 男 | 汉族 | 营销调运部 | 部长 | 2014.8 | 大连石化人字〔2014〕108号 | 2018.3 | 大连石化人字〔2018〕48号 |
| 王文峰 | 男 | 汉族 | 营销调运部 | 部长 | 2018.3 | 大连石化人字〔2018〕48号 | — | — |
| 王　利 | 男 | 汉族 | 营销调运部 | 书记 | 2008.10 | 大连石化委发〔2008〕25号 | 2014.8 | 大连石化委发〔2014〕24号 |
| 王文峰 | 男 | 汉族 | 营销调运部 | 书记 | 2016.3 | 大连石化委发〔2016〕9号 | — | — |
| 程旭东 | 男 | 汉族 | 营销调运部 | 副部长 | 2010.1 | 大连石化人字〔2010〕5号 | 2014.8 | 大连石化人字〔2014〕108号 |
| 郭　勇 | 男 | 汉族 | 营销调运部 | 副部长 | 2014.8 | 大连石化人字〔2014〕108号 | — | — |
| 唐士兵 | 男 | 汉族 | 营销调运部 | 副部长 | 2014.8 | 大连石化人字〔2014〕108号 | 2016.12 | 离职 |
| 王文峰 | 男 | 汉族 | 营销调运部 | 副部长<br>工会主席 | 2015.1 | 大连石化人字〔2015〕10号 | 2016.3 | 大连石化人字〔2016〕38号 |
| 金　鑫 | 男 | 汉族 | 营销调运部 | 副部长 | 2016.3 | 大连石化人字〔2016〕38号 | — | — |
| 于子策 | 男 | 满族 | 营销调运部 | 副部长 | 2018.4 | 大连石化人字〔2018〕61号 | — | — |

续表

| 姓名 | 性别 | 民族 | 部门 | 职务 | 任职时间 | 任职依据 | 免职时间 | 免职依据 |
|---|---|---|---|---|---|---|---|---|
| 唐士兵 | 男 | 汉族 | 营销调运部 | 安全总监 | 2015.1 | 大连石化人字〔2015〕19号 | 2016.12 | 离职 |
| 刘　建 | 男 | 汉族 | 物资采购管理部 | 部长 | 2011.12 | 大连石化人字〔2011〕168号 | 2014.2 | 大连石化人字〔2014〕30号 |
| 李鸿刚 | 男 | 回族 | 物资采购管理部 | 部长 | 2014.2 | 大连石化人字〔2014〕30号 | — | — |
| 张成旭 | 男 | 汉族 | 物资采购管理部 | 书记 | 2008.10 | 大连石化委发〔2008〕25号 | 2014.2 | 大连石化委发〔2014〕5号 |
| 马宁圣 | 男 | 汉族 | 物资采购管理部 | 书记<br>工会主席 | 2014.2 | 大连石化委发〔2014〕5号 | — | — |
| 郭　勇 | 男 | 汉族 | 物资采购管理部 | 副部长 | 2009.1 | 大连石化人字〔2009〕20号 | 2014.8 | 大连石化人字〔2014〕108号 |
| 曲　逵 | 男 | 汉族 | 物资采购管理部 | 副部长 | 2011.12 | 大连石化人字〔2011〕168号 | 2014.8 | 大连石化人字〔2014〕108号 |
| 马宁圣 | 男 | 汉族 | 物资采购管理部 | 副部长 | 2014.2 | 大连石化人字〔2014〕30号 | — | — |
| 刘洪林 | 男 | 汉族 | 物资采购管理部 | 副部长 | 2014.2 | 大连石化人字〔2014〕30号 | 2015.1 | 大连石化人字〔2015〕10号 |
| 宁传文 | 男 | 汉族 | 物资采购管理部 | 副部长 | 2014.8 | 大连石化人字〔2014〕108号 | — | — |
| 张世德 | 男 | 汉族 | 物资采购管理部 | 副部长 | 2015.1 | 大连石化人字〔2015〕10号 | — | — |
| 王庆伟 | 男 | 汉族 | 工程预决算部 | 部长 | 2005.10 | 大连石化人字〔2005〕176号 | 2015.1 | 大连石化人字〔2015〕10号 |
| 邓　微 | 女 | 汉族 | 工程预决算部 | 部长 | 2015.1 | 大连石化人字〔2015〕10号 | — | — |
| 蔡万民 | 男 | 汉族 | 工程预决算部 | 书记<br>工会主席 | 2011.2 | 大连石化委发〔2011〕8号 | — | — |
| 邓　微 | 女 | 汉族 | 工程预决算部 | 副部长 | 2014.2 | 大连石化人字〔2014〕30号 | 2015.1 | 大连石化人字〔2015〕10号 |
| 李　峰 | 男 | 汉族 | 工程预决算部 | 副部长 | 2016.2 | 大连石化人字〔2016〕26号 | 2018.4 | 大连石化人字〔2018〕61号 |

续表

| 姓名 | 性别 | 民族 | 部门 | 职务 | 任职时间 | 任职依据 | 免职时间 | 免职依据 |
|---|---|---|---|---|---|---|---|---|
| 金国顺 | 男 | 汉族 | 工程预决算部 | 副部长 | 2016.9 | 大连石化人字〔2016〕101号 | 2017.12 | 大连石化人字〔2017100号 |
| 李建刚 | 男 | 汉族 | 工程预决算部 | 副部长 | 2016.9 | 大连石化人字〔2016〕101号 | — | — |
| 梁　华 | 男 | 汉族 | 信息管理部 | 部长 | 2010.6 | 大连石化人字〔2010〕80号 | 2014.2 | 大连石化人字〔2014〕30号 |
| 刘　建 | 男 | 汉族 | 信息管理部 | 部长 | 2014.2 | 大连石化人字〔2014〕30号 | — | — |
| 刘　勇 | 男 | 汉族 | 信息管理部 | 书记 | 2001.3 | 大石化委发〔2001〕6号 | 2014.2 | 大连石化委发〔2014〕5号 |
| 梁　华 | 男 | 汉族 | 信息管理部 | 书记 | 2014.2 | 大连石化委发〔2014〕5号 | 2016.2 | 大连石化委发〔2016〕5号 |
| 刘　建 | 男 | 汉族 | 信息管理部 | 书记 | 2016.2 | 大连石化委发〔2016〕5号 | — | — |
| 贾　翔 | 男 | 汉族 | 信息管理部 | 副部长 | 2007.3 | 大连石化人字〔2007〕56号 | — | — |
| 彭连军 | 男 | 汉族 | 信息管理部 | 副部长 | 2006.2 | 大连石化人字〔2006〕43号 | — | — |
| 项忠维 | 男 | 汉族 | 工程质量监督站 | 站长 | 2012.10 | 大连石化办字〔2012〕178号 | 2016.9 | 大连石化人字〔2016〕101号 |
| 项忠维 | 男 | 汉族 | 工程质量监督站 | 书记 | 2012.10 | 大连石化委发〔2012〕22号 | 2016.9 | 大连石化委发〔2016〕32号 |
| 金国顺 | 男 | 汉族 | 工程质量监督站 | 副站长<br>工会主席 | 2012.10 | 大连石化办字〔2012〕178号 | 2016.9 | 大连石化人字〔2016〕101号 |
| 李建刚 | 男 | 汉族 | 工程质量监督站 | 副站长 | 2015.1 | 大连石化人字〔2015〕10号 | 2016.9 | 大连石化人字〔2016〕101号 |
| 项忠维 | 男 | 汉族 | 七星监理公司 | 经理 | 2013.8 | 大连石化人字〔2013〕191号 | 2014.6 | 机构撤销 |
| 李同昌 | 男 | 汉族 | 安全生产监督办公室 | 主任 | 2012.10 | 大连石化办字〔2012〕178号 | 2014.2 | 大连石化人字〔2014〕30号 |

续表

| 姓名 | 性别 | 民族 | 部门 | 职务 | 任职时间 | 任职依据 | 免职时间 | 免职依据 |
|---|---|---|---|---|---|---|---|---|
| 李同昌 | 男 | 汉族 | 安全生产监督办公室 | 书记 | 2012.10 | 大连石化委发〔2012〕22号 | 2014.2 | 大连石化委发〔2014〕5号 |
| 李景华 | 男 | 汉族 | 安全生产监督办公室 | 副主任 | 2008.1 | 大连石化人字〔2008〕13号 | 2014.2 | 大连石化人字〔2014〕30号 |

## 五、公司二级单位

| 姓名 | 性别 | 民族 | 部门 | 职务 | 任职时间 | 任职依据 | 免职时间 | 免职依据 |
|---|---|---|---|---|---|---|---|---|
| 郭北尧 | 男 | 汉族 | 中国石油集团大连培训中心 | 主任 | 2009.5 | 大连石化人字〔2009〕100号 | 2014.12 | 大连石化人字〔2014〕154号 |
| 孟繁有 | 男 | 汉族 | 中国石油集团大连培训中心 | 党支部书记 | 2009.5 | 大连石化委发〔2009〕18号 | 2014.12 | 大连石化委发〔2014〕32号 |
| 孟繁有 | 男 | 汉族 | 中国石油集团大连培训中心 | 副主任 | 2009.5 | 大连石化人字〔2009〕100号 | 2014.12 | 大连石化人字〔2014〕154号 |
| 李金平 | 男 | 汉族 | 中国石油集团大连培训中心 | 副主任<br>后勤部部长 | 2010.4 | 大连石化人字〔2010〕61号 | 2014.12 | 大连石化人字〔2014〕154号 |
| 刘　栋 | 男 | 汉族 | 大连国家石油储备基地有限责任公司 | 总经理（兼任） | 2005.2 | 大连石化人字〔2005〕25号 | 2016.7 | 国储连〔2016〕2号 |
| 马　强 | 男 | 汉族 | 大连国家石油储备基地有限责任公司 | 总经理（兼任） | 2016.7 | 国储连〔2016〕3号 | 2018.6 | 国储连〔2018〕3号 |
| 何明川 | 男 | 汉族 | 大连国家石油储备基地有限责任公司 | 总经理（兼任） | 2018.6 | 国储油〔2018〕5号 | — | — |
| 陈胜利 | 男 | 汉族 | 大连国家石油储备基地有限责任公司 | 常务副总经理 | 2016.8 | 国储连〔2016〕4号 | — | — |
| 冯学良 | 男 | 汉族 | 大连国家石油储备基地有限责任公司 | 副总经理 | 2004.12 | 国储连〔2004〕12号 | 2016.8 | 国储连〔2016〕2号 |
| 丛恕文 | 男 | 汉族 | 大连国家石油储备基地有限责任公司 | 副总经理 | 2016.8 | 国储连〔2016〕4号 | 2018.6 | 国储油〔2018〕5号 |

续表

| 姓名 | 性别 | 民族 | 部门 | 职务 | 任职时间 | 任职依据 | 免职时间 | 免职依据 |
|---|---|---|---|---|---|---|---|---|
| 马　鑫 | 男 | 汉族 | 大连国家石油储备基地有限责任公司 | 副总经理 | 2016.8 | 国储连〔2016〕4号 | — | — |
| 史　刚 | 男 | 汉族 | 大连国家石油储备基地有限责任公司 | 副总经理<br>安全总监 | 2018.6 | 国储油〔2018〕5号 | — | — |
| 冯学良 | 男 | 汉族 | 石油储运公司 | 经理 | 2012.9 | 大连石化人字〔2012〕145号 | 2016.2 | 大连石化人字〔2016〕26号 |
| 陈胜利 | 男 | 汉族 | 石油储运公司 | 经理 | 2016.3 | 大连石化人字〔2016〕38号 | — | — |
| 王世敏 | 男 | 汉族 | 石油储运公司 | 党总支书记<br>工会主席 | 2014.8 | 大连石化委发〔2014〕24号 | 2016.2 | 大连石化委发〔2016〕5号 |
| 冯学良 | 男 | 汉族 | 石油储运公司 | 党总支书记<br>工会主席 | 2016.2 | 大连石化委发〔2016〕5号 | — | — |
| 王世敏 | 男 | 汉族 | 石油储运公司 | 党总支副书记 | 2007.1 | 大连石化委发〔2007〕33号 | 2014.8 | 大连石化委发〔2014〕24号 |
| 从恕文 | 男 | 汉族 | 石油储运公司 | 副经理 | 2012.1 | 大连石化人字〔2012〕10号 | 2018.4 | 大连石化人字〔2018〕61号 |
| 陈胜利 | 男 | 汉族 | 石油储运公司 | 副经理 | 2016.2 | 大连石化人字〔2016〕26号 | 2016.3 | 大连石化人字〔2016〕38号 |
| 马　鑫 | 男 | 汉族 | 石油储运公司 | 副经理 | 2016.3 | 大连石化人字〔2016〕38号 | — | — |
| 从恕文 | 男 | 汉族 | 石油储运公司 | 安全总监 | 2012.1 | 大连石化人字〔2012〕10号 | 2018.4 | 大连石化人字〔2018〕61号 |
| 史　刚 | 男 | 汉族 | 石油储运公司 | 副经理<br>安全总监 | 2018.4 | 大连石化人字〔2018〕61号 | — | — |
| 李文库 | 男 | 汉族 | 大连石油添加剂厂 | 厂长 | 2006.6 | 大连石化人字〔2006〕144号 | 2016.2 | 大连石化人字〔2016〕26号 |
| 邹本泽 | 男 | 汉族 | 大连石油添加剂厂 | 厂长 | 2016.2 | 大连石化人字〔2016〕26号 | 2017.11 | 机构更名 |
| 周　明 | 男 | 汉族 | 大连石油添加剂厂 | 副厂长 | 2006.6 | 大连石化人字〔2006〕144号 | 2017.11 | 机构更名 |
| 沈维生 | 男 | 汉族 | 大连石油添加剂厂 | 党总支副书记<br>工会主席 | 2009.3 | 大连石化委发〔2009〕10号 | 2017.11 | 机构更名 |

续表

| 姓名 | 性别 | 民族 | 部门 | 职务 | 任职时间 | 任职依据 | 免职时间 | 免职依据 |
|---|---|---|---|---|---|---|---|---|
| 沈维生 | 男 | 汉族 | 大连石油添加剂厂 | 安全总监 | 2010.1 | 大连石化人字〔2010〕5号 | 2017.11 | 机构更名 |
| 邹本泽 | 男 | 汉族 | 大连石油添加剂有限公司 | 经理 | 2017.11 | 机构更名 | — | — |
| 周　明 | 男 | 汉族 | 大连石油添加剂有限公司 | 副经理 | 2017.11 | 机构更名 | — | — |
| 沈维生 | 男 | 汉族 | 大连石油添加剂有限公司 | 党总支副书记<br>工会主席 | 2017.11 | 机构更名 | — | — |
| 沈维生 | 男 | 汉族 | 大连石油添加剂有限公司 | 安全总监 | 2017.11 | 机构更名 | — | — |
| 隋大为 | 男 | 汉族 | 销售公司 | 经理 | 2003.2 | 大连石化人字〔2003〕31号 | 2015.1 | 大连石化人字〔2015〕10号 |
| 王文峰 | 男 | 汉族 | 销售公司 | 书记 | 2003.3 | 大石化委发〔2003〕7号 | 2015.1 | 大连石化委发〔2015〕6号 |
| 王文峰 | 男 | 汉族 | 销售公司 | 安全总监 | 2010.4 | 大连石化人字〔2010〕61号 | 2015.1 | 大连石化人字〔2015〕10号 |
| 马宁圣 | 男 | 汉族 | 大连石油化工建筑安装工程总公司 | 总经理 | 2012.12 | 大石化人字〔2012〕220号 | 2014.2 | 大连石化人字〔2014〕30号 |
| 宋顺奎 | 男 | 汉族 | 大连石油化工建筑安装工程总公司 | 总经理 | 2014.2 | 大连石化人字〔2014〕30号 | 2017.11 | 机构更名 |
| 宋顺奎 | 男 | 汉族 | 大连石油化工建筑安装工程总公司 | 党委书记<br>纪委书记<br>工会主席 | 2013.5 | 大连石化委发〔2013〕12号 | 2014.12 | 大连石化委发〔2014〕32号 |
| 孟繁有 | 男 | 汉族 | 大连石油化工建筑安装工程总公司 | 党委书记<br>纪委书记<br>工会主席 | 2014.12 | 大连石化委发〔2014〕32号 | 2016.6 | 大连石化委发〔2016〕22号 |
| 宋顺奎 | 男 | 汉族 | 大连石油化工建筑安装工程总公司 | 党委书记<br>纪委书记<br>工会主席 | 2016.6 | 大连石化委发〔2016〕22号 | 2016.9 | 大连石化委发〔2016〕32号 |
| 张群杰 | 男 | 汉族 | 大连石油化工建筑安装工程总公司 | 党委书记<br>纪委书记<br>工会主席 | 2016.9 | 大连石化委发〔2016〕32号 | 2017.11 | 机构更名 |

续表

| 姓名 | 性别 | 民族 | 部门 | 职务 | 任职时间 | 任职依据 | 免职时间 | 免职依据 |
|---|---|---|---|---|---|---|---|---|
| 张群杰 | 男 | 汉族 | 大连石油化工建筑安装工程总公司 | 副总经理 | 2009.11 | 大连石化人字〔2009〕168号 | 2016.9 | 大连石化人字〔2016〕101号 |
| 宁传文 | 男 | 汉族 | 大连石油化工建筑安装工程总公司 | 副总经理 | 2014.2 | 大连石化人字〔2014〕30号 | 2014.8 | 大连石化人字〔2014〕108号 |
| 曲　逵 | 男 | 汉族 | 大连石油化工建筑安装工程总公司 | 副总经理 | 2014.8 | 大连石化人字〔2014〕108号 | 2017.11 | 机构更名 |
| 张本钊 | 男 | 汉族 | 大连石油化工建筑安装工程总公司 | 副总经理 | 2016.2 | 大连石化人字〔2016〕26号 | 2017.11 | 机构更名 |
| 宁传文 | 男 | 汉族 | 大连石油化工建筑安装工程总公司 | 总工程师 | 2011.3 | 大连石化人字〔2011〕43号 | 2014.8 | 大连石化人字〔2014〕108号 |
| 曲　逵 | 男 | 汉族 | 大连石油化工建筑安装工程总公司 | 总工程师 | 2014.8 | 大连石化人字〔2014〕108号 | 2017.11 | 机构更名 |
| 张永华 | 男 | 汉族 | 大连石油化工建筑安装工程总公司 | 安全总监 | 2012.11 | 大连石化人字〔2012〕185号 | 2017.11 | 机构更名 |
| 宋顺奎 | 男 | 汉族 | 大连石油化工建筑安装工程有限公司 | 总经理 | 2017.11 | 机构更名 | — | — |
| 张群杰 | 男 | 汉族 | 大连石油化工建筑安装工程有限公司 | 党委书记<br>纪委书记<br>工会主席 | 2017.11 | 机构更名 | — | — |
| 曲　逵 | 男 | 汉族 | 大连石油化工建筑安装工程有限公司 | 副总经理 | 2017.11 | 机构更名 | — | — |
| 张本钊 | 男 | 汉族 | 大连石油化工建筑安装工程有限公司 | 副总经理 | 2017.11 | 机构更名 | — | — |
| 曲　逵 | 男 | 汉族 | 大连石油化工建筑安装工程有限公司 | 总工程师 | 2017.11 | 机构更名 | — | — |

续表

| 姓名 | 性别 | 民族 | 部门 | 职务 | 任职时间 | 任职依据 | 免职时间 | 免职依据 |
|---|---|---|---|---|---|---|---|---|
| 张永华 | 男 | 汉族 | 大连石油化工建筑安装工程有限公司 | 安全总监 | 2017.11 | 机构更名 | — | — |
| 李建刚 | 男 | 汉族 | 大连石油化工建筑安装工程总公司 | 七星建安公司经理 | 2009.11 | 大连石化人字〔2009〕168号 | 2015.1 | 大连石化人字〔2015〕10号 |
| 李建刚 | 男 | 汉族 | 大连石油化工建筑安装工程总公司 | 七星建安公司安全总监 | 2009.11 | 大连石化人字〔2009〕168号 | 2014.3 | 人事〔2014〕1号 |
| 王　盟 | 男 | 汉族 | 大连石油化工建筑安装工程总公司 | 七星建安公司安全总监 | 2014.3 | 人事〔2014〕1号 | 2015.1 | 大连石化人字〔2015〕10号 |
| 李建刚 | 男 | 汉族 | 大连石油化工建筑安装工程总公司 | 七星建安公司书记 | 2009.11 | 大连石化人字〔2009〕168号 | 2014.3 | 人事〔2014〕2号 |
| 王　盟 | 男 | 汉族 | 大连石油化工建筑安装工程总公司 | 七星建安公司书记 | 2014.3 | 人事〔2014〕2号 | 2015.1 | 大连石化委发〔2015〕6号 |
| 许诚华 | 男 | 汉族 | 大连石油化工建筑安装工程总公司 | 机修车间主任 | 2012.10 | 大连石化人字〔2012〕185号 | 2017.12 | 大连石化人字〔2017〕100号 |
| 王　晨 | 男 | 汉族 | 大连石油化工建筑安装工程有限公司 | 机修车间主任 | 2017.12 | 大连石化人字〔2017〕100号 | — | — |
| 王　盟 | 男 | 汉族 | 大连石油化工建筑安装工程总公司 | 机修车间书记 | 2010.1 | 大连石化委发〔2010〕3号 | 2014.3 | 人事〔2014〕2号 |
| 邹春明 | 男 | 汉族 | 大连石油化工建筑安装工程总公司 | 电气车间主任 | 2013.8 | 大连石化人字〔2013〕91号 | 2017.11 | 机构更名 |
| 邹春明 | 男 | 汉族 | 大连石油化工建筑安装工程有限公司 | 电气车间主任 | 2017.11 | 机构更名 | — | — |
| 陈少奇 | 男 | 汉族 | 大连石油化工建筑安装工程总公司 | 电气车间书记 | 2012.11 | 大连石化委发〔2012〕23号 | 2017.11 | 机构更名 |

续表

| 姓名 | 性别 | 民族 | 部门 | 职务 | 任职时间 | 任职依据 | 免职时间 | 免职依据 |
|---|---|---|---|---|---|---|---|---|
| 陈少奇 | 男 | 汉族 | 大连石油化工建筑安装工程有限公司 | 电气车间书记 | 2017.11 | 机构更名 | — | — |
| 张本钊 | 男 | 汉族 | 大连石油化工建筑安装工程总公司 | 仪表车间主任 | 2009.11 | 大连石化人字〔2009〕168号 | 2016.2 | 大连石化人字〔2016〕26号 |
| 李英龙 | 男 | 汉族 | 大连石油化工建筑安装工程总公司 | 仪表车间主任 | 2016.3 | 大连石化人字〔2016〕38号 | 2017.11 | 机构更名 |
| 李英龙 | 男 | 汉族 | 大连石油化工建筑安装工程有限公司 | 仪表车间主任 | 2017.11 | 机构更名 | — | — |
| 李义渤 | 男 | 汉族 | 大连石油化工建筑安装工程总公司 | 仪表车间书记 | 2009.11 | 大连石化委发〔2009〕32号 | 2017.11 | 机构更名 |
| 李义渤 | 男 | 汉族 | 大连石油化工建筑安装工程有限公司 | 仪表车间书记 | 2017.11 | 机构更名 | — | — |
| 周金波 | 男 | 汉族 | 大连石油化工建筑安装工程总公司 | 检修车间主任 | 2013.12 | 大连石化人字〔2013〕253号 | 2015.1 | 机构更名 |
| 周金波 | 男 | 汉族 | 大连石油化工建筑安装工程总公司 | 检修车间书记 | 2013.12 | 大连石化委发〔2013〕25号 | 2015.1 | 机构更名 |
| 周金波 | 男 | 汉族 | 大连石油化工建筑安装工程总公司 | 检修一车间主任 | 2015.1 | 大连石化人字〔2013〕253号 | 2017.12 | 大连石化人字〔2017〕100号 |
| 周金波 | 男 | 汉族 | 大连石油化工建筑安装工程总公司 | 检修一车间书记 | 2015.1 | 大连石化委发〔2013〕25号 | 2017.12 | 大连石化委发〔2017〕57号 |
| 王瑛璐 | 男 | 汉族 | 大连石油化工建筑安装工程总公司 | 检修一车间副主任（正科级） | 2017.12 | 大连石化人字〔2017〕100号 | 2017.11 | 机构更名 |
| 王瑛璐 | 男 | 汉族 | 大连石油化工建筑安装工程有限公司 | 检修一车间副主任（正科级） | 2017.11 | 机构更名 | — | — |

续表

| 姓名 | 性别 | 民族 | 部门 | 职务 | 任职时间 | 任职依据 | 免职时间 | 免职依据 |
|---|---|---|---|---|---|---|---|---|
| 宋振龙 | 男 | 汉族 | 大连石油化工建筑安装工程总公司 | 抢修车间主任 | 2013.5 | 大连石化人字〔2013〕97号 | 2015.1 | 机构更名 |
| 宋振龙 | 男 | 汉族 | 大连石油化工建筑安装工程总公司 | 抢修车间书记 | 2009.11 | 大连石化委发〔2009〕32号 | 2015.1 | 机构更名 |
| 宋振龙 | 男 | 汉族 | 大连石油化工建筑安装工程总公司 | 检修二车间主任 | 2015.1 | 大连石化人字〔2013〕97号 | 2017.11 | 机构更名 |
| 宋振龙 | 男 | 汉族 | 大连石油化工建筑安装工程有限公司 | 检修二车间主任 | 2017.11 | 机构更名 | — | — |
| 宋振龙 | 男 | 汉族 | 大连石油化工建筑安装工程总公司 | 检修二车间书记 | 2015.1 | 大连石化委发〔2009〕32号 | 2016.4 | 大连石化委发〔2016〕18号 |
| 孙景新 | 男 | 汉族 | 大连石油化工建筑安装工程总公司 | 检修二车间书记 | 2016.4 | 大连石化委发〔2016〕18号 | 2017.12 | 大连石化委发〔2017〕57号 |
| 宋振龙 | 男 | 汉族 | 大连石油化工建筑安装工程有限公司 | 检修二车间书记 | 2017.12 | 大连石化委发〔2017〕57号 | — | — |
| 兰丽秋 | 女 | 汉族 | 质量环保检测中心（质量检验部） | 主任 | 2012.9 | 大连石化人字〔2012〕145号 | 2016.9 | 大连石化人字〔2016〕101号 |
| 门启毅 | 男 | 汉族 | 质量环保检测中心（质量检验部） | 党支部书记 | 2010.1 | 大连石化委发〔2010〕3号 | 2014.2 | 大连石化委发〔2014〕5号 |
| 丛长安 | 男 | 汉族 | 质量环保检测中心（质量检验部） | 党支部书记 | 2014.2 | 大连石化委发〔2014〕5号 | 2015.1 | 大连石化委发〔2015〕6号 |
| 苗华军 | 男 | 汉族 | 质量环保检测中心（质量检验部） | 党支部书记<br>工会主席 | 2015.1 | 大连石化委发〔2015〕6号 | 2016.2 | 大连石化委发〔2016〕5号 |
| 姚成斌 | 男 | 汉族 | 质量环保检测中心（质量检验部） | 党支部副书记<br>工会主席 | 2016.2 | 大连石化委发〔2016〕5号 | 2016.9 | 大连石化委发〔2016〕32号 |

续表

| 姓名 | 性别 | 民族 | 部门 | 职务 | 任职时间 | 任职依据 | 免职时间 | 免职依据 |
|---|---|---|---|---|---|---|---|---|
| 段凤琳 | 女 | 汉族 | 质量环保检测中心（质量检验部） | 副主任 | 2012.7 | 大连石化人字〔2012〕122号 | 2016.9 | 大连石化人字〔2016〕101号 |
| 姚成斌 | 男 | 汉族 | 质量环保检测中心（质量检验部） | 副主任 | 2014.2 | 大连石化人字〔2014〕30号 | 2016.9 | 大连石化人字〔2016〕101号 |
| 苗华军 | 男 | 汉族 | 质量环保检测中心（质量检验部） | 副主任 | 2015.1 | 大连石化人字〔2014〕30号 | 2016.2 | 大连石化人字〔2016〕26号 |
| 李　铁 | 男 | 汉族 | 质量环保检测中心（质量检验部） | 副主任 | 2016.3 | 大连石化人字〔2016〕38号 | 2016.9 | 大连石化人字〔2016〕101号 |
| 段凤琳 | 女 | 汉族 | 质量环保检测中心（质量检验部） | 安全总监 | 2012.7 | 大连石化人字〔2012〕122号 | 2016.9 | 大连石化人字〔2016〕101号 |
| 杨　忠 | 男 | 汉族 | 计量中心（计量管理部） | 主任 | 2011.2 | 大连石化人字〔2011〕24号 | 2016.9 | 大连石化人字〔2016〕101号 |
| 姜　波 | 男 | 汉族 | 计量中心（计量管理部） | 书记 | 2012.8 | 大连石化委发〔2012〕19号 | 2016.9 | 大连石化委发〔2016〕32号 |
| 兰丽秋 | 女 | 汉族 | 质检计量中心 | 主任 | 2016.9 | 大连石化人字〔2016〕101号 | 2017.12 | 大连石化人字〔2017〕100号 |
| 姚成斌 | 男 | 汉族 | 质检计量中心 | 主任 | 2017.12 | 大连石化人字〔2017〕100号 | — | — |
| 杨　忠 | 男 | 汉族 | 质检计量中心 | 副主任 | 2016.9 | 大连石化人字〔2016〕101号 | — | — |
| 段凤琳 | 女 | 汉族 | 质检计量中心 | 副主任 | 2016.9 | 大连石化人字〔2016〕101号 | 2017.12 | 大连石化人字〔2017〕100号 |
| 姚成斌 | 男 | 汉族 | 质检计量中心 | 副主任 | 2016.9 | 大连石化人字〔2016〕101号 | 2017.12 | 大连石化人字〔2017〕100号 |
| 姜　波 | 男 | 汉族 | 质检计量中心 | 副主任 | 2016.9 | 大连石化人字〔2016〕101号 | — | — |
| 李　铁 | 男 | 汉族 | 质检计量中心 | 副主任 | 2016.9 | 大连石化人字〔2016〕101号 | — | — |
| 姚成斌 | 男 | 汉族 | 质检计量中心 | 副书记<br>工会主席 | 2016.9 | 大连石化委发〔2016〕32号 | — | — |

续表

| 姓名 | 性别 | 民族 | 部门 | 职务 | 任职时间 | 任职依据 | 免职时间 | 免职依据 |
|---|---|---|---|---|---|---|---|---|
| 段凤琳 | 女 | 汉族 | 质检计量中心 | 安全总监 | 2016.9 | 大连石化人字〔2016〕101号 | 2017.12 | 大连石化人字〔2017〕100号 |
| 李　铁 | 男 | 汉族 | 质检计量中心 | 安全总监 | 2017.12 | 大连石化人字〔2017〕100号 | — | — |
| 张伟奎 | 男 | 汉族 | 有机合成厂 | 厂长 | 2012.10 | 大连石化人字〔2012〕178号 | 2016.2 | 大连石化人字〔2016〕26号 |
| 任顺年 | 男 | 汉族 | 有机合成厂 | 厂长 | 2016.3 | 大连石化人字〔2016〕38号 | — | — |
| 阎永伟 | 男 | 汉族 | 有机合成厂 | 党委书记<br>纪委书记<br>工会主席 | 2014.2 | 大连石化委发〔2014〕5号 | 2015.1 | 大连石化委发〔2015〕6号 |
| 田　华 | 男 | 满族 | 有机合成厂 | 党委书记<br>纪委书记<br>工会主席 | 2016.3 | 大连石化委发〔2016〕9号 | 2018.11 | 大连石化委发〔2018〕71号 |
| 任顺年 | 男 | 汉族 | 有机合成厂 | 党委书记 | 2018.11 | 大连石化委发〔2018〕71号 | 2018.12 | 本书编纂时间下限 |
| 田　华 | 男 | 满族 | 有机合成厂 | 党委副书记<br>纪委书记<br>工会主席 | 2015.1 | 大连石化委发〔2015〕6号 | 2016.3 | 大连石化委发〔2016〕9号 |
| 周　晶 | 男 | 汉族 | 有机合成厂 | 纪委书记<br>工会主席 | 2018.11 | 大连石化委发〔2018〕71号 | — | — |
| 任顺年 | 男 | 汉族 | 有机合成厂 | 副厂长 | 2012.10 | 大连石化人字〔2012〕178号 | 2016.3 | 大连石化人字〔2016〕38号 |
| 王　虎 | 男 | 汉族 | 有机合成厂 | 副厂长 | 2012.10 | 大连石化人字〔2012〕178号 | 2015.1 | 大连石化人字〔2015〕10号 |
| 李　峰 | 男 | 汉族 | 有机合成厂 | 副厂长 | 2012.11 | 大连石化人字〔2012〕185号 | 2016.2 | 大连石化人字〔2016〕26号 |
| 王　钧 | 男 | 汉族 | 有机合成厂 | 副厂长 | 2016.3 | 大连石化人字〔2016〕38号 | — | — |
| 周　晶 | 男 | 汉族 | 有机合成厂 | 副厂长 | 2016.3 | 大连石化人字〔2016〕38号 | — | — |
| 庞庆广 | 男 | 满族 | 有机合成厂 | 副厂长 | 2018.4 | 大连石化人字〔2018〕61号 | — | — |

续表

| 姓名 | 性别 | 民族 | 部门 | 职务 | 任职时间 | 任职依据 | 免职时间 | 免职依据 |
|---|---|---|---|---|---|---|---|---|
| 匡 鹤 | 男 | 汉族 | 有机合成厂 | 安全总监 | 2012.10 | 大连石化人字〔2012〕122号 | 2017.12 | 大连石化人字〔2017〕100号 |
| 周 晶 | 男 | 汉族 | 有机合成厂 | 安全总监 | 2017.12 | 大连石化人字〔2017〕100号 | — | — |
| 李鸿刚 | 男 | 回族 | 生产新区 | 主任 | 2012.3 | 大连石化人字〔2012〕37号 | 2014.2 | 大连石化人字〔2014〕30号 |
| 李鸿刚 | 男 | 回族 | 生产新区 | 党支部书记 | 2011.9 | 大连石化委发〔2011〕30号 | 2014.2 | 大连石化委发〔2014〕5号 |
| 张世德 | 男 | 汉族 | 生产新区 | 党支部副书记 | 2012.4 | 大连石化委发〔2012〕10号 | 2014.2 | 大连石化委发〔2014〕5号 |
| 唐士兵 | 男 | 汉族 | 生产新区 | 副主任 | 2011.9 | 大连石化人字〔2011〕110号 | 2014.2 | 大连石化人字〔2014〕30号 |
| 吴伟阳 | 男 | 汉族 | 生产新区 | 副主任 | 2011.3 | 大连石化人字〔2011〕43号 | 2014.2 | 大连石化人字〔2014〕30号 |
| 刁望升 | 男 | 汉族 | 生产新区 | 副主任 | 2011.3 | 大连石化人字〔2011〕43号 | 2014.2 | 大连石化人字〔2014〕30号 |
| 葛春英 | 男 | 汉族 | 生产新区 | 安全总监 | 2013.7 | 大连石化人字〔2013〕136号 | 2014.2 | 大连石化人字〔2014〕30号 |
| 李伯华 | 男 | 汉族 | 第一联合车间 | 主任 | 2013.7 | 大连石化人字〔2013〕121号 | 2014.2 | 大连石化人字〔2014〕30号 |
| 吴隆庆 | 男 | 汉族 | 第一联合车间 | 书记（正科级） | 2013.7 | 大连石化委发〔2013〕15号 | 2014.2 | 大连石化委发〔2014〕5号 |
| 唐士兵 | 男 | 汉族 | 第一联合车间 | 主任（副处级） | 2014.2 | 大连石化人字〔2014〕30号 | 2014.8 | 大连石化人字〔2014〕108号 |
| 王国彤 | 男 | 汉族 | 第一联合车间 | 主任 | 2014.8 | 大连石化人字〔2014〕108号 | — | — |
| 唐士兵 | 男 | 汉族 | 第一联合车间 | 党总支书记<br>工会主席<br>（副处级） | 2014.2 | 大连石化委发〔2014〕5号 | 2014.8 | 大连石化委发〔2014〕24号 |
| 王国彤 | 男 | 汉族 | 第一联合车间 | 党总支书记 | 2014.8 | 大连石化委发〔2014〕24号 | 2016.9 | 大连石化委发〔2016〕35号 |
| 崔宏斌 | 男 | 汉族 | 第一联合车间 | 党总支书记<br>工会主席 | 2016.9 | 大连石化委发〔2016〕35号 | 2018.12 | 本书编纂时间下限 |

续表

| 姓名 | 性别 | 民族 | 部门 | 职务 | 任职时间 | 任职依据 | 免职时间 | 免职依据 |
|---|---|---|---|---|---|---|---|---|
| 吴伟阳 | 男 | 汉族 | 第一联合车间 | 副主任 | 2014.2 | 大连石化人字〔2014〕30号 | 2018.3 | 大连石化人字〔2018〕48号 |
| 张世德 | 男 | 汉族 | 第一联合车间 | 副主任 | 2014.2 | 大连石化人字〔2014〕30号 | 2015.1 | 大连石化人字〔2015〕10号 |
| 李凤岭 | 男 | 汉族 | 第一联合车间 | 副主任 | 2014.2 | 大连石化人字〔2014〕30号 | 2018.10 | 大连石化人字〔2018〕139号 |
| 张志宏 | 男 | 汉族 | 第一联合车间 | 副主任 | 2014.8 | 大连石化人字〔2014〕108号 | 2017.1 | 大连石化人字〔2017〕84号 |
| 范云亮 | 男 | 汉族 | 第一联合车间 | 副主任<br>工会主席 | 2015.1 | 大连石化人字〔2015〕10号 | 2016.2 | 大连石化人字〔2016〕26号 |
| 姜　伟 | 男 | 汉族 | 第一联合车间 | 副主任 | 2015.1 | 大连石化人字〔2015〕10号 | 2016.9 | 大连石化人字〔2016〕101号 |
| 潘　洋 | 男 | 汉族 | 第一联合车间 | 副主任 | 2018.4 | 大连石化人字〔2018〕61号 | — | — |
| 刘剑峰 | 男 | 汉族 | 第一联合车间 | 副主任 | 2018.4 | 大连石化人字〔2018〕61号 | — | — |
| 甘彬彬 | 男 | 回族 | 第一联合车间 | 副主任 | 2018.10 | 大连石化人字〔2018〕139号 | — | — |
| 葛春英 | 男 | 汉族 | 第一联合车间 | 安全总监 | 2014.2 | 大连石化人字〔2014〕30号 | 2015.1 | 大连石化人字〔2015〕10号 |
| 张志宏 | 男 | 汉族 | 第一联合车间 | 安全总监 | 2015.1 | 大连石化人字〔2015〕10号 | 2017.1 | 大连石化人字〔2017〕84号 |
| 潘　洋 | 男 | 汉族 | 第一联合车间 | 安全总监 | 2018.4 | 大连石化人字〔2018〕61号 | — | — |
| 邹本泽 | 男 | 汉族 | 第二联合车间 | 主任 | 2007.12 | 大连石化人字〔2007〕253号 | 2014.2 | 大连石化人字〔2014〕30号 |
| 刘文喜 | 男 | 汉族 | 第二联合车间 | 党支部书记 | 2012.8 | 大连石化委发〔2012〕19号 | 2014.2 | 大连石化委发〔2014〕5号 |
| 王　剑 | 男 | 汉族 | 第二联合车间 | 主任<br>（副处级） | 2014.2 | 大连石化人字〔2014〕30号 | 2014.8 | 大连石化人字〔2014〕108号 |
| 王　剑 | 男 | 汉族 | 第二联合车间 | 主任 | 2014.8 | 大连石化人字〔2014〕108号 | 2017.9 | 大连石化人字〔2017〕60号 |

续表

| 姓名 | 性别 | 民族 | 部门 | 职务 | 任职时间 | 任职依据 | 免职时间 | 免职依据 |
|---|---|---|---|---|---|---|---|---|
| 李伯华 | 男 | 汉族 | 第二联合车间 | 主任 | 2017.9 | 大连石化人字〔2017〕60号 | — | — |
| 王　剑 | 男 | 汉族 | 第二联合车间 | 党总支书记（副处级） | 2014.2 | 大连石化委发〔2014〕5号 | 2014.8 | 大连石化委发〔2014〕24号 |
| 谷荣宽 | 男 | 汉族 | 第二联合车间 | 党总支书记工会主席 | 2016.3 | 大连石化委发〔2016〕9号 | — | — |
| 吴隆庆 | 男 | 汉族 | 第二联合车间 | 党总支副书记（正科级） | 2014.2 | 大连石化委发〔2014〕5号 | 2014.8 | 大连石化委发〔2014〕24号 |
| 吴隆庆 | 男 | 汉族 | 第二联合车间 | 党总支副书记工会主席 | 2014.8 | 大连石化委发〔2014〕24号 | 2016.2 | 大连石化委发〔2016〕5号 |
| 谷荣宽 | 男 | 汉族 | 第二联合车间 | 党总支副书记工会主席 | 2016.2 | 大连石化委发〔2016〕5号 | 2016.3 | 大连石化委发〔2016〕9号 |
| 王　忠 | 男 | 汉族 | 第二联合车间 | 副主任（正科级） | 2014.2 | 大连石化人字〔2014〕30号 | 2016.9 | 大连石化人字〔2016〕101号 |
| 吴隆庆 | 男 | 汉族 | 第二联合车间 | 副主任 | 2014.8 | 大连石化人字〔2014〕108号 | 2018.4 | 大连石化人字〔2018〕61号 |
| 王　忠 | 男 | 汉族 | 第二联合车间 | 副主任 | 2016.9 | 大连石化人字〔2016〕101号 | — | — |
| 胡　瑞 | 男 | 汉族 | 第二联合车间 | 副主任 | 2018.4 | 大连石化人字〔2018〕61号 | — | — |
| 王　忠 | 男 | 汉族 | 第二联合车间 | 安全总监（正科级） | 2014.3 | 大连石化人字〔2014〕30号 | 2016.9 | 大连石化人字〔2016〕101号 |
| 王　忠 | 男 | 汉族 | 第二联合车间 | 安全总监 | 2016.9 | 大连石化人字〔2016〕101号 | — | — |
| 段　毅 | 男 | 汉族 | 第三联合车间 | 主任 | 2010.1 | 大连石化人字〔2010〕5号 | 2014.2 | 大连石化人字〔2014〕30号 |
| 谷荣宽 | 男 | 汉族 | 第三联合车间 | 书记 | 2003.4 | 大连石化委发〔2003〕9号 | 2014.2 | 大连石化委发〔2014〕5号 |
| 邹本泽 | 男 | 汉族 | 第三联合车间 | 主任（副处级） | 2014.2 | 大连石化人字〔2014〕30号 | 2014.8 | 大连石化人字〔2014〕108号 |
| 邹本泽 | 男 | 汉族 | 第三联合车间 | 主任 | 2014.8 | 大连石化人字〔2014〕108号 | 2016.2 | 大连石化人字〔2016〕26号 |

续表

| 姓名 | 性别 | 民族 | 部门 | 职务 | 任职时间 | 任职依据 | 免职时间 | 免职依据 |
|---|---|---|---|---|---|---|---|---|
| 刁望升 | 男 | 汉族 | 第三联合车间 | 主任 | 2016.9 | 大连石化人字〔2016〕103号 | 2017.3 | 离职 |
| 刘文喜 | 男 | 汉族 | 第三联合车间 | 代理主任 | 2017.9 | 大连石化人字〔2017〕60号 | 2017.1 | 大连石化人字〔2017〕84号 |
| 张志宏 | 男 | 汉族 | 第三联合车间 | 主任 | 2017.10 | 大连石化人字〔2017〕84号 | — | — |
| 邹本泽 | 男 | 汉族 | 第三联合车间 | 党总支书记（副处级） | 2014.2 | 大连石化委发〔2014〕5号 | 2014.8 | 大连石化委发〔2014〕24号 |
| 刘文喜 | 男 | 汉族 | 第三联合车间 | 党总支书记工会主席 | 2014.8 | 大连石化委发〔2014〕24号 | — | — |
| 刘文喜 | 男 | 汉族 | 第三联合车间 | 党总支副书记 | 2014.2 | 大连石化委发〔2014〕5号 | 2014.8 | 大连石化委发〔2014〕24号 |
| 刘文喜 | 男 | 汉族 | 第三联合车间 | 副主任 | 2014.2 | 大连石化人字〔2014〕30号 | 2014.8 | 大连石化人字〔2014〕108号 |
| 徐绍学 | 男 | 汉族 | 第三联合车间 | 副主任（正科级） | 2014.2 | 大连石化人字〔2014〕30号 | 2014.8 | 大连石化人字〔2014〕108号 |
| 徐绍学 | 男 | 汉族 | 第三联合车间 | 副主任 | 2014.8 | 大连石化人字〔2014〕108号 | — | — |
| 韩友铭 | 男 | 汉族 | 第三联合车间 | 副主任（正科级） | 2014.2 | 大连石化人字〔2014〕30号 | 2014.8 | 大连石化人字〔2014〕108号 |
| 韩友铭 | 男 | 汉族 | 第三联合车间 | 副主任 | 2014.8 | 大连石化人字〔2014〕108号 | 2018.4 | 大连石化人字〔2018〕61号 |
| 史　刚 | 男 | 汉族 | 第三联合车间 | 副主任（正科级） | 2014.2 | 大连石化人字〔2014〕30号 | 2014.8 | 大连石化人字〔2014〕108号 |
| 史　刚 | 男 | 汉族 | 第三联合车间 | 副主任 | 2014.8 | 大连石化人字〔2014〕108号 | 2018.4 | 大连石化人字〔2018〕61号 |
| 刁望升 | 男 | 汉族 | 第三联合车间 | 副主任 | 2016.2 | 大连石化人字〔2016〕26号 | 2016.9 | 大连石化人字〔2016〕103号 |
| 刘　超 | 男 | 汉族 | 第三联合车间 | 副主任 | 2018.4 | 大连石化人字〔2018〕61号 | — | — |
| 卞　辑 | 男 | 汉族 | 第三联合车间 | 副主任 | 2018.4 | 大连石化人字〔2018〕61号 | — | — |

续表

| 姓名 | 性别 | 民族 | 部门 | 职务 | 任职时间 | 任职依据 | 免职时间 | 免职依据 |
|---|---|---|---|---|---|---|---|---|
| 徐绍学 | 男 | 汉族 | 第三联合车间 | 安全总监（正科级） | 2014.3 | 大连石化人字〔2014〕42号 | 2014.8 | 大连石化人字〔2014〕108号 |
| 徐绍学 | 男 | 汉族 | 第三联合车间 | 安全总监 | 2014.8 | 大连石化人字〔2014〕108号 | — | — |
| 石功军 | 男 | 汉族 | 第四联合车间 | 主任 | 2012.8 | 大连石化人字〔2012〕139号 | 2014.2 | 大连石化人字〔2014〕30号 |
| 丛长安 | 男 | 汉族 | 第四联合车间 | 党支部书记（正处级） | 2012.8 | 大连石化委发〔2012〕19号 | 2014.2 | 大连石化委发〔2014〕5号 |
| 李伯华 | 男 | 汉族 | 第四联合车间 | 主任（副处级） | 2014.2 | 大连石化人字〔2014〕30号 | 2015.1 | 大连石化人字〔2015〕10号 |
| 李伯华 | 男 | 汉族 | 第四联合车间 | 主任（正处级） | 2015.1 | 大连石化人字〔2015〕10号 | 2017.9 | 大连石化人字〔2017〕60号 |
| 祁兴国 | 男 | 汉族 | 第四联合车间 | 主任 | 2018.4 | 大连石化人字〔2018〕61号 | — | — |
| 段　毅 | 男 | 汉族 | 第四联合车间 | 代理主任 | 2017.9 | 大连石化人字〔2017〕60号 | 2017.1 | 大连石化人字〔2017〕84 |
| 祁兴国 | 男 | 汉族 | 第四联合车间 | 副主任（主持工作） | 2017.4 | 大连石化人字〔2017〕84号 | 2018.4 | 大连石化人字〔2018〕61号 |
| 段　毅 | 男 | 汉族 | 第四联合车间 | 党总支书记（副处级） | 2014.2 | 大连石化委发〔2014〕5号 | 2014.8 | 大连石化委发〔2014〕24号 |
| 段　毅 | 男 | 汉族 | 第四联合车间 | 党总支书记工会主席 | 2014.8 | 大连石化委发〔2014〕24号 | — | — |
| 史运贞 | 男 | 汉族 | 第四联合车间 | 副主任（正科级） | 2014.2 | 大连石化人字〔2014〕30号 | 2014.8 | 大连石化人字〔2014〕108号 |
| 史运贞 | 男 | 汉族 | 第四联合车间 | 副主任 | 2014.8 | 大连石化人字〔2014〕108号 | 2016.9 | 大连石化人字〔2016〕101号 |
| 张琦岩 | 男 | 汉族 | 第四联合车间 | 副主任（正科级） | 2014.2 | 大连石化人字〔2014〕30号 | 2014.8 | 大连石化人字〔2014〕108号 |
| 张琦岩 | 男 | 汉族 | 第四联合车间 | 副主任 | 2014.8 | 大连石化人字〔2014〕108号 | 2016.9 | 大连石化人字〔2016〕101号 |
| 祁兴国 | 男 | 汉族 | 第四联合车间 | 副主任（正科级） | 2014.2 | 大连石化人字〔2014〕30号 | 2016.3 | 大连石化人字〔2016〕38号 |

续表

| 姓名 | 性别 | 民族 | 部门 | 职务 | 任职时间 | 任职依据 | 免职时间 | 免职依据 |
|---|---|---|---|---|---|---|---|---|
| 祁兴国 | 男 | 汉族 | 第四联合车间 | 副主任 | 2016.3 | 大连石化人字〔2016〕38号 | 2018.4 | 大连石化人字〔2018〕61号 |
| 迟春雨 | 男 | 满族 | 第四联合车间 | 副主任 | 2016.9 | 大连石化人字〔2016〕103号 | — | — |
| 毕才平 | 男 | 满族 | 第四联合车间 | 副主任 | 2016.9 | 大连石化人字〔2016〕103号 | — | — |
| 赵继昌 | 男 | 汉族 | 第四联合车间 | 副主任 | 2018.4 | 大连石化人字〔2018〕61号 | — | — |
| 张琦岩 | 男 | 汉族 | 第四联合车间 | 安全总监（正科级） | 2014.3 | 大连石化人字〔2014〕42号 | 2014.8 | 大连石化人字〔2014〕108号 |
| 张琦岩 | 男 | 汉族 | 第四联合车间 | 安全总监 | 2014.8 | 大连石化人字〔2014〕108号 | 2016.9 | 大连石化人字〔2016〕101号 |
| 祁兴国 | 男 | 汉族 | 第四联合车间 | 安全总监 | 2016.9 | 大连石化人字〔2016〕103号 | 2017.1 | 大连石化人字〔2017〕84 |
| 赵继昌 | 男 | 汉族 | 第四联合车间 | 安全总监 | 2018.4 | 大连石化人字〔2018〕61号 | — | — |
| 王　剑 | 男 | 汉族 | 第五联合车间 | 主任 | 2012.12 | 大连石化人字〔2012〕220号 | 2014.2 | 大连石化人字〔2014〕30号 |
| 刘洪林 | 男 | 汉族 | 第五联合车间 | 党支部书记 | 2005.1 | 大石化委发〔2005〕2号 | 2014.2 | 大连石化委发〔2014〕5号 |
| 王国彤 | 男 | 汉族 | 储运车间 | 主任 | 2013.7 | 大连石化人字〔2013〕139号 | 2014.8 | 大连石化人字〔2014〕108号 |
| 刘振举 | 男 | 汉族 | 储运车间 | 主任 | 2014.8 | 大连石化人字〔2014〕108号 | 2016.2 | 大连石化人字〔2016〕26号 |
| 范云亮 | 男 | 汉族 | 储运车间 | 主任 | 2016.2 | 大连石化人字〔2016〕26号 | — | — |
| 刘振举 | 男 | 汉族 | 储运车间 | 党支部书记 | 2014.1 | 大连石化委发〔2012〕19号 | 2015.1 | 大连石化委发〔2015〕6号 |
| 文继明 | 男 | 汉族 | 储运车间 | 党支部书记<br>工会主席 | 2015.1 | 大连石化委发〔2015〕6号 | — | — |
| 姜子晔 | 男 | 汉族 | 热电联合车间 | 主任 | 2008.1 | 大连石化人字〔2008〕13号 | 2015.1 | 大连石化人字〔2015〕10号 |

续表

| 姓名 | 性别 | 民族 | 部门 | 职务 | 任职时间 | 任职依据 | 免职时间 | 免职依据 |
|---|---|---|---|---|---|---|---|---|
| 葛春英 | 男 | 汉族 | 热电联合车间 | 主任 | 2015.1 | 大连石化人字〔2015〕10号 | — | — |
| 程勋杰 | 男 | 汉族 | 热电联合车间 | 党支部书记 | 2008.1 | 大连石化委发〔2008〕3号 | 2014. 2 | 大连石化委发〔2014〕5号 |
| 姜子晔 | 男 | 汉族 | 热电联合车间 | 党支部书记 | 2014.2 | 大连石化委发〔2014〕5号 | 2015.1 | 大连石化委发〔2015〕6号 |
| 王国岩 | 男 | 汉族 | 热电联合车间 | 党支部书记<br>工会主席 | 2015.1 | 大连石化委发〔2015〕6号 | — | — |
| 李振华 | 男 | 汉族 | 气体车间 | 主任 | 2011.11 | 大连石化人字〔2011〕135号 | — | — |
| 卢明海 | 男 | 汉族 | 气体车间 | 党支部书记 | 2010.1 | 大连石化委发〔2010〕3号 | 2014.2 | 大连石化委发〔2014〕5号 |
| 李振华 | 男 | 汉族 | 气体车间 | 党支部书记 | 2014.2 | 大连石化委发〔2014〕5号 | — | — |
| 邹昌利 | 男 | 汉族 | 空分车间 | 主任 | 2012.9 | 大连石化人字〔2012〕145号 | — | — |
| 邹昌利 | 男 | 汉族 | 空分车间 | 党支部书记 | 2014.2 | 大连石化委发〔2014〕5号 | 2015.1 | 大连石化委发〔2015〕6号 |
| 王　虎 | 男 | 汉族 | 空分车间 | 党支部书记<br>工会主席 | 2015.1 | 大连石化委发〔2015〕6号 | — | — |
| 阎永伟 | 男 | 汉族 | 供排水车间 | 主任<br>（正处级） | 2013.7 | 大连石化人字〔2013〕139号 | 2014.2 | 大连石化人字〔2014〕30号 |
| 闫　萍 | 女 | 汉族 | 供排水车间 | 主任 | 2014.2 | 大连石化人字〔2014〕30号 | 2016.2 | 大连石化人字〔2016〕26号 |
| 韩　政 | 男 | 汉族 | 供排水车间 | 主任 | 2016.2 | 大连石化人字〔2016〕26号 | — | — |
| 张洪敏 | 男 | 汉族 | 供排水车间 | 党支部书记 | 2012.8 | 大连石化委发〔2012〕19号 | 2017.12 | 大连石化委发〔2017〕57号 |
| 韩　政 | 男 | 汉族 | 供排水车间 | 党支部书记 | 2017.12 | 大连石化委发〔2017〕57号 | 2018.4 | 大连石化委发〔2018〕25号 |
| 蒋　磊 | 男 | 汉族 | 供排水车间 | 党支部书记 | 2018.4 | 大连石化委发〔2018〕25号 | — | — |

续表

| 姓名 | 性别 | 民族 | 部门 | 职务 | 任职时间 | 任职依据 | 免职时间 | 免职依据 |
|---|---|---|---|---|---|---|---|---|
| 陈胜利 | 男 | 汉族 | 机务车间 | 主任 | 2012.6 | 大连石化人字〔2012〕116号 | 2016.2 | 大连石化人字〔2016〕26号 |
| 刘振举 | 男 | 汉族 | 机务车间 | 主任 | 2016.2 | 大连石化人字〔2016〕26号 | — | — |
| 黄丽丽 | 女 | 汉族 | 机务车间 | 党支部书记 | 2012.8 | 大连石化委发〔2012〕19号 | 2014.2 | 大连石化委发〔2014〕5号 |
| 陈胜利 | 男 | 汉族 | 机务车间 | 党支部书记 | 2014.2 | 大连石化委发〔2014〕5号 | 2015.1 | 大连石化委发〔2015〕6号 |
| 郝拥军 | 男 | 汉族 | 机务车间 | 党支部书记 | 2015.1 | 大连石化委发〔2015〕6号 | — | — |
| 于　波 | 男 | 汉族 | 供电车间 | 主任 | 2009.11 | 大连石化人字〔2009〕168号 | 2015.1 | 大连石化人字〔2015〕10号 |
| 王茂君 | 男 | 汉族 | 供电车间 | 主任 | 2015.1 | 大连石化人字〔2015〕10号 | — | — |
| 于　波 | 男 | 汉族 | 供电车间 | 党支部书记 | 2012.11 | 大连石化委发〔2012〕23号 | 2015.1 | 大连石化委发〔2015〕6号 |
| 王茂君 | 男 | 汉族 | 供电车间 | 党支部书记 | 2015.1 | 大连石化委发〔2015〕6号 | 2016.4 | 大连石化委发〔2016〕18号 |
| 姜　斌 | 男 | 汉族 | 供电车间 | 党支部书记 | 2016.4 | 大连石化委发〔2016〕18号 | — | — |
| 姜　斌 | 男 | 汉族 | 供电车间 | 副主任 | 2016.4 | 大连石化人字〔2016〕62号 | — | — |
| 苗华军 | 男 | 汉族 | 港务车间 | 主任 | 2009.11 | 大连石化人字〔2009〕168号 | 2015.1 | 大连石化人字〔2015〕10号 |
| 王承峰 | 男 | 满族 | 港务车间 | 主任 | 2015.1 | 大连石化人字〔2015〕10号 | — | — |
| 王承蜂 | 男 | 汉族 | 港务车间 | 党支部书记 | 2009.11 | 大连石化委发〔2009〕32号 | — | — |
| 李广明 | 男 | 汉族 | 消防支队 | 支队长 | 2008.10 | 大连石化人字〔2008〕220号 | 2018.11 | 大连石化人字〔2018〕148号 |
| 姚剑飞 | 男 | 汉族 | 消防支队 | 支队长 | 2018.11 | 大连石化人字〔2018〕148号 | — | — |

续表

| 姓名 | 性别 | 民族 | 部门 | 职务 | 任职时间 | 任职依据 | 免职时间 | 免职依据 |
|---|---|---|---|---|---|---|---|---|
| 姚剑飞 | 男 | 汉族 | 消防支队 | 党总支书记 | 2013.5 | 大连石化委发〔2013〕12号 | — | — |
| 于 庆 | 男 | 汉族 | 消防支队 | 副支队长 | 2012.11 | 大连石化人字〔2012〕185号 | — | — |
| 肖应军 | 男 | 汉族 | 消防支队 | 副支队长（正处级） | 2018.11 | 大连石化人字〔2018〕148号 | — | — |
| 李广明 | 男 | 汉族 | 消防支队 | 安全总监（兼任） | 2011.11 | 大连石化人字〔2011〕135号 | 2015.1 | 大连石化人字〔2015〕10号 |
| 于 庆 | 男 | 汉族 | 消防支队 | 安全总监（兼任） | 2015.1 | 大连石化人字〔2015〕10号 | — | — |
| 高旭光 | 男 | 汉族 | 离退休管理中心 | 主任 | 2005.12 | 大石化人字〔2005〕189号 | 2015.1 | 大连石化人字〔2015〕10号 |
| 张成旭 | 男 | 汉族 | 离退休管理中心 | 主任 | 2015.1 | 大连石化人字〔2015〕10号 | — | — |
| 高旭光 | 男 | 汉族 | 离退休管理中心 | 党总支书记 | 2003.2 | 大连石化委发〔2003〕36号 | 2014.2 | 大连石化委发〔2014〕5号 |
| 张成旭 | 男 | 汉族 | 离退休管理中心 | 党总支书记 | 2014.2 | 大连石化委发〔2014〕5号 | 2016.2 | 大连石化委发〔2016〕5号 |
| 王世敏 | 男 | 汉族 | 离退休管理中心 | 党总支书记 | 2016.2 | 大连石化委发〔2016〕5号 | — | — |
| 高 虹 | 女 | 汉族 | 离退休管理中心 | 副主任 | 2010.1 | 大连石化人字〔2010〕5号 | 2014.2 | 大连石化人字〔2014〕30号 |
| 聂成钧 | 男 | 汉族 | 离退休管理中心 | 副主任 | 2011.12 | 大连石化人字〔2011〕168号 | 2015.1 | 大连石化人字〔2015〕10号 |
| 谷荣宽 | 男 | 汉族 | 离退休管理中心 | 副主任 | 2014.2 | 大连石化人字〔2014〕30号 | 2016.2 | 大连石化人字〔2016〕26号 |
| 王世敏 | 男 | 汉族 | 离退休管理中心 | 副主任 | 2016.2 | 大连石化人字〔2016〕26号 | — | — |
| 谷荣宽 | 男 | 汉族 | 离退休管理中心 | 工会主席 | 2014.2 | 大连石化人字〔2014〕30号 | 2016.2 | 大连石化人字〔2016〕26号 |
| 王世敏 | 男 | 汉族 | 离退休管理中心 | 工会主席 | 2016.2 | 大连石化人字〔2016〕26号 | — | — |

续表

| 姓名 | 性别 | 民族 | 部门 | 职务 | 任职时间 | 任职依据 | 免职时间 | 免职依据 |
|---|---|---|---|---|---|---|---|---|
| 张德斌 | 男 | 汉族 | 矿区服务事业部 | 主任 | 2011.1 | 大连石化人字〔2011〕10号 | — | — |
| 吴克宁 | 男 | 汉族 | 矿区服务事业部 | 党委书记<br>纪委书记<br>工会主席 | 2013.5 | 大连石化委发〔2013〕12号 | 2016.2 | 大连石化委发〔2016〕5号 |
| 张伟奎 | 男 | 汉族 | 矿区服务事业部 | 党委书记<br>纪委书记<br>工会主席 | 2016.2 | 大连石化委发〔2016〕5号 | — | — |
| 宋仕运 | 男 | 汉族 | 矿区服务事业部 | 副主任 | 2011.12 | 大连石化人字〔2011〕168号 | 2016.2 | 大连石化人字〔2016〕26号 |
| 迟晓斌 | 男 | 汉族 | 矿区服务事业部 | 副主任 | 2011.12 | 大连石化人字〔2011〕168号 | — | — |
| 于　梅 | 女 | 汉族 | 矿区服务事业部 | 副主任 | 2016.2 | 大连石化人字〔2016〕26号 | — | — |
| 康志晶 | 男 | 汉族 | 矿区服务事业部 | 安全总监 | 2013.7 | 大连石化人字〔2013〕163号 | — | — |
| 王志纯 | 男 | 汉族 | 矿区服务事业部 | 综合办公室主任 | 2013.5 | 大连石化人字〔2013〕97号 | — | — |
| 田　华 | 男 | 满族 | 矿区服务事业部 | 党群工作部部长 | 2012.8 | 大连石化委发〔2012〕19号 | 2015.1 | 大连石化委发〔2015〕6号 |
| 王晓光 | 男 | 汉族 | 矿区服务事业部 | 财务部部长（兼任） | 2010.1 | 大连石化人字〔2010〕5号 | 2016.2 | 大连石化人字〔2016〕26号 |
| 康志晶 | 男 | 汉族 | 矿区服务事业部 | 安全环保部部长 | 2011.4 | 大连石化人字〔2011〕63号 | 2015.1 | 大连石化人字〔2015〕10号 |
| 张　军 | 男 | 汉族 | 矿区服务事业部 | 安全环保部部长 | 2015.1 | 大连石化人字〔2015〕10号 | — | — |
| 贾　利 | 男 | 汉族 | 矿区服务事业部 | 工程设备部部长 | 2011.1 | 大连石化人字〔2011〕10号 | 2014.4 | 人事〔2014〕3号 |
| 张　军 | 男 | 汉族 | 矿区服务事业部 | 运行管理部部长 | 2007.7 | 大连石化人字〔2007〕142号 | 2015.1 | 大连石化人字〔2015〕10号 |
| 尹成君 | 男 | 汉族 | 矿区服务事业部 | 餐饮服务中心主任 | 2013.7 | 大连石化人字〔2013〕136号 | 2015.1 | 大连石化人字〔2015〕10号 |
| 于　梅 | 女 | 汉族 | 矿区服务事业部 | 餐饮服务中心主任（兼任） | 2015.1 | 大连石化人字〔2015〕10号 | — | — |

续表

| 姓名 | 性别 | 民族 | 部门 | 职务 | 任职时间 | 任职依据 | 免职时间 | 免职依据 |
|---|---|---|---|---|---|---|---|---|
| 于 梅 | 女 | 汉族 | 矿区服务事业部 | 餐饮服务中心主任（兼任） | 2015.1 | 大连石化人字〔2015〕10号 | — | — |
| 李 炜 | 男 | 汉族 | 大项目前期办公室 | 主任（兼任） | 2013.5 | 大连石化人字〔2013〕95号 | — | — |
| 高春山 | 男 | 汉族 | 大项目前期办公室 | 党支部书记 | 2014.8 | 大连石化委发〔2014〕24号 | 2015.7 | 调走 |
| 邹浩洋 | 男 | 汉族 | 大项目前期办公室 | 党支部书记 | 2016.2 | 大连石化委发〔2016〕5号 | 2017.12 | 大连石化委发〔2017〕57号 |
| 张 野 | 男 | 满族 | 大项目前期办公室 | 党支部书记 | 2017.12 | 大连石化委发〔2017〕57号 | — | — |
| 高春山 | 男 | 汉族 | 大项目前期办公室 | 副主任 | 2013.5 | 大连石化人字〔2013〕97号 | 2015.7 | 离职 |
| 邹浩洋 | 男 | 汉族 | 大项目前期办公室 | 副主任 | 2013.5 | 大连石化人字〔2013〕97号 | 2017.12 | 大连石化人字〔2017〕100号 |
| 张 野 | 男 | 满族 | 大项目前期办公室 | 副主任 | 2016.2 | 大连石化人字〔2016〕26号 | — | — |
| 阎永伟 | 男 | 汉族 | 物资仓储中心 | 主任 | 2015.1 | 大连石化人字〔2015〕10号 | 2016.2 | 大连石化人字〔2016〕26号 |
| 隋大为 | 男 | 汉族 | 物资仓储中心 | 主任 | 2016.2 | 大连石化人字〔2016〕26号 | — | — |
| 隋大为 | 男 | 汉族 | 物资仓储中心 | 党支部书记<br>工会主席 | 2015.1 | 大连石化委发〔2015〕6号 | 2016.2 | 大连石化委发〔2016〕5号 |
| 李文库 | 男 | 汉族 | 物资仓储中心 | 党支部书记<br>工会主席 | 2016.2 | 大连石化委发〔2016〕5号 | — | — |
| 隋大为 | 男 | 汉族 | 物资仓储中心 | 副主任 | 2015.1 | 大连石化人字〔2015〕10号 | 2016.2 | 大连石化人字〔2016〕26号 |
| 姜子晔 | 男 | 汉族 | 物资仓储中心 | 副主任 | 2015.1 | 大连石化人字〔2015〕10号 | — | — |

# 后　　记

在中国石油大连石化分公司党委的领导下，由人事处（党委组织部）牵头，会同集团公司组织史编纂办公室、石油工业出版社组织编纂的《中国石油大连石化组织史资料（第二卷）》（2014—2018）正式出版了。《中国石油大连石化组织史资料》是《中国石油组织史资料》系列图书的组成部分，全书对展现大连石化分公司发展历程、总结组织建设发展规律和经验，对传承历史、资政育人将起到积极的作用。

2019 年 3 月，大连石化分公司编纂办公室在开展总部卷编纂工作的基础上，启动了企业卷资料编纂工作。编纂工作以《中国石油组织史资料》为蓝本进行顶层设计，参编人员以高度负责的态度积极搜集参考资料，查阅各类档案文件，按照集团公司组织史资料编纂技术规范要求，结合企业发展实际，梳理了 2014 至 2018 年公司及所属单位历次机构沿革和领导人员任免情况。在集团公司人力资源部、集团公司组织史编纂办公室的精心指导下，各相关部门积极配合，编纂工作顺利开展。2019 年 12 月完成了初稿统编，2020 年 5 月各单位完成终审并定稿。在对涉编资料进行反复推敲，多次修订统稿，对机构变革、人员变动的时间，人名的出入等进行反复核准后，最终于 2022 年 10 月出版。

编纂《中国石油大连石化组织史资料》是企业组织人事和基础管理建设的一件大事，是一项政策性、业务性、技术性、规范性较强的业务工作，内容浩繁巨大，任务艰辛繁重。编纂人员怀着对历史、对后人负责的高度责任心和对石油事业的浓厚感情，坚持实事求是，以档案资料为依据，去粗取精，去伪存真。编纂人员边干边学，发现问题解决问题，不断研究、逐步完善。在编纂体例、编目结构的确定，收录范围的宽严、各时期和各层级机构的详略，文字叙述的内容、层次、规范化，名录、图表的有机结合，干部任免时间的确定，组织人事工作特定内容的注释，历史背景的把握等方面，基本遵循《中国石油组织史资料编纂技术规范》。《中国石油大连石化组织史资料》如实厘清了企业近年来各级党政组织的成立、更名、发展、撤并以及领导人员变动情况等内容，丰富了企业的历史资料，不仅为组织人事、史志研究、档案管理等部门的有关业务提供了诸多便利，而且为企业体制机制改革和机构调整提供了历史借鉴。为企业存史、资政、育人、交流等提供了参考。

编纂《中国石油大连石化组织史资料（第二卷）》（2014—2018），得到了公司领导以及各涉编单位的重视和指导。本书分别呈送公司各级领导进行审阅，收集和采纳了他们许多宝贵的意见和建议。编纂工作能够顺利完成，得益于各级领导的高度重视和关怀、集团公司组织史编纂办公室的鼓励和指导，以及各相关单位的大力支持和配合。关雪梅主要负责整体编纂工作的组织协调；于成滨、杨洪源、于磊、刘育、任哲负责编纂资料的审核；李茂、贾璐璐主要负责全书统编；潘洪江、张浩宇、胡鹏飞、于磊、杨洪源、董景华、刘育、张竞豪主要负责全书综述的编写；金延霞、王玮主要负责党建资料的收集提供；任佳主要负责组织机构信息资料的收集提供；郭辉主要负责员工数量和薪酬信息资料的收集提供；谭欣珂主要负责培训资料的收集提供；陈雪峰主要负责保险信息的收集提供；刘晓森、艾姝妍、田庆主要负责财务资料的收集提供；宋大政主要负责生产资料的收集提供；林涛主要负责部门职能资料的收集提供；由宝义主要负责历年劳模等荣誉信息的收集提供；人事处（党委组织部）各岗位都有专人配合，各涉编专业部门不辞辛苦，为本书提供了包括文字叙述、领导名录、大事纪要、文件依据、数据资料等大量基础性材料。为了编纂好本书，编纂办公室在编写过程中参考了大量文献资料，包括但不限于历年集团公司《年鉴》《大连石油化工公司厂志》等，由于篇幅所限，不再一一列示。

值此《中国石油大连石化组织史资料（第二卷）》（2014—2018）出版之际，谨向对该书编纂工作给予支持和帮助的所有单位和人员表示衷心感谢。

虽然在编纂过程中，全体编纂人员付出了大量的艰辛努力，但由于自身业务水平有限等诸多因素制约，难免会有疏漏，敬请读者理解，并予以批评指正。

**编纂办公室联系方式**

地址：辽宁省大连市甘井子区山中街 1 号大连石化分公司人事处（党委组织部）

邮编：116031

电话：0411-86773603

电子邮箱：guanxuem@petrochina.com.cn

《中国石油大连石化组织史资料》编纂办公室

2022 年 9 月

# 出版说明

为充分发挥组织史“资政、存史、育人、交流”的作用，2012 年 3 月，中国石油天然气集团公司（以下简称集团公司）全面启动《中国石油组织史资料》的编纂工作，并明确由集团公司人事部负责具体牵头组织。《中国石油组织史资料》系列图书分总部卷、企业卷、基层卷三个层次进行编纂出版。首次编纂出版以本单位成立时间作为编纂上限，以本单位编纂时统一规定的截止时间为编纂下限。

《中国石油组织史资料》总部卷由集团公司人事部负责组织编纂，石油工业出版社负责具体承办。总部卷（1949—2013）卷本分第一卷、第二卷、第三卷和附卷一、附卷二共五卷九册，于 2014 年 12 月出版。2021 年，集团公司决定对《中国石油组织史资料（1949—2013）》进行补充与勘误，并在此基础上将编纂时间下限延至 2020 年 12 月。《中国石油组织史资料（1949—2020）》卷本分第一卷、第二卷、第三卷、第四卷和附卷一、附卷二共六卷十二册，于 2021 年 6 月正式付梓。此后，总部卷每五年续编出版一卷。

《中国石油组织史资料》企业卷系列图书，由各企事业单位人事部门负责牵头组织编纂，报集团公司人力资源部编纂办公室规范性审查后，由石油工业出版社统一出版。企业卷规范性审查由集团公司人力资源部编纂办公室白广田、于维海、宋艳钊、傅骏雄负责组织，图书出版统筹由石油工业出版社组织史编辑部马海峰、李廷璐负责，由秦雯、鲁恒、孙林超具体负责。企业卷首次续编一般按“2014—2015”和“2014—2018”两种方案编纂出版，此后每五年续编出版一卷。

《中国石油组织史资料》基层卷由各企事业单位人事（史志）部门负责组织下属单位与企业卷同步编纂，并报集团公司人力资源部编纂办公室备案，由石油工业出版社组织史编辑部负责提供具体出版和技术支持。

**企业卷统一出版代码：**

CNPC-YT——油气田企业　　CNPC-LH——炼化企业
CNPC-XS——成品油销售企业　　CNPC-GD——天然气与管道企业
CNPC-HW——海外企业　　CNPC-GC——工程技术企业
CNPC-JS——工程建设企业　　CNPC-ZB——装备制造企业
CNPC-KY——科研单位　　CNPC-QT——金融经营服务等企业

编纂《中国石油组织史资料》系列图书是集团公司组织人事和基础管理建设工作的大事，是一项政策性、业务性、技术性、规范性很强的业务工作，是一项艰巨浩繁的系统工程。该系列图书以企业的组织沿革为线索，收录了编纂时限内各级党政组织的成立、更名、发展、撤并以及领导干部变动情况等内容，为企业资政、存史、育人、交流提供了可信的依据。这套系统、完整的中国石油组织史资料，既丰富了石油企业的历史资料，又增添了国家的工业企业史资料，不仅为组织人事、史志研究、档案管理等部门从事有关业务提供了诸多便利，而且为体制改革和机构调整提供了历史借鉴。在此，谨向对该套图书出版工作给予支持和帮助的所有单位和人员表示衷心的感谢！

由于掌握资料和编纂者水平有限，丛书难免存有错漏，恳请读者批评指正。对总部卷的意见建议请联系集团公司人力资源部编纂办公室或石油工业出版社组织史编辑部；对各单位企业卷、基层卷的意见建议请联系各单位编纂组或组织史资料编辑部。对书中错漏之处我们将统一在下一卷续编时一并修改完善。

**中国石油组织史资料编纂办公室联系方式**

联系单位：中国石油天然气集团有限公司人力资源部综合处

通信地址：北京市东直门北大街 9 号石油大厦 C1103，100007

联系电话：010-59984340　59984721，传真：010-62095679

电子邮箱：rsbzhc@cnpc.com.cn

**中国石油组织史编辑部联系方式**

联系单位：石油工业出版社人力资源出版中心

通信地址：北京市朝阳区安华里三区 18 号楼 201，100011

联系电话：010-64523611　62067197

电子邮箱：cnpczzs@cnpc.com.cn

# 《中国石油组织史资料》系列图书目录

| 总部卷 | | | |
|---|---|---|---|
| 编号 | 书名 | 编号 | 书名 |
| 第一卷 | 国家部委时期<br>（1949—1988）（上中下） | 第四卷 | 中国石油天然气集团公司—<br>中国石油天然气集团有限公司<br>（2014—2020）（上中下） |
| 第二卷 | 中国石油天然气总公司<br>（1988—1998） | 附卷一 | 组织人事大事纪要（1949—2020）<br>（上下） |
| 第三卷 | 中国石油天然气集团公司<br>（1998—2013）（上下） | 附卷二 | 文献资料选编（1949—2020） |

续表

| 企业卷 | | | |
|---|---|---|---|
| 编号 | 书名 | 编号 | 书名 |
| **油气田企业（16）** | | | |
| CNPC-YT01 | 大庆油田组织史资料 | CNPC-YT09 | 青海油田组织史资料 |
| CNPC-YT02 | 辽河油田组织史资料 | CNPC-YT10 | 华北油田组织史资料 |
| CNPC-YT03 | 长庆油田组织史资料 | CNPC-YT11 | 吐哈油田组织史资料 |
| CNPC-YT04 | 塔里木油田组织史资料 | CNPC-YT12 | 冀东油田组织史资料 |
| CNPC-YT05 | 新疆油田组织史资料 | CNPC-YT13 | 玉门油田组织史资料 |
| CNPC-YT06 | 西南油气田组织史资料 | CNPC-YT14 | 浙江油田组织史资料 |
| CNPC-YT07 | 吉林油田组织史资料 | CNPC-YT15 | 煤层气公司组织史资料 |
| CNPC-YT08 | 大港油田组织史资料 | CNPC-YT16 | 南方石油勘探开发公司组织史资料 |
| **炼油化工单位和海外企业（32）** | | | |
| CNPC-LH01 | 大庆石化组织史资料 | CNPC-LH17 | 华北石化组织史资料 |
| CNPC-LH02 | 吉林石化组织史资料 | CNPC-LH18 | 呼和浩特石化组织史资料 |
| CNPC-LH03 | 抚顺石化组织史资料 | CNPC-LH19 | 辽河石化组织史资料 |
| CNPC-LH04 | 辽阳石化组织史资料 | CNPC-LH20 | 长庆石化组织史资料 |
| CNPC-LH05 | 兰州石化组织史资料 | CNPC-LH21 | 克拉玛依石化组织史资料 |
| CNPC-LH06 | 独山子石化组织史资料 | CNPC-LH22 | 庆阳石化组织史资料 |
| CNPC-LH07 | 乌鲁木齐石化组织史资料 | CNPC-LH23 | 前郭石化组织史资料 |
| CNPC-LH08 | 宁夏石化组织史资料 | CNPC-LH24 | 东北化工销售组织史资料 |
| CNPC-LH09 | 大连石化组织史资料 | CNPC-LH25 | 西北化工销售组织史资料 |
| CNPC-LH10 | 锦州石化组织史资料 | CNPC-LH26 | 华东化工销售组织史资料 |
| CNPC-LH11 | 锦西石化组织史资料 | CNPC-LH27 | 华北化工销售组织史资料 |
| CNPC-LH12 | 大庆炼化组织史资料 | CNPC-LH28 | 华南化工销售组织史资料 |
| CNPC-LH13 | 哈尔滨石化组织史资料 | CNPC-LH29 | 西南化工销售组织史资料 |
| CNPC-LH14 | 广西石化组织史资料 | CNPC-LH30 | 大连西太组织史资料 |
| CNPC-LH15 | 四川石化组织史资料 | CNPC-LH31 | 广东石化组织史资料 |
| CNPC-LH16 | 大港石化组织史资料 | CNPC-HW01 | 中国石油海外业务卷 |
| **成品油销售企业（37）** | | | |
| CNPC-XS01 | 东北销售组织史资料 | CNPC-XS13 | 河北销售组织史资料 |
| CNPC-XS02 | 西北销售组织史资料 | CNPC-XS14 | 山西销售组织史资料 |
| CNPC-XS03 | 华北销售暨北京销售组织史资料 | CNPC-XS15 | 内蒙古销售组织史资料 |
| CNPC-XS04 | 上海销售组织史资料 | CNPC-XS16 | 陕西销售组织史资料 |
| CNPC-XS05 | 湖北销售组织史资料 | CNPC-XS17 | 甘肃销售组织史资料 |
| CNPC-XS06 | 广东销售组织史资料 | CNPC-XS18 | 青海销售组织史资料 |
| CNPC-XS07 | 云南销售组织史资料 | CNPC-XS19 | 宁夏销售组织史资料 |
| CNPC-XS08 | 辽宁销售组织史资料 | CNPC-XS20 | 新疆销售组织史资料 |
| CNPC-XS09 | 吉林销售组织史资料 | CNPC-XS21 | 重庆销售组织史资料 |
| CNPC-XS10 | 黑龙江销售组织史资料 | CNPC-XS22 | 四川销售组织史资料 |
| CNPC-XS11 | 大连销售组织史资料 | CNPC-XS23 | 贵州销售组织史资料 |
| CNPC-XS12 | 天津销售组织史资料 | CNPC-XS24 | 西藏销售组织史资料 |

续表

| 编号 | 书名 | 编号 | 书名 |
|---|---|---|---|
| CNPC-XS25 | 江苏销售组织史资料 | CNPC-XS32 | 湖南销售组织史资料 |
| CNPC-XS26 | 浙江销售组织史资料 | CNPC-XS33 | 广西销售组织史资料 |
| CNPC-XS27 | 安徽销售组织史资料 | CNPC-XS34 | 海南销售组织史资料 |
| CNPC-XS28 | 福建销售组织史资料 | CNPC-XS35 | 润滑油公司组织史资料 |
| CNPC-XS29 | 江西销售组织史资料 | CNPC-XS36 | 燃料油公司组织史资料 |
| CNPC-XS30 | 山东销售组织史资料 | CNPC-XS37 | 大连海运组织史资料 |
| CNPC-XS31 | 河南销售组织史资料 | | |
| **天然气管道企业（13）** | | | |
| CNPC-GD01 | 北京油气调控中心组织史资料 | CNPC-GD08 | 京唐液化天然气公司组织史资料 |
| CNPC-GD02 | 管道建设项目经理部组织史资料 | CNPC-GD09 | 大连液化天然气公司组织史资料 |
| CNPC-GD03 | 管道公司组织史资料 | CNPC-GD10 | 江苏液化天然气公司组织史资料 |
| CNPC-GD04 | 西气东输管道公司组织史资料 | CNPC-GD11 | 华北天然气销售公司组织史资料 |
| CNPC-GD05 | 北京天然气管道公司组织史资料 | CNPC-GD12 | 昆仑燃气公司组织史资料 |
| CNPC-GD06 | 西部管道公司组织史资料 | CNPC-GD13 | 昆仑能源公司组织史资料 |
| CNPC-GD07 | 西南管道公司组织史资料 | | |
| **工程技术企业（7）** | | | |
| CNPC-GC01 | 西部钻探公司组织史资料 | CNPC-GC05 | 东方物探公司组织史资料 |
| CNPC-GC02 | 长城钻探公司组织史资料 | CNPC-GC06 | 测井公司组织史资料 |
| CNPC-GC03 | 渤海钻探公司组织史资料 | CNPC-GC07 | 海洋工程公司组织史资料 |
| CNPC-GC04 | 川庆钻探公司组织史资料 | | |
| **工程建设企业（8）** | | | |
| CNPC-JS01 | 管道局组织史资料 | CNPC-JS05 | 中国昆仑工程公司组织史资料 |
| CNPC-JS02 | 工程建设公司组织史资料 | CNPC-JS06 | 东北炼化工程公司组织史资料 |
| CNPC-JS03 | 工程设计公司组织史资料 | CNPC-JS07 | 第一建设公司组织史资料 |
| CNPC-JS04 | 中国寰球工程公司组织史资料 | CNPC-JS08 | 第七建设公司组织史资料 |
| **装备制造和科研企业（12）** | | | |
| CNPC-ZB01 | 技术开发公司组织史资料 | CNPC-KY02 | 规划总院组织史资料 |
| CNPC-ZB02 | 宝鸡石油机械公司组织史资料 | CNPC-KY03 | 石油化工研究院组织史资料 |
| CNPC-ZB03 | 宝鸡石油钢管公司组织史资料 | CNPC-KY04 | 经济技术研究院组织史资料 |
| CNPC-ZB04 | 济柴动力总厂组织史资料 | CNPC-KY05 | 钻井工程技术研究院组织史资料 |
| CNPC-ZB05 | 渤海石油装备公司组织史资料 | CNPC-KY06 | 安全环保技术研究院组织史资料 |
| CNPC-KY01 | 勘探开发研究院组织史资料 | CNPC-KY07 | 石油管工程技术研究院组织史资料 |
| **金融经营服务及其他企业（14）** | | | |
| CNPC-QT01 | 北京石油管理干部学院组织史资料 | CNPC-QT08 | 运输公司组织史资料 |
| CNPC-QT02 | 石油工业出版社组织史资料 | CNPC-QT09 | 中国华油集团公司组织史资料 |
| CNPC-QT03 | 中国石油报社组织史资料 | CNPC-QT10 | 华油北京服务总公司组织史资料 |
| CNPC-QT04 | 审计服务中心组织史资料 | CNPC-QT11 | 昆仑信托中油资产组织史资料 |
| CNPC-QT05 | 广州培训中心组织史资料 | CNPC-QT12 | 中油财务公司组织史资料 |
| CNPC-QT06 | 国际事业公司组织史资料 | CNPC-QT13 | 昆仑银行组织史资料 |
| CNPC-QT07 | 物资公司组织史资料 | CNPC-QT14 | 昆仑金融租赁公司组织史资料 |

中国石油
SHOP